¡Arriba!

Nuevos enfoques para ti

Schülerband 3

C.C.Buchner

¡Arriba!

Nuevos enfoques para ti

Herausgegeben von Melanie Hohmann

Schülerband 3

Bearbeitet von Felix Baumann, Susanne Bravo, Johanna Fey, Maricel Garcia de Flöel, Cornelia Guss, Carina Hahl, Melanie Hohmann, Jochen Marx und Monika Strobl unter Mitarbeit von Ángela Cuevas Alcañiz und Nadja Prinz

Dieser Titel ist auch als digitale Ausgabe unter www.ccbuchner.de erhältlich.

1. Auflage, 1. Druck 2018
Alle Drucke dieser Auflage sind, weil untereinander unverändert, nebeneinander benutzbar.

Dieses Werk folgt der reformierten Rechtschreibung und Zeichensetzung. Ausnahmen bilden Texte, bei denen künstlerische, philologische oder lizenzrechtliche Gründe einer Änderung entgegenstehen.

Die Mediencodes enthalten ausschließlich optionale Unterrichtsmaterialien. An keiner Stelle im Schülerbuch dürfen Eintragungen vorgenommen werden. Auf verschiedenen Seiten dieses Buches finden sich Verweise (Links) auf Internetadressen.
Haftungshinweis: Trotz sorgfältiger inhaltlicher Kontrolle wird die Haftung für die Inhalte externer Seiten ausgeschlossen.

Redaktion: Lisa Puppel
Muttersprachliche Beratung: Martha Gómez Santos, Christian Prado Wohlwend
Layout und Satz: tiff.any GmbH, Berlin
Illustrationen: Katja Rau, Berglen
Druck und Bindung: creo Druck & Medienservice GmbH, Bamberg

www.ccbuchner.de

ISBN 978-3-661-**80023**-3

Revisa las informaciones del libro 2. Si no lo entiendes todo, puedes descargar una lista con el vocabulario aquí: 80023-04 Aquí puedes encontrar las soluciones: 80023-02

¿Quiénes son?

¿Qué sabes sobre estos personajes? Habla con tu compañero/a.

Los primos Raúl, Paco y Claudia

La tía Valeria

1 punto por persona, 13 puntos como máximo

+ideas Preparad un test sobre uno de ellos. Los demás tienen que adivinar quién es.

Argentina

¿Qué recuerdas de Argentina?
Nombra y explica …
- cuatro paisajes típicos
- cuatro animales
- cuatro lugares/ciudades/regiones
- cuatro costumbres típicas / personajes famosos
- una frase sobre el tiempo y las estaciones

1 punto por información, 17 puntos como máximo

Las partes del cuerpo

Trabaja con un/a compañero/a. A nombra partes del cuerpo que tenéis una sola vez y B nombra todas las partes del cuerpo que tenéis dos veces. ¿Quién sabe más partes del cuerpo?

4 puntos para el ganador

Fiestas primaverales

Nombra cuatro diferencias en la manera de celebrar la Pascua en Alemania y la Semana Santa en España y Latinoamérica.

1 punto por información, 4 puntos como máximo

+ideas ¿Conoces más fiestas primaverales? ¿Cuáles?

La biografía

Trabajad en parejas. Escribid la biografía de una persona conocida. Los demás adivinan quién es.

1 punto por verbo, 9 puntos como máximo

La comida

Describe tu comida favorita a tu compañero/a.

1 punto por frase, 3 puntos como máximo

+ayuda Describid estos platos y decid si os gustan o no y por qué:
- tartas
- pescado
- carne
- frutas
- verduras

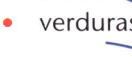

50–40 puntos:	40–30 puntos:	30–20 puntos:	20–0 puntos:
Felicitaciones, recuerdas muchísima información del año pasado. ¿También te acuerdas de todo el vocabulario y de la gramática? Vamos a ver …	Bien, sabes responder muchas preguntas. Continúa con tu buen trabajo y, de vez en cuando, revisa tus apuntes de los libros 1 y 2.	Uff, te acuerdas de algunas cosas pero has olvidado otras también. Si repasas tus apuntes del año pasado, seguro que vas a tener más puntos en tu quiz 😊	¡Oh! Es mejor repasar los temas del libro 2.

Zeichenerklärungen

Kompetenzen

	Hier trainierst du das freie Sprechen.
	Das ist eine Hörverstehensaufgabe.
	Hier übst du das Schreiben eines Textes.
	Hier trainierst du das Lesen.
	Dies ist eine Mediationsaufgabe, bei der du zwischen Deutsch und Spanisch vermittelst.
	Das ist eine audiovisuelle Aufgabe.
	In dieser Aufgabe wiederholst du ältere Themen.
A-Z	Wenn du diesen Text nicht verstehst, hilft dir ein Wörterbuch oder diese Liste: `80023-04`. Schlage nur die Wörter nach, die du unbedingt zum Verständnis brauchst.
	Dieses Aufgabenformat bereitet dich auf Zertifikatsprüfungen (z. B. DELE) vor.

Verweise

`+ayuda` p. 142	Hier findest du eine Hilfe zum Bearbeiten der Aufgabe – wenn eine Seitenzahl angegeben ist, im Anhang.
`+ideas` p. 157	Und hier kannst du noch etwas mehr tun.
M I 2.4	Der Methodenanhang hilft dir beim Lösen der Aufgabe.
G 4.5	Hier kannst du im grammatischen Beiheft nachschlagen, wenn du Hilfe brauchst.
Ch 4 p. 25	In den Chuletas findest du eine Zusammenfassung dessen, was du in dem jeweiligen Kapitel gelernt hast.

	Hier kannst du selbst neue Zusammenhänge entdecken.
	Hier erfährst du Spannendes über die Kultur der spanischsprachigen Welt.
	Hier helfen wir dir mit Tipps zum Spanischen und Verweisen auf Sprachen, die du schon kennst.
DVD	Diesen Film findest du auf der DVD.
CD	Diesen Text/diese Übung findest du auf der CD.
`80023-01`	Wenn du den Mediencode auf *www.ccbuchner.de/medien* eingibst, findest du dort Material für diese Aufgabe.
@	Hier recherchierst du selbst im Internet.
	Partnerarbeit
	Gruppenarbeit

Vocabulario

	Symbol für Wortfamilie
mucho	Schwarz gedruckte Wörter sind Lernwortschatz.
cada	Grau gedruckte Wörter musst du nur verstehen.

¡Apuntáos!

¡Berlín está de moda! El intercambio es una oportunidad estupenda para conocer Berlín, una de las grandes metrópolis de Europa con una historia fascinante y una moderna forma de vida.

¡Una experiencia inolvidable os espera!

¡Entonces ... a Berlín!

Colegio
Huerta Santa Ana

A-Z   80023-04

Hacemos un intercambio

Capítulo

1

1. Un intercambio ofrece un montón de posibilidades para los participantes. ¿Cuáles?
   a. Mirad las fotos y comentad con vuestros/as compañeros/as, vuestras impresiones de lo que veis en las fotos. Apuntad las ideas en la pizarra.
   b. ¿Qué retos pueden aparecer en un intercambio?
   c. ¿Te gustaría pasar tiempo en un país extranjero? ¿Por qué? ¿Cuánto tiempo? Piensa un minuto, habla de ello con tu compañero/a.

¿Qué pasa aquí?

En el instituto hay un intercambio con un instituto de Berlín. Daniel, Sofia y otros chicos se apuntan, preparan el intercambio y reciben a los alemanes. María y Daniel se conocen mejor.

Pronto vas a saber

- entender y escribir una carta formal
- contar sobre el pasado usando el pretérito imperfecto
- hablar y reflexionar sobre estereotipos
- preparar un intercambio
- algo sobre los musulmanes en Sevilla
- el pronombre tónico de complemento (conmigo, ...)

Revisas

- el pretérito indefinido
- hacer propuestas
- hablar de planes

Tus retos

1. Crea un programa de actividades en tu pueblo/ciudad para un intercambio de tu instituto con un centro español.
2. Crea un folleto con recomendaciones para familias anfitrionas que van a alojar alumnos alemanes en su casa.

hacerse independiente
acumular experiencias
experimentar – la experiencia
Se puede …
Es posible conocer ...
Un intercambio ofrece …
Tienes la posibilidad/ oportunidad de …

Podría ser difícil + inf.,
echar de menos,
(no) entender, hablar,
(no) llevarse bien

Me gustaría viajar a … porque …
Pienso pasar tiempo en … porque …
Todavía no sé, pero …
Voy a vivir en … porque …

inolvidable
interesado/a
los gastos
la cultura
el extranjero
dar la bienvenida – despedirse
enseñar
acompañar

Los alemanes, ¿raros?

 1 Un intercambio estupendo

a. Los participantes en el intercambio de años anteriores han preparado un póster con fotos que muestran impresiones de la actividad, pero les faltan los subtítulos para las fotos. Ayúdales. +ayuda p.140   +ideas p.156

Modelo: Durante el intercambio hicimos una visita por el centro de la ciudad.

 b. ¿Qué hicieron los padres, los profes, el director, un periodista, etc.? Imagina qué hicieron los demás durante el intercambio y escribe un texto. +ayuda p.140

CD
1·1–2

Una carta a los padres

Colegio Huerta Santa Ana
Av. de Europa, 44
41960 Gines, Sevilla
T. 954 71 72 89

 Colegio
Huerta Santa Ana

Intercambio con Alemania

Sevilla, 5 de mayo de 2019

Estimados padres de familia:

Desde hace ya algunos años existe un intercambio escolar de nuestro colegio con la "Europaschule Am Gutspark", situada en Falkensee, muy cerca de Berlín, Alemania.

Creemos que esta es una actividad muy importante para el desarrollo de nuestros alumnos porque la estancia en Alemania los "prepara para la vida", como dice nuestro programa escolar. Nuestros alumnos tienen la oportunidad de aprender sobre la historia y la cultura de Alemania viviendo esta experiencia con chicos de su edad.

Vamos a recibir a los alumnos alemanes en otoño, desde el 19 hasta el 29 de septiembre de 2019. En noviembre, nuestros alumnos van a viajar a Berlín donde van a estar alojados en familias alemanas y asisten a las clases en el instituto anfitrión.

El coste del viaje se limita a los precios del vuelo y los gastos de excursiones o visitas a museos, etc.

Hemos preparado una reunión para el 15 de mayo de 2019 para todas las familias interesadas en la que les vamos a dar todas las informaciones sobre el programa y los costes. Así vamos a tener la oportunidad de responder a sus preguntas acerca del intercambio.

Un cordial saludo
La dirección

2 Un informe para los padres

Imagínate que eres Sofia. Estás muy entusiasmada con el intercambio y quieres contárselo a tu madre pero has olvidado la carta en el instituto. Informa a tu madre (compañero/a de clase) con tus propias palabras sobre el contenido de la carta. Hazte algunos apuntes que te van a ayudar (¿Quién?, ¿Qué?, ¿Dónde?, ¿Cuándo?, ¿Por qué?). El/La compañero/a controla si las informaciones son correctas.

M I–4.2.1&II-2.1 +ayuda p.140

3 Una carta formal

 a. Ordena las partes de una carta formal e identifícalas en la carta a los padres. Ch1 p.26

| El cuerpo de la carta | La firma (Unterschrift) | El remitente (Absender) |

| El saludo | La despedida | El membrete (Briefkopf) | La fecha | El asunto |

80023-04

Lo más importante es usar la lengua formal
1. Fórmulas de cortesía (Höflichkeit):
   – saludos y despedidas formales ~~¡Hola!~~ ~~Abrazos~~
   – no se usa "tú" sino la 3ª persona:
     usted/ustedes, le, les
2. Se separan las ideas por párrafos ⋮ ⋮⋮
3. No se usan emoticonos u otros signos del lenguaje de internet ☺
4. Se evitan signos de exclamación ~~!?~~
5. No se usan abreviaturas ~~salu2, hst mñn~~
6. Se usa un lenguaje claro y preciso con frases más bien cortas

  **b.** Los profesores planifican una reunión con los padres para informarles sobre el intercambio. La señora Rojas ha tomado los siguientes apuntes. +ayuda p.140

Escribe una carta formal a los padres.

Lugar: sala de reuniones en el instituto
fecha: 10 de junio
hora: 20:00
temas:
información sobre el programa en Berlín,
los costes,
reglas,
preguntas de los padres

 4 ¿Típico alemán?

¿Cómo te imaginas al Speedy de España? ¡Dibújalo! **M** I–4.4

a. ¿Qué crees que es típico alemán y típico español?
Haz una lista.

 b. Compara tu lista con la de tu compañero/a de clase.
Practica cómo expresar tus ideas con él/ella.

 c. Presenta tu opinión en clase.

 d. Mirad el vídeo sobre estereotipos. ¿Quién pensáis es el autor del vídeo?
Apuntad los estereotipos mencionados y comparad los vuestros con los del vídeo.
80023-03

e. **+ideas** p. 156

Caja de herramientas

Creo/pienso que / en mi opinión … lo típico alemán/español es …
          … a los españoles/alemanes les gusta mucho …
          … en España/Alemania sólo se …
          … lo/la que les interesa/gusta a los … es …
          … para un alemán / un español …
          … (no) hay muchas diferencias entre la vida en España y Alemania porque …

¿Pulpo o Kartoffelpuffer?

CD
1 · 3–5

80023-01

Sofia:	Pablo, ¿estás en el curso de alemán?
Pablo:	Ja, klar.
Sofia:	¡Vaya! ¡No lo sabía! ¿Te gusta?
Pablo:	Sí, sí, me encanta la lengua.

5 **Sofia:** ¿Te apuntas para el intercambio, entonces?

Pablo: Hm, no sé. Me gusta el alemán y todo pero los alemanes son como raros … y la vida es muy diferente, se
10 levantan mucho más temprano y todo. Y la comida … en nuestro libro de texto sólo comen "Kartoffeln" y almuerzan a las doce y media y todo rápido, rápido. A esa hora apenas como un bocadillo o algo así. Seguro que voy a echar de menos las cenas largas en familia, el pulpo a la gallega de mi abuela y el gazpacho de mi padre.

15 **Sofia:** Pero Pablo, en parte son prejuicios. Es verdad que cuando vivíamos en Alemania por lo general Daniel y yo nos levantábamos e íbamos al insti más temprano que aquí pero te acostumbras, es sólo un par de días.

Pablo: ¡ … y se acuestan cuando nosotros aquí empezamos a cenar!

Sofia:	No exageres … y ¿sabes qué?, cuando trabajaba en Alemania, mi padre no tenía horas fijas de trabajo porque es piloto y a veces regresaba bastante tarde. Por eso comíamos a las ocho y media. Ves, siempre depende de la familia.
Pablo:	Y ¿a qué hora salíais normalmente de casa?
Sofia:	A las siete y media.
Pablo:	¿Cómo? Yo me levanto a las siete y media.
Sofia:	Generalmente yo ya volvía a las dos de la tarde a casa. Después hacía mis deberes, y nada más, es decir, casi siempre tenía mucho tiempo libre, quedaba con amigas o veía la tele. No era tan horrible la vida en Alemania.
Pablo:	Qué … ¿no comías después de la escuela?
Sofia:	Claro, pero a veces sólo pan con queso o salami. Comer no es tan importante como en España. Cuando estaban mis abuelos, siempre había algo típico alemán, por ejemplo *Kartoffelpuffer mit Apfelbrei.* Ellos vivían bastante cerca y nos veíamos mucho. Eran tiempos muy felices con mis abuelos.
Pablo:	Ves … "Kartoffeln". ¿Y el desayuno?
Sofia:	Pues, el desayuno es diferente pero te va a gustar. Hay de todo: pan o panecillos, mermelada, queso y una variedad de embutidos … o simplemente muesli.
Pablo:	¡No te creo! Embutidos por la mañana. Yo como muy poco, unas galletas y ya está. ¡Qué raros sois! Nuria ha estado varias veces en Alemania y me ha contado que en los ascensores no habla nadie … silencio absoluto, como en una tumba.
Sofia:	Ya, eso sí es verdad. Somos más tranquilos pero cuando vosotros os encontráis sois súper ruidosos y yo no entiendo ni torta porque habláis todos al mismo tiempo, jeje…
Pablo:	¿Qué te pasa? Sólo hablamos …
Sofia:	*(interrumpe a Pablo y habla muy fuerte):* Claro que sí, un grupo de españoles se oye a kilómetros porque no habláis sino que gritáis … todo el tiempo.
Pablo:	*(sonriendo):* Ahora eres tú quien está gritando …

Pulpo a la gallega:
Plato muy popular y tradicional hecho de pulpo cocido con aceite de oliva y pimentón.

el gazpacho: plato típico de Andalucía, sopa fría de diferentes verduras

5 Esto son prejuicios …

a. ¿Correcto, falso o no está en el texto? Corrige las frases falsas en tu cuaderno.

1. A Pablo le gusta la profesora de alemán.
2. Pablo no quiere participar en el intercambio porque tiene miedo de tener que comer patatas todos los días.
3. Sofia y Daniel se levantan más temprano en Sevilla que en Alemania.
4. Sofia dice que en Alemania hay muchas cosas para comer por la mañana.
5. A Pablo le parece raro el desayuno alemán.
6. Sofia nunca grita porque es alemana.

b. Apunta los estereotipos sobre los españoles y los alemanes que encuentras en el diálogo. Compara tu lista de estereotipos de 4 a. con lo que hay en el texto.

c. ¿Piensas que los estereotipos sobre Alemania son ciertos? Discutid en clase. **+ayuda** p.140

6 Sofia cuenta

a. Para hablar del pasado ya conocéis el pretérito indefinido pero también existe otro tiempo verbal: el pertérito imperfecto. Busca las formas nuevas en el texto y escribe las terminaciones en una tabla en tu cuaderno como en el modelo.

	-ar-Konjugation	-er-Konjugation	-ir-Konjugation	ser
Yo			- ía	era
Tú	- abas		- ías	eras
Él/ella/usted			- ía	
Nosotros/as				éramos
Vosotros/as	-abais	- íais		erais
Ellos/ellas/ustedes		- ían		

b. Compara las formas de las conjugaciones de los verbos en "-er" e "-ir". **Ch 2** p.26 **G** 2.1.1

> Puedes encontrar las terminaciones del pretérito imperfecto de manera muy simple: El infinitivo de un verbo tiene una raíz, por ejemplo "habl-" y una terminación, por ejemplo "-ar". La raíz del verbo "comer" es "com-" y del verbo "vivir" es "viv-". ¿Cuáles son las raíces de los verbos "salir", "quedar" y "volver"?

c. Conjuga los siguientes verbos en pretérito imperfecto y escríbelos en tu cuaderno: comprar, saber, decir. Marca las terminaciones de los diferentes grupos (-ar, -er, -ir) con diferentes colores.

7 Cuando vivíamos en Alemania …

¡Ojo! El infinitivo de **hay** es **haber**.

Mira al diálogo otra vez. ¿Qué adverbios usa Sofia con el pretérito imperfecto y qué expresan estos marcadores? Formula tu idea en alemán sobre el uso del pretérito imperfecto y compárala con la de tu compañero/a. **+ayuda** p.141

8 Pablito feliz

a. Escribe el texto con las formas correctas del pretérito imperfecto en tu cuaderno.

80023-04

Cuando (tener) 7 años, mis padres, mis abuelos, mi bisabuela, mis hermanos y yo (vivir) todos juntos en una casita bastante pequeña en el centro de Sevilla. Mis dos hermanos y yo (compartir) una habitación y siempre (haber) peleas por los juguetes. Mis padres no (poder) comprar otra casa más grande porque las casas céntricas (ser) muy caras. Sin embargo, (ser) tiempos muy felices ya que todos mis amigos (vivir) cerca. Siempre (jugar) al fútbol en los patios o (quedarse) en una plaza para hacer tonterías. Y claro, la escuela no nos (interesar) mucho y yo casi nunca (hacer) los deberes; por eso mi madre a veces (estar) enfadada por las malas notas.

CD
1 · 6

b. Escucha lo que cuenta Pablo y comprueba si las formas que escribiste son correctas.

9 Cuando era niño/a ...

a. Escribe un texto breve sobre tu niñez. Si no te acuerdas, ¡pregúntales a tus padres o a tus abuelos! Las siguientes preguntas te pueden ayudar: ¿Cómo pasabas los días normalmente? ¿A qué te gustaba jugar? ¿Con quién jugabas siempre? ¿Cómo eran los profes?

De niño ...   Cuando tenía cinco/seis/siete años ...   Antes ... ¡Qué tiempos aquellos!

b. Pídeles fotos antiguas a tus padres y abuelos que muestren la familia, la casa y la vida en su infancia. Apunta la información que recibes de ellos. Describe en clase su infancia.

M I 4.2.1   +ayuda p.141

Antes ... En esos tiempos ... Cuando mi abuelo era un niño ... y cuando mi madre tenía ...

10 ¡Apuntáos ya!

CD
1 · 7 - 13

No hay suficientes participantes para el intercambio con Alemania. Escuchad lo que dicen los alumnos y apuntad las razones por las que no quieren participar.

a. Apuntad las ventajas de un intercambio y preparad argumentos a favor de participar. Tened en cuenta los comentarios de los alumnos que no quieren participar.

b. Ahora trabajad en grupos de tres. Dos alumnos tratan de convencer al otro alumno. +ayuda p.141

c. Apuntad ideas para conseguir más interesados.

Caja de herramientas

Si participas en un intercambio, puedes ...
Con las experiencias que haces, puedes ...
Durante un intercambio aprendes a ...
En el extranjero vas a ...
Vas a pasarlo súper bien porque ...
Es una experiencia inolvidable porque ...

B | Vienen los compañeros

1 ¿Qué vamos a hacer con los alemanes?

Elige actividades que te gustaría hacer durante un intercambio. ¿Cuáles no son tan interesantes para jóvenes? ¿Por qué? Luego escucha qué ideas tienen los amigos.

parque acuático

Vienen los compañeros

CD
1·14–15

80023-01

Profesora: Bueno, chicos, ¡silencio, por favor! Sé que estáis emocionados. Hoy vamos a ocuparnos del programa para el intercambio, ¿vale?

Paloma y María no escuchan porque están hablando del examen de María.

Profe: shshsh, Paloma y María ... ahora recogemos ideas para el programa. Venga, ideas ...

Laura: ¿Qué tal si hacemos una visita guiada por la ciudad?

Nicolás: ¡Qué aburrido! El estadio de fútbol de Sevilla seguro que les interesa más a los alemanes.

Profe: Sí, Nicolás, puede ser interesante pero tienen que conocer Sevilla.

Laura: ¿Por qué no hacemos un folleto fácil de entender en español sobre Sevilla?

Paloma: ¡Estupendo! Eso lo hago yo. ¿Me ayudas, Laura?

Profe: También necesitamos algo típico de Sevilla, como un museo de baile flamenco o algo así.

Paloma: Pero tenemos que empezar por el principio: El día de la llegada. ¿Cómo les damos la bienvenida? Propongo dibujar posteres con eeeh ... cómo se dice "bienvenidos" en alemán, Pablo?

Pablo: ¿Yo qué sé? ¿Por qué no le preguntas a Daniel?

Paloma: Oye Nicolás, ¿qué le pasa a Pablo?

María: Está cortado porque le cuesta mucho aprender el alemán. No se siente bien consigo mismo.

Profe: Buena idea, Paloma. Y al día siguiente podríamos hacer una fiesta con comida alemana y española.

Nicolás: Y los autobuses, ¿quién va a ocuparse de los buses y las visitas guiadas? Hay mucho por hacer.

Pablo: Tranquilo, somos suficientes y si cada uno organiza algo va a salir muy bien. Yo puedo ocuparme de los autobuses. Voy a preguntar en la empresa de mi tío que tiene una agencia de viajes. Él seguro que nos puede ayudar.

Paloma: ¡Guay! ¿Puedo ir contigo, Pablo?

Pablo: Vale, vale ...

30 **María:**	Profe, me gustaría ir con ellos.
Profe:	Está bien.
Paloma:	Una pregunta profe: ¿Los alemanes van a clase con nosotros?
Profe:	El segundo día van conmigo, les voy a enseñar el instituto. Los días siguientes acompañan a sus parejas.
35 **Daniel:**	Enseñarles el instituto lo puedo hacer yo, en español por supuesto. Yo hablo más despacio …

2 ¿Qué ideas tienen?

Escribe las ideas de la profesora y los chicos en la tabla en tu cuaderno:

personas	Profe	Daniel	Paloma	María	Nicolás	Laura	Pablo
ideas/propuestas	■	■	■	■	■	■	■

3 El programa

INTERCAMBIO ALEMANIA (Berlín) – ESPAÑA (Sevilla)

Colegio
Huerta Santa Ana

Propuesta de Programación de Actividades en Sevilla

Fechas de estancia: del 19 al 29 de septiembre de 2019

- Día 19 (martes):   Llegada de los alumnos alemanes y recepción con el director
  (lugar de recepción: sala de reuniones).
  ¿Cómo dar la bienvenida?
- Día 20 (miéroles):   8.30:
  10.30: Visita ¿museo?
  ¿Actividad por la tarde?
- Día 21 (jueves):   8.30: idea: excursión ¿adónde? *llevar pícnic y ropa adecuada para caminar.*
  Regreso a Sevilla: 17.30.
- Día 22 (viernes):   mañana: ¿?
- Día 23 (sábado):   Estancia con las familias.
- Día 24 (domingo): Estancia con las familias.
- Día 25 (lunes):   8.30: Asistencia a clases las dos primeras horas.
  ¿Paseo?
  14.20: Regreso a casa y comida con las familias.
- Día 26 (martes)   08.30: ¿?
  Tarde: ¿?
- Día 27 (miércoles) ¿?
- Día 28 (jueves)   8.30: Asistencia a clase las cuatro primeras horas.
  Tarde: hacer las maletas.
  19.00: Fiesta de despedida.
- Día 29 (viernes)   Regreso de los alumnos alemanes
  (hora de salida a concretar, pero posiblemente
  alrededor de las 6 o 6.30 de la mañana).

a. Mirad el resultado de la primera reunión de los participantes del intercambio. Completad el programa con las ideas de los chicos y la profesora.

b. Todavía faltan actividades. Buscad monumentos, puntos de interés, eventos, lugares interesantes de Sevilla en la unidad o en internet. Incluid además actividades que los chicos pueden hacer juntos, por ejemplo: deporte, juegos, lugares para salir, etc.

 c. Completad la tabla con las expresiones que conocéis o buscad en el texto frases para …

… proponer algo	… expresar acuerdo	… rechazar algo	… dar razones
¿Por qué no vamos a … ?	Vale …	No me gusta la idea.	Seguro que …

 d. Imaginaos que sois alumnos del colegio Huerta Santa Ana. Presentad vuestro programa para la visita de los alemanes en clase. Luego discutid en clase qué programa os convence más.

> **Caja de herramientas**
>
> **Expresar planes:**
>
> Ir a + infinitivo
> Pensar + infinitivo
> Hemos planeado
>   una visita a … ein Besuch in …
>   un encuentro con ein Treffen mit
>   un paseo por einen Spaziergang durch
>
> El programa
>   incluye actividades en/con …
>   beinhaltet Aktivitäten in/mit …
>   consiste en … besteht aus
>   comprende … umfasst

4 ¿Puedo ir contigo?

 a. El alemán "mit mir", "mit dir", etc. tiene en español dos formas especiales. Completa la tabla con las expresiones en el texto (p. 16/17).

b. ¿Qué te llama la atención? Escribe las formas "irregulares" con colores diferentes. **Ch 3** p. 26 **G** 5.1

c. Completa:

yo	■
tú	■
él/ella/usted	con él, con ella, con usted, ■
nosotros/as	■
vosotros/as	con vosotros
Ellos/ellas/ustedes	■, con ellos/ellas, con ustedes

> El profe a veces habla ■ mismo.
> Mira, ésta es María y ella es Paloma. ¿Por qué no vienes ■?
> Daniel, me gusta aprender el inglés ■.
> María, ¿quieres ir al cine ■?

5   ¿Daniel y María?

a. Mira la imagen.
Describe la situación.

CD
1·16

b. Escucha el diálogo.
Elige las frases correctas:

1. a. María y otros dos chicos aprobaron las recuperaciones de inglés.
   b. Sólo María aprobó las recuperaciones pero con mucha suerte.
   c. Nadie aprobó las recuperaciones.

2. a. En el examen María tuvo que hacer una presentación.
   b. María tuvo un examen escrito con un profe que no conoce.
   c. Después de un examen escrito, tuvo un examen oral.

3. a. Las vacaciones de María fueron terribles porque tuvo que estudiar muchísimo.
   b. Durante las vacaciones estudió inglés, sin embargo, lo pasó bastante bien.
   c. Aunque tuvo que estudiar mucho, Daniel la visitó frecuentemente.

4. a. Daniel ayudó a María porque son amigos.
   b. María y Daniel estudiaron juntos porque los dos se tenían que presentar a las recuperaciones.
   c. Daniel le explicó todo muy bien a María. María piensa que Daniel es muy majo.

@ 6   La llegada – pero ¿qué haces y qué dices?

a. ¿Dar la mano o besitos? Investigad en internet `80023-03` cómo se saludan los españoles.

b. Preparad una situación con una familia española que recibe a un/a alumno/a alemán/alemana en el aeropuerto.

7 Gestos que se entienden en toda Europa +ideas p.156

¿Qué significan estos gestos?

a. No lo sé.
b. No se escucha.
c. ¡Silencio!
d. ¡Alto!

8 Gestos en España

Por parejas, inventad situaciones con diálogos durante un intercambio en el que se pueden usar estos gestos.

 **1** Hay mucha gente.

 **2** Estoy a dos velas (no tengo dinero).

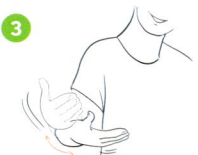 **3** Me parto de risa.

 **4** Están ligando, están enamorados.

 **5** ¿Lo pillas? (=¿Lo entiendes?)

 **6** Estoy harto.

 **7** Me voy.

 **8** Mucho

9 ¿¿¿Y qué les regalo a los padres??? +ideas p.156

a. Imagínate que participas en el intercambio entre Berlín y Sevilla. En la caja de herramientas puedes ver las cosas que has traído de Alemania. Explícales a los padres de tu pareja / compañero/a qué son estos regalos. Durante el viaje ya has buscado las palabras que necesitas en el diccionario.

b. Ahora tú: ¿Qué regalos puedes llevar a los padres de tu compañero/a de intercambio? Busca las palabras necesarias en el diccionario para explicar los regalos. Si es posible trae fotos de ellos. Practica cómo explicarlos en casa y luego "regala" las cosas a un/a compañero/a de clase.

¡Ojo! A veces es difícil encontrar la traducción exacta en alemán o la palabra simplemente no existe. Entonces puedes usar expresiones como: Es un tipo de … Es una especie de … Es parecido a … Con esta cosa se puede … Con esto se puede …

Caja de herramientas

famoso/a (en todo el mundo) (welt-)
   berühmt
conocido/a bekannt
típico/a typisch
el escudo Wappen
el símbolo *hier:* Wahrzeichen
el jarabe Sirup
la asperilla Waldmeister
la frambuesa Himbeere
saber a schmecken nach
la Nochevieja Silvester
Hesse Hessen
mezclar mischen
el pepinillo Gurke, el vinagre Essig
el buñuelo Krapfen
relleno/a gefüllt

Spreewälder Gurken: in ganz Deutschland
   beliebte Essiggurken aus Brandenburg
Berliner Bär: Wappentier der Stadt Berlin
Berliner Weisse: Typisches Bier aus Berlin,
   das gerne mit Sirup gemischt wird, z. B.
   mit Waldmeister-, Himbeergeschmack.
Krapfen: Werden im Westen und
   Südwesten Deutschlands *Berliner,* in den
   neuen Bundesländern *Pfannkuchen,* in
   Teilen Hessens *Kreppel* genannt. Wird
   meistens zu Silvester und in der
   Karnevalszeit gegessen.
la cerveza Bier
la Puerta de Brandeburgo
   Brandenburger Tor
el oso de peluche
   Teddybär

10 Un caramelo para ti

La Tarara

Es un poema del poeta andaluz Federico García Lorca (1898–1936) que es conocido por todos en España y del que además existen canciones de varios intérpretes. La Tarara es una chica. Algunos músicos han cambiado la letra o han añadido estrofas.

a. Lee el poema original primero.

b. ¿De qué trata el poema? Describe a la protagonista.

c. ¿Te gusta? ¿Por qué?

d. Cantad la canción en clase.

e. Escucha la versión de Marisol `80023-03` e intenta anotar una estrofa de su versión.

`80023-04`

La Tarara

La Tarara, sí;
la Tarara, no;
la Tarara, niña,
que la he visto yo.

Lleva la Tarara
un vestido verde
lleno de volantes
y de cascabeles.

La Tarara, sí;
la Tarara, no;
la Tarara, niña,
que la he visto yo.

Luce mi Tarara
su cola de seda
sobre las retamas
y la hierbabuena.

Ay, Tarara loca.
Mueve la cintura
para los muchachos
de las aceitunas.

los cascabeles

la falda con volantes

11 La Sevilla de los musulmanes

a. Para la visita guiada con los alemanes Laura y Paloma han preparado un folleto sobre Sevilla en un español fácil.

80023-04

¡Bienvenidos!

Hemos preparado este folleto sobre nuestra hermosa ciudad para vosotros.
Así podéis entender mejor lo que os cuenta el guía. ¡Que disfrutéis!

Madrid, almohada, alcachofas, alcohol, Gibraltar. Todas estas palabras y muuuchas más vienen de la lengua árabe. ¿No lo sabíais? Los musulmanes reinaban en la Península Ibérica antes de la Reconquista (1492). No sólo tenemos de ellos palabras árabes sino también un gran legado en la literatura, la arquitectura y la medicina. En ese año finaliza la reconquista cristiana, al vencer a los ejércitos musulmanes. Los cristianos al mando del rey Fernando y la reina Isabel (los Reyes Católicos) gobiernan a partir de ese momento a toda España.

La Sevilla de los árabes tenía murallas que rodeaban la ciudad. La Torre del Oro formaba antes parte de esas murallas que defendían a los habitantes y el Alcázar de los ataques y las inundaciones. Hoy en día queda poco de la muralla y la torre es una de las atracciones turísticas más importantes de Sevilla.

La Giralda es uno de los monumentos más conocidos de Sevilla. Su arquitectura es muy curiosa. Fijaos bien, la parte baja es típica de la arquitectura musulmana a diferencia de la parte alta construida por arquitectos y constructores cristianos. Después de la caída del dominio musulmán el mismo edificio se convierte en una catedral católica. Por cierto ... vale la pena subir a la torre ¡la vista es espectacular!

Este es el Real Alcázar. Antes era una fortaleza. Allí vivían los gobernantes de la ciudad. Después de la victoria de los cristianos se convierte en un palacio. Hoy en día es una de las muchas residencias oficiales de la familia real.

Saliendo del Alcázar encontráis los preciosos jardines. Antes sólo había unas huertas y pequeños patios pero más adelante se construyen estanques y más edificios con baños y habitaciones para los miembros de la familia real. Hoy en día hay un montón de plantas exóticas y podéis ver los diferentes estilos de arquitectura de varios siglos. Además allí tienen lugar muchos eventos como por ejemplo éste: 80023-03

Si queréis saber más de la Sevilla histórica, os recomendamos un paseo por la judería (barrio antiguo de los judíos). Vale la pena y podéis aprender más sobre la arquitectura mudéjar.

¿Os ha gustado el paseo por Sevilla? ¡Esperamos que sí!

Muchos saludos   Laura y Paloma

b. Al final de la visita guiada hay un test. ¿Lo puedes solucionar?

> ¿Quiénes reinaban en Sevilla en la Edad Media?
> ¿Cuál es el legado de los árabes?
> ¿Quiénes eran los tres grupos sociales en la España de entonces?
> ¿Qué función tenían las murallas en Sevilla?
> ¿Por qué la parte alta de la torre de la Giralda es católica?
> ¿Qué evento tiene lugar cada año en los jardines del Alcázar?

 ## 12 Palabras desconocidas

Escribe los verbos que no conoces en una tabla en tu cuaderno, utiliza el modelo como ejemplo y complétala con las informaciones siguientes: **+ayuda** p.141 **M** −2.4

Palabra desconocida	¿qué piensas que significa la palabra?	estrategia	significado	palabras relacionadas
reinar	regieren	🇩🇪 "regieren" 🇬🇧 "to reign"	regieren	el rey
defender				

 ## 13 Arquitectos de palabras **M** I−2.4

a. Un **sufijo** es por ejemplo la terminación "-mente" en la palabra "directamente". Este sufijo indica que la palabra es un adverbio. Es decir, los sufijos pueden decirnos qué tipo de palabra es; si es adjetivo, verbo, sustantivo etc. Busca en el folleto palabras con los siguientes sufijos y determina qué tipo de palabra son. Haz una lista con otras palabras que conozcas.

"-ano", "-ico", "-or", "-ción", "-ía" o "-ia", "-oso", "-dad" (¡Ojo! A veces tienen terminaciones diferentes porque cambian según el género o el número: cristi**ana**s)

Modelo: sufijo "-mente", adverbios: directa**mente**, normal**mente**, ...

b. Un **prefijo** es por ejemplo la sílaba "con-" de la palabra "convivían". Significa muchas veces "juntos". Esto nos puede ayudar a encontrar el significado de otras palabras. ¿Qué significa "convivir" en alemán entonces?

"re-" significa "repetición, otra vez" (alemán "wieder/rück"). ¿Qué significan las palabras?
conquistar = erobern   reconquistar = ■   conocer = ■   reconocer = ■

"i-", "im-", "in-", "ir-" significa "contrario de" (alemán "un-" o "ent-") ¿Qué significan las palabras?
posible = möglich   imposible = ■   exacto = ■   inexacto = ■   legal = ■   ilegal = ■

14   Sevilla antes y ahora   +ideas p.156

80023-04

Completa el texto con las formas correctas del pretérito imperfecto o el presente.

En esa época los árabes (convivir) en armonía con los cristianos y los judíos y esto
(influir) muchísismo en la cultura española. Hoy en día (poder) ver su influencia en la
arquitectura, la lengua, los nombres y la comida. En aquel entonces la ciudad (llamarse)
"Ixbilia", pero hoy en día (llamarse) Sevilla. La Giralda antes (formar) parte de una
5   mezquita, hoy en día (ser) la torre de una iglesia católica. La Sevilla bajo el gobierno de
los árabes (tener) murallas que (rodear) la ciudad. (defender) a los ciudadanos y el
Alcázar contra ataques y los (proteger) contra las inundaciones. Hoy en día sólo
(quedar) poco de la muralla. En aquel entonces el Alcázar (ser) una fortaleza que los
cristianos (usar) como palacio. Hoy en día (ser) una de las muchas residencias oficiales
10   de la familia real.

15   ¿Cómo era Sevilla antes?

Empieza con: En 1900 / En aquel entonces / Antes …

Antes La gente no tenía móviles.

16 Más despacio, por favor

En los jardines del Alcázar el grupo de intercambio hace una pequeña pausa. Los españoles les preguntan a los alemanes si les gusta Sevilla. Todos están muy contentos pero también se quejan de algunas cosas. Por ejemplo, que muchas veces no entienden lo que se dice porque la gente habla muy rápido o usan vocabulario complicado. O no se atreven a hablar durante las cenas cuando la familia charla muy rápido sin tener en cuenta que no hablan bien el español. Por eso los chicos españoles recogen ideas para solucionar el problema.

Ayúdales a escribir una lista con consejos. **+ayuda** p. 142

 17 El blog de Sofia

Lee el blog de Sofia 80023-06 y responde las preguntas:

- ¿Por qué piensas tú que fue raro para Sofia recibir a los alemanes?
- ¿Qué aprendió Sofia durante el intercambio?
- ¿Cómo se beneficiaron los demás del intercambio?

 18 Una postal del papá de papá

80023-04

En una caja los mellizos han encontrado una antigua postal de su abuelo a la abuela.

1. ¿Cómo describe el abuelo la Sevilla de su infancia?
2. ¿Qué prefieres tú – la vida en aquellos tiempos o la actual?

Düsseldorf. Schadowstrasse.

Mi vida:
Alemania en invierno es muy triste. La naranja que me estoy comiendo, me recuerda mucho el aroma de los naranjos y la primavera en Sevilla. Ay, como echo de menos la Sevilla de mi infancia. Cuando no había automóviles sino coches de caballos, cuando la vida era mucho más lenta y la gente tenía tiempo para sentarse en las plazas, para charlar un rato. Todos los niños del barrio jugábamos en las calles y un día llegaste tú, mi amor. Ese día cambió mi vida. A partir de ese momento mi ciudad empezó a lucir más bella.
Mil besos
Luis

1   Redactar una carta formal

① El membrete (Briefkopf) con el remitente (Absender)
② La dirección del destinatorio (Empfänger)
③ La fecha (a la derecha)
④ El asunto
⑤ El saludo
⑥ El cuerpo de la carta
⑦ La despedida
⑧ La firma (Unterschrift)
⑨ La postdata (PS) / el anexo (Anhang)

Claudia Dörfler
Droste-Hulshoff-Straße 123
40210 Düsseldorf

Museo del Prado
Paseo del Prado s/n
28014 Madrid

24 de abril de 2019

Asunto: Prácticas en el Museo del Prado de Madrid

Estimado señor Rodríguez Berneau:

Soy alumna de 4º de ESO del instituto Heinrich Heine en Düsseldorf (Alemania) y quisiera expresarle mi interés en formar parte de su equipo de guías turísticas como practicante.

Desde hace cinco años aprendo español y conozco bien muchas ciudades españolas y lugares turísticos ya que parte de mi familia vive en Sevilla.
Después de terminar el bachillerato mi objetivo profesional va a ser trabajar en una agencia de viajes. Por eso, me gustaría tener un mayor conocimiento sobre la forma de operar de las oficinas de turismo.
Tengo experiencia laboral en este campo ya que trabajé como guía turística en Düsseldorf el año pasado. Acompañé grupos de turistas ingleses y españoles.
Soy una persona muy comunicativa, flexible y aplicada.

Sería un placer para mí poder presentarme personalmente.
Para ello, no dude en ponerse en contacto conmigo.

A la espera de sus noticias, le saluda muy atentamente
Claudia Dörfler

Adjunto: Curriculum Vitae / Referencias del trabajo como guía

2   Contar sobre el pasado usando el pretérito imperfecto

a. formas regulares

	verbos -ar	verbos –er/-ir
yo	-aba	-ía
tú	-abas	-ías
él / ella / usted	-aba	-ía
nosotros/as	-ábamos	-íamos
vosotros/as	-abais	-íais
ellos/as / ustedes	-aban	-ían

b. formas irregulares

ir	ser	ver
iba	era	veía
ibas	eras	veías
iba	era	veía
íbamos	éramos	veíamos
ibais	erais	veíais
iban	eran	veían

Mit dem pretérito imperfecto wird ein vergangenes, abgeschlossenes Geschehen oder ein Zustand beschrieben.

3   El pronombre tónico de complemento conmigo („mit mir")

conmigo	mit mir
contigo	mit dir
con él/ella/usted	mit ihm / ihr / Ihnen
consigo (mismo)	mit sich selbst
con nosotros	mit uns
con vosotros	mit euch
con ellos/ellas/ustedes	mit ihnen / Ihnen

Tus retos, paso por paso 80023-05 + Autocontrol

Tu reto 1

Crea un programa de actividades en tu pueblo/ciudad para un intercambio de tu instituto con un centro español. Tiempo de estancia: Una semana. Número de alumnos españoles: 15.

Paso uno: Recoge ideas para actividades: en el instituto, en los alrededores, en las clases, en el tiempo libre. Revisa esta unidad otra vez para buscar ideas y recomendaciones.

Paso dos: Busca informaciones sobre posibles destinos para excursiones. Fíjate también en los horarios y los precios. ¿Qué ofrece tu instituto? ¿Instalaciones deportivas, salas de reuniones, cafeterías, etc.?

Paso tres: Escribe tu programa usando el de la unidad como modelo. Empieza con el día de la llegada y termina con el día de la despedida.

Tu reto 2

Crea un folleto con recomendaciones para las familias anfitrionas para alojar alumnos alemanes en su casa.

Paso uno: Mira la unidad otra vez y encuentra situaciones posiblemente difíciles para las familias anfitrionas, por ejemplo la llegada y la despedida o la hora de comer. Apunta las situaciones y posibles soluciones.

Paso dos: Busca en internet más diferencias interculturales e ideas para evitar malentendidos. Haz una lista de las diferencias más importantes entre la cultura española y la cultura alemana.

Paso tres: Piensa en cómo se pueden presentar estas ideas de manera atractiva y clara. Usa también materiales visuales, como fotos, dibujos, caricaturas.

¿¿¿Los mayas???

3 de noviembre

las culturas prehispánicas

7 de noviembre: Los mayas: Daniel, Sofía, Lupe
14 de noviembre: Los aztecas: Pablo, Álvaro, María
21 de noviembre: Los incas: Laura, Paloma, Nicolás

①

②

El territorio maya

Golfo de México

Chichén Itza

Uxmal
Tulum

Península de Yucatán

Palenque   Tical

México

Mar Caribe

Océan Pacífico   Copán   Guatemala

seco   Ø 22°–24°
• Mérida

cálido-subhúmedo

cálido-humedo
Ø 26°–28°

Recorremos
la tierra maya

Capítulo

2

1. ¿Cuál es el problema de los mellizos y de su amiga Lupe?
2. Describe el territorio de los mayas, la tierra maya.
    a. ¿Sobre qué regiones/estados/países se extiende?
    b. ¿Cómo es el clima?
    c. ¿Qué ofrece (vegetación, fauna y flora)?
    d. ¿Qué hay para conocer o pasar un buen rato?

¿Qué pasa aquí?

Los mellizos y Lupe tienen que hacer una presentación sobre los mayas, una de las culturas prehispánicas más avanzadas, para la clase de historia. Como no saben nada de ellos, le preguntan a la tía de Lupe, Valeria. Ella les cuenta sobre su recorrido por la tierra maya y les manda muchas fotos del viaje. Al final tienen suficiente información para preparar una presentación extraordinaria para sus compañeros de clase.

Pronto vas a saber

- hablar sobre un viaje/un recorrido
- describir un territorio (clima, temperatura media, flora y fauna)
- informar sobre una cultura
- la diferencia entre el pretérito indefinido y el pretérito imperfecto
- construir frases relativas

Revisas

- la conjugación del pretérito imperfecto y del pretérito indefinido
- cómo describir la ubicación geográfica

Tus retos

1. Prepara una presentación sobre otra cultura prehispánica.
2. Escribe un blog sobre un viaje imaginario por la tierra maya.

extenderse (e → ie)
  sobre …
estar cubierto (en su
  mayor parte) por …
el bosque tropical
  húmedo
contar (o → ue)
  con … / ofrecer …
la (gran) variedad de
  flora y fauna
la playa caribeña
la ruina maya / los
  templos mayas
la temperatura media
  anual
el clima cálido
  (sub-)húmedo

Norte
Noroeste — Noreste
Oeste — Este
Suroeste — Sureste
Sur

La tierra de los abuelos

Uffff no tengo ni idea de los mayas, y sólo nos quedan cuatro días, ¡qué palo! ¿Qué vamos a hacer?

Tranquila, mi tía Valeria hizo un recorrido el año pasado por el territorio maya con mi primo Sebastián. Pasaron por muchos sitios como Chichén Itzá. A ella le encanta la historia y al enano le fascinan las pirámides. Seguro que tiene un montón de fotos y me puede contar mucho sobre los mayas. Hoy le escribo y le pido las fotos y la información, ¿vale?

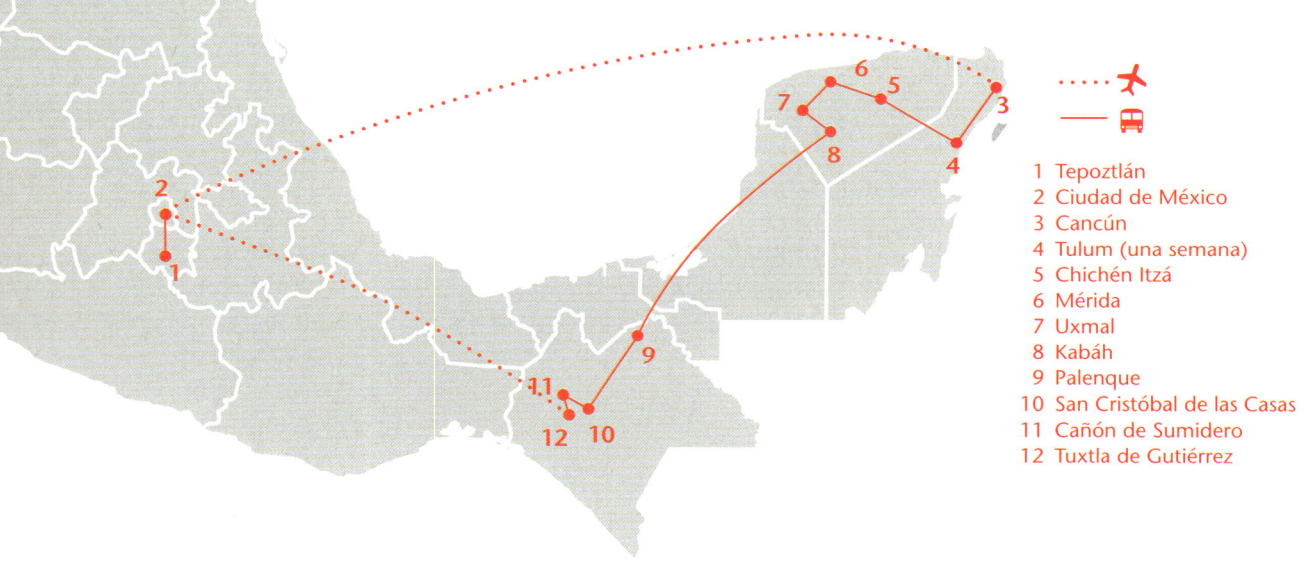

1 Tepoztlán
2 Ciudad de México
3 Cancún
4 Tulum (una semana)
5 Chichén Itzá
6 Mérida
7 Uxmal
8 Kabáh
9 Palenque
10 San Cristóbal de las Casas
11 Cañón de Sumidero
12 Tuxtla de Gutiérrez

1 ¡Por fin, las vacaciones!

a. Investigad en grupos sobre los sitios que visitaron Valeria y Sebastián. Imprimid el mapa `80023-02` y cread un mapa utilizando los siguientes símbolos. También podéis dibujar los sitios de interés. ¿Qué sitio os llama más la atención? ¿Dónde preferís quedaros más tiempo y por qué? Presentad vuestro trabajo a los demás.

b. Describe el recorrido de Valeria y de Sebastián. +ayuda p. 142

Una semana en la playa

CD
1 · 23 – 25

80023-01

Hola sobrina:

¡Qué gusto saber de ti! Y claro que te voy a ayudar con tu tarea sobre los mayas. Pero antes que nada quiero presumir un poco con algunas fotos de Tulum ;-). Allí empezamos el año pasado nuestro recorrido por *la tierra de los abuelos.* Así los llamo cuando hablo con Sebastián de nuestros antepasados, los pueblos prehispánicos, aunque nuestros antepasados no eran mayas sino aztecas ;-). *Prehispánico* significa la época antes de la llegada de los españoles al continente de América. De hecho cuando Cristóbal Colón descubrió América en 1492, ya estaban aquí desde hace miles de años los aztecas, mayas, zapotecas, mixtecas, incas, mapuches y muchos más. Bueno, pero sigo con mi historia, quería contarte sobre nuestra semana en Tulum ;-).

Tulum es muy conocido por sus ruinas mayas y su zona turística. Pasamos una semana inolvidable en la playa. La comida en el hotel siempre estaba deliciosa, todos los días comíamos platos o especialidades de la ciudad.

En Tulum el mar cambia de color durante el día. Encuentras todos los colores: jade, esmeralda, turquesa. ¡Es increíble! En la

playa había muchas algas, bueno, de hecho no eran algas, otra planta del mar, pero no nos molestaba

mucho y además los empleados del hotel limpiaban toda la playa por las mañanas.

Pero ¡qué calor! La mayor parte de la península de Yucatán tiene un clima cálido-húmedo. Imagínate, en las ruinas de Tulum hacía mucho calor, sudábamos todo el rato, el sol pegaba muy fuerte, era casi insoportable. Por lo que me cuentas, en Sevilla hace aún más calor en verano, ¿verdad? Tenéis una temperatura máxima media de hasta 36 grados, ¿no? Uffff … No estamos acostumbrados, en Tepozlán el clima es bastante agradable, templado y cálido. En la Riviera Maya llevaba todos los días una botella de agua y ese día cuando vimos las ruinas de Tulum me la bebí casi de una sola vez.

¿Puedes ver en la foto la iguana que estaba tomando el sol en las ruinas?

Sacamos la foto, de repente nos vio y se escondió detrás de una piedra. ¡Pobrecita!

Un beso de tu tía

Valeria

2 La carta de Valeria

Lee lo que le escribió Valeria a su prima Lupe y contesta las preguntas. **+ideas** p. 156

1. ¿Qué significa *la tierra de los abuelos* para Sebastián?
2. ¿Qué significa la palabra *prehispánico*?
3. ¿Qué vieron Valeria y Sebastián en Tulum?
4. ¿Por qué fue una semana inolvidable? ¿Qué le gustó a Valeria?
5. ¿Por qué Valeria siempre llevaba una botella de agua?

3 ¡Qué calor!

mes	1	2	3	4	5	6	7	8	9	10	11	12
💧mm	65	49	37	39	105	167	100	113	184	186	80	75
Ø°C	23.2	23.6	25.3	26.7	27.5	27.6	27.5	27.5	27.4	26.3	24.7	23.5
↓°C	17.8	17.8	19.3	20.7	21.8	22.7	22.4	22.3	22.6	21.6	19.6	18.2
↑°C	28.7	29.5	31.3	32.7	33.2	32.5	32.6	32.8	32.2	31.1	29.9	28.9

a. Mira el diagrama. ¿Cuál es el mes más lluvioso/caluroso en Tulum?

b. Busca en el texto las expresiones para describir el clima y el tiempo.

c. Mira las herramientas. Mándale un correo a Valeria y describe el clima y el tiempo en tu región.

Caja de herramientas

la zona tropical/templada/fría

el clima húmedo/lluvioso/seco/cálido

gran variedad de flora y fauna

las cuatro estaciones (primavera, verano, otoño, invierno)

aumentar ↑/ bajar ↓ (la temperatura)

la temperatura media anual Ø°C 2019 / mensual Ø°C agosto

llegar hasta … grados

4 Conocimos Mérida mientras viajábamos por la tierra maya

a. Busca en la carta de Valeria los marcadores para el uso del pretérito indefinido y del pretérito imperfecto. Haz una tabla y relaciónalos con el tiempo del pasado correspondiente. **+ayuda** p. 142

Uff, a veces todavía nos parece un poco complicado a Sofia y a mí contar en español algo que pasó en el pasado … ¿Tienes una idea por qué es así?

b. Relacionad las explicaciones del uso de los tiempos con las frases en pretérito indefinido o imperfecto. Completad la tabla. `Ch 1` p.46 `G` 2.1.3

tiempo verbal	frases
pretérito imperfecto	La iguana estaba tomando el sol encima de un templo maya cuando de repente vio a Valeria y Sebastián y se escondió.
descripción de las circunstancias que rodean o que explican una acción	Cristóbal Colón descubrió América en 1492.
descripción de situaciones y ambiente	Todos los días, Valeria y Sebastián comían deliciosa comida.
descripción de costumbres/repetición	Los empleados del hotel habitualmente limpiaban la playa por las mañanas.
	Un día Valeria y Sebastián fueron a las ruinas de Tulum.
pretérito indefinido	Había muchas algas en la playa.
acciones (claramente) terminadas	Cuando Colón descubrió América ya la habitaban los pueblos prehispánicos.
acciones interrumpidas	El mar siempre cambiaba de color durante el día.
	El año pasado Valeria y Sebastián hicieron un recorrido por la tierra maya.

5 Estábamos tomando el sol, cuando de repente …

En grupos de seis continuad la historia como en el juego "hago mi maleta". Contad lo que pasó cuando Valeria y Sebastián estaban en el restaurante. Usad los conectores de repente y de pronto (con pretérito indefinido). Cuando se equivoque alguien o no sepa qué decir, empezad de nuevo.

Era un día maravilloso y soleado ○ . Sebastián y Valeria estaban en el restaurante del hotel. No había mucha gente, eran casi los únicos clientes. De repente … luego … y de pronto …

- caerse un coco de una palmera
- aparecer un gatito
- pasar corriendo el perro del hotel
- empezar a tocar un grupo de mariachis
- ver una iguana tomando el sol (Sebastián)
- llegar un autobús lleno de turistas
- romper todos los vasos (los camareros)

A

6 ¡Ojo! ¡La tortuga!

80023-04

Completa el texto con la forma correcta del pretérito indefinido o imperfecto. Fíjate bien en los marcadores. Después escríbelo en tu cuaderno, subraya las descripciones de las circunstancias (en pretérito imperfecto) con verde y las acciones (en pretérito indefinido) con rojo. **+ayuda** p.142

Siempre ■ (cenar) en el restaurante del hotel en la playa. ■ (tener) un ambiente muy agradable y tranquilo porque no ■ (permitirse) la luz eléctrica. Todos los días por las noches en todas las mesas los empleados ■ (poner) velas. Es que esa zona hotelera de Tulum
5 es una reserva ecológica. En verano en plena oscuridad salen las grandes tortugas del mar para poner sus huevos en la arena de la playa enfrente del hotel. Una noche me ■ (tomar) un coco loco y luego nosotros ■ (salir) tarde del restaurante para volver a nuestra cabaña. De repente ■ (escuchar) un grito desde el segundo piso de la cabaña: "¡Ojo, la tortuga!". Y fíjate, casi ■ (caerse)
10 sobre una tortuga gigante que ■ (estar) poniendo sus huevos a sólo unos tres metros de nuestra cabaña. En el balcón del segundo piso ya ■ (haber) gente que la ■ (estar) observando. Luego ■ (llegar) una persona para medir la tortuga y marcar el sitio del nido. Al terminar, la tortuga ■ (regresar) muy, muy despacio al
15 mar porque ■ (pesar) mucho. Al día siguiente ■ (ver) su camino hacia el mar y ■ (encontrar) el sitio de su nido. ¡ ■ (ser) muy emocionante!

7 De viaje por la Tierra Maya

a. Combina las circunstancias y las acciones después de la salida de Tulum. Formula frases usando cuando y mientras.
Mientras pagaban en el hotel, llegó el taxi.

tomar la última foto en la playa / llamar desde Tepoztlán
esperar en la estación de autobús de Tulum / conocer a unos turistas de Alemania
visitar Chichén Itzá / torcerse el tobillo (una persona)
caminar por el centro de Mérida / empezar a llover
desayunar en el hotel cerca de Palenque / observar una iguana

b. Encontrad la diferencia entre el uso de los tiempos del pasado en estas frases: **Ch 1** p. 46

1. Mientras **cenábamos** en el restaurante, nuestros amigos **fueron** a nadar un rato.
2. Por las noches **escuchábamos** música mientras **preparábamos** las cosas para el día siguiente.

c. Recuerda un día de tu último viaje de vacaciones. Describe las circunstancias (el lugar, el hotel, el ambiente …) y piensa en algo divertido o interesante que pasó. También puedes inventar una historia. Usa las herramientas para estructurar tu relato y algunas exclamaciones (qué frío, qué chulada, qué barbaridad…)

| cuando / mientras
entonces / luego/después | por eso
así que | de repente /
de una vez |

8 ¡Ya estaban allí!

a. Mirad la caricatura y describidla. `M` `I 4.4` `+ayuda` p.143

b. Las tres civilizaciones prehispánicas más conocidas son los incas, los mayas y los aztecas. Mirad el mapa y describid por dónde se extendió su territorio.

c. ¿Cómo os imagináis las culturas prehispánicas? ¿Qué (no) tenían o (no) sabían? Copia la tabla, luego mira las herramientas y escribe tus ideas en tu cuaderno. Después intercambia ideas con tu compañero/a.

Mis ideas sobre las culturas prehispánicas		
La comunicación Tenían una escritura y se comunicaban por Whatsapp.		

> Creo que (no) …

> ¿Y tú?

> (No) estoy de acuerdo, pienso que (no) …

ser • vivir en • organizarse en • construir • tener • haber (había) • hacer • creer en • conocer • utilizar • cultivar

> He leído que los incas/aztecas/mayas sí … pero los incas/aztecas/mayas no …

el desarrollo atrasado • avanzado • en comparación con …
los asentamientos colonias pequeñas familiares • pueblos • ciudades
la sociedad grupos familiares • clases sociales definidas (p. ej. gobernantes, nobleza, sacerdotes, esclavos)
los edificios/la arquitectura cuevas • cabañas o casas de madera o de piedra con techos de paja • edificios grandes (templos, palacios) • paredes sencilllas • paredes pintadas y decoradas
la agricultura maíz • frijoles • calabazas • chiles • tomates • algodón • cacao • manzanas • arroz
el arte la escultura • la pintura

la comunicación la escritura • los libros • la comunicación oral, no escrita
el transporte caminos • calles • canoas • barcos • medios de transporte con ruedas (p. ej. carruajes o coches)
conocimientos de … ciencias • matemáticas (números) • astronomía • medicina
el calendario (no) exacto • (no) parecido al nuestro • número de días por año
la religión un dios (monoteísmo) • más de un dios (politeísmo)

¡Qué belleza!

CD
1·26–30

el observatorio astronómico
de Chichén Itzá

Bueno, después de nuestra semana en Tulum seguimos nuestro recorrido por la tierra maya … ¡Qué emoción! Ya de niña me gustaban sus templos y palacios.

5   ¿Sabías que la cultura maya es considerada como una de las civilizaciones más desarrolladas y avanzadas del mundo antiguo? Lograron importantes avances, especialmente en matemáticas, astronomía y en el uso del calendario. Tenían

10 observatorios astronómicos para observar el cielo y sabían calcular con precisión los ciclos de la luna y del sol.

Me encantan todas sus construcciones que en gran parte están todavía escondidas en la selva. No tenían animales grandes para

15 transportar materiales. Cuando los españoles llegaron todavía no había caballos en América. Todavía hoy podemos admirar los templos y las casas de los gobernantes. Sus casas tenían decoraciones finísimas y estaban pintadas de colores, muchas veces de color rojo o azul „maya". ¡Tuvo que ser impresionante! Ahh, y los techos, típicos de

20 sus construcciones. Claro que la gran mayoría de la población maya

Palenque

Uxmal

vivía en los alrededores de las ciudades en casas más modestas de madera o piedra con techos de paja.

Según nuestros guías, la cultura maya vivió su mayor esplendor en el período clásico (300-900 después de Cristo). En esta época alcanzaron su esplendor artístico. Es importante saber que el imperio

la arquitectura típica

25

30

maya no era como el imperio inca, azteca o romano, sino que los mayas se organizaban en ciudades-estado, cada una con un gobernante. En el territorio del México actual destacan Palenque, Uxmal, Kabáh, Cobá y Chichén Itzá. Estas ciudades estaban en contacto entre ellas,

comerciaban, combatían y hacían prisioneros que sacrificaban o usaban como esclavos.

35 Durante nuestras visitas a Cobá y Kabáh me quedé muy sorprendida con los caminos (sacbé) cubiertos con cal blanca que tenían los mayas para conectar sus centros. Por la noche brillaban e iluminaban el camino a través de la jungla. ¡Padrísimo! También inventaron la rueda, pero no la usaron para el transporte porque recuerda que no tenían

40 caballos.

Kabáh

Otro ejemplo de su progreso fue su sistema de escritura con figuras y símbolos. Era muy compleja con diferentes imágenes, lo que hoy en día complica la lectura e interpretación. Ésta se conservó en sus libros (los códices), en sus pinturas y edificios y nos cuenta sobre su historia y su ciencia. Sólo los sacerdotes, que pertenecían a la nobleza, eran capaces de escribir y leer, al

45 igual que en la Europa en esa época.

¿Y después de todos los logros del esplendor de la cultura maya? Otro misterio que siempre me ha fascinado es que a partir del siglo IX abandonaron las grandes ciudades, las dejaron

desaparecer bajo las selvas tropicales. De repente dejaron de construir y de escribir y en poco más de un siglo la brillante cultura de los mayas se detuvo
50 y muchas de sus tradiciones y conocimientos cayeron en el olvido.

¿Qué provocó la caída del imperio maya? Pues, ¿qué piensas tú ;-)?

¿Tienes ya algunas ideas para tu presentación? Algo que puede ser de interés para tus compañeros es el juego de pelota, además el uso del chocolate y el calendario maya, la astronomía … de hecho hay un montón
55 de cosas que puedes investigar … ¿Cómo lo ves? Luego me cuentas, ¿vale?

¡Suerte y abrazos desde Tepoztlán!

Tu tía preferida Valeria y Sebastián

el sistema de escritura

9 ¡Guau! No lo sabía +ideas p. 157

a. Lee el texo (el resto de la carta de Valeria).

b. Completa la tabla del ejercicio 8c con la información del texto sobre la cultura maya y apunta en qué linea se encuentra la información.

Mis ideas sobre las culturas prehispánicas	Línea	La cultura maya
La comunicación Tenían una escritura y se comunicaban por Whatsapp.		

c. Fijaos en el uso del pretérito indefinido e imperfecto. ¿Por qué se usan en las siguientes frases? Ch 1 p. 46

línea 23–24 (Según nuestros guías …) línea 35–37 (Durante nuestras visitas …)
línea 44–45 (Sólo los sacerdotes …) línea 48–50 (De repente dejaron de construir …)

d. Habla con tu compañero/a. ¿Qué os sorprende de lo que leísteis sobre la cultura maya?

e. ¿Por qué crees que abandonaron los mayas sus grandes centros a partir del siglo IX?

10 Un caramelo para ti: Adivinanzas mayas de Yucatán

Incluso hoy en día a los mayas les gustan mucho las adivinanzas. ¿Sabes las respuestas?

Adivina: Dos sus salidas, sólo una entrada.
Na'at le ba'ala' paalen: Jump'éel u joolil, ka'ap'éel u jóok'olil.

¡Adivina, boxito! Cuando se va no pesa, eso es cuando regresa.
Na'at le ba'ala' paalen: Kéen xi'ike' sáal, kéem suunake' aal.

Sólo te lo digo una vez: tiene ojos, pero no ve. Sus hojas no son de papel. Está parado, pero no tiene pies. Al final, ya sabes qué es.
Wa na'at na'ateche' na'at le na'ata': Yaan y yich ba'ale ma' tu yilikech,
Wa'alakbal ba'ale' mina'an u yook, yaan u le', teech a wojel u ts'ook.

Primero …

Luego …

Por último …

CD
1·31–32

1 ¡A trabajar!

Escucha la conversación y apunta sobre qué temas van a investigar los mellizos y Lupe y cómo organizan su trabajo.

80023-04

2 El juego de la pelota +ideas p. 157

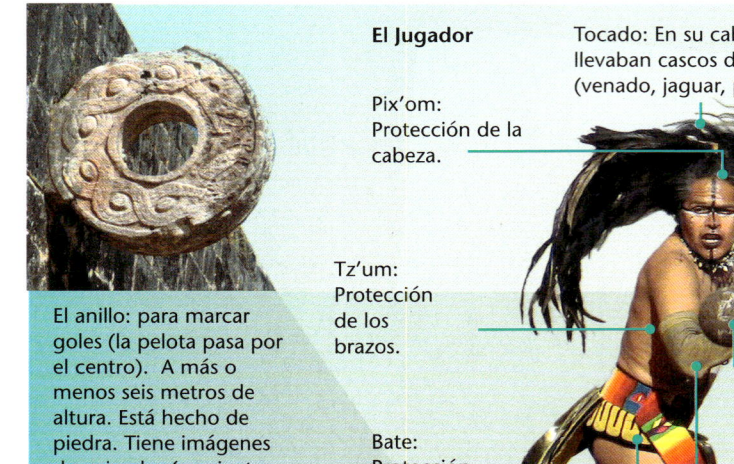

El Jugador

Tocado: En su cabeza algunos jugadores llevaban cascos de cabezas de animales (venado, jaguar, peces, aves).

Pix'om: Protección de la cabeza.

Pachq'ab: Protección para la mano.

Tz'um: Protección de los brazos.

Bate: Protección de la cadera.

Pelota de goma: Su peso es de más o menos tres kilos. Diámetro de aproximadamente veinticinco centímetros.

Kipachq'ab´: Protección de codo y rodilla.

El juego de la pelota maya estaba lleno de símbolos. Un partido simbolizaba la batalla entre el positivismo / el bien (representado por la luz, una mitad de la cancha) y la negatividad / el mal (la oscuridad, la otra mitad de la cancha).

El anillo: para marcar goles (la pelota pasa por el centro). A más o menos seis metros de altura. Está hecho de piedra. Tiene imágenes de animales (serpiente, mono), estrellas, luna y sol etc.

Los arqueólogos conocen más de mil quinientas canchas. Las han encontrado entre Nicaragua y Estados Unidos, en las Antillas y en la Amazonía Peruana.

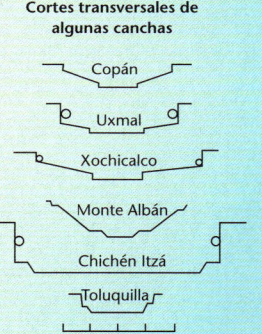

Cortes transversales de algunas canchas

Copán
Uxmal
Xochicalco
Monte Albán
Chichén Itzá
Toluquilla

0   10   20
Metros

Según: http://pueblosoriginarios.com/meso/maya/maya/pelota.html

a. Mira el dibujo y contesta las preguntas: +ayuda p. 143

¿En qué territorio se jugaba a la pelota?
¿Cuántas canchas se han encontrado y dónde se encuentra la cancha más grande?
¿De qué material era la pelota?
¿Qué tipo de protecciones usaban los jugadores?
¿A qué altura se encontraban aproximademente los anillos de piedra?
¿Qué función tenían los anillos de piedra?
¿Qué simbolizaba el juego para los mayas?

80023-04

b. Lee el texto y complétalo con las formas correctas del pretérito indefinido o el imperfecto. Luego relaciona los subtítulos con los párrafos.

> el simbolismo y los sacrificios • la pelota •
> el origen del juego •
> las reglas básicas • los vestidos de juego

Características generales y simbología

El juego de la pelota ya se ■ (conocer) en la época prehispánica en Mesoamérica. A diferencia del fútbol de hoy en día, los participantes simbolizaban figuras sagradas. La muerte estaba asegurada al final del partido.

Los restos arqueológicos y canchas conocidos datan de los siglos IV a. C. al siglo II d. C. En Veracruz (México), en el lugar donde se ■ (hacer) sacrificios a los dioses, los arqueólogos ■ (encontrar) restos de cinco pelotas de goma. Después de hacer las pruebas correspondientes ■ (determinar) que éstas tenían más de 3.500 años de antigüedad.

A) ■ (participar) dos equipos, de entre 5 y 7 jugadores, y había un árbitro central.

B) Sólo se ■ (poder) golpear el balón con algunas partes del cuerpo, estas ■ (ser): las caderas, los codos, losantebrazos y las rodillas.

C) El propósito del juego ■ (ser) pasar la pelota de goma por uno de los anillos. Cuando esto ■ (suceder), el juego ■ (terminar).

Era difícil hacer pasar la pelota por los anillos, pues se ■ (considerar) una falta tocar la pelota con una parte del cuerpo no autorizada o dejarla "muerta" en la cancha. Generalmente se ■ (decidir) quién

■ (ser) el ganador del partido por puntos, máximo cuatro en total.

La pelota maya ■ (tener) un diámetro de 25 a 30 centímetros y ■ (pesar) entre un kilo y medio y tres kilos. A diferencia de la pelota que conocemos hoy en día, ésta no ■ (tener) aire en su interior

Se han encontrado figuras de la época en la que podemos ver la ropa de los jugadores de pelota. Ellos ■ (soler) llevar protectores y pinturas rituales. Además una falda de cuero con un cinturón que les ■ (proteger) de los golpes con la pelota. Los animales sagrados (p. ej. el jaguar) ■ (ser) representados en la decoración.

Los sacrificios humanos ■ (formar) parte de la cultura maya. Con ellos ■ (querer) celebrar la victoria de la luz o de la vida sobre la oscuridad y la muerte. Los mayas ■ (creer) que así mantenían el orden del universo cómo ■ (ser) descrito en su libro sagrado "Popol Vuh".

Según: http://lomasenlared.info/juego-de-pelota-maya-ii-caracteristicas-generales-y-simbologia/.

c. Responded si la información es correcta o falsa o no se encuentra en el texto. Corregid las frases falsas en vuestros cuadernos.

- El origen del juego data del período alrededor del año 0.
- La pelota se golpeaba con los pies y las manos.
- El juego se finalizaba cuando se lograba introducir la pelota por uno de los anillos.
- Era fácil dejar pasar la pelota por el centro del anillo, por eso no era necesaria la definición por puntos.
- El juego era un pasatiempo para los gobernantes y sus familias.
- Se sacrificaba al equipo ganador.

3 El juego de la pelota y el fútbol

Resume la información que tienes sobre el juego de pelota maya y compara nuestro juego de pelota más practicado hoy en día con el juego de pelota de los mayas. **+ayuda** p. 143

Modelo: Antes sólo algunos jugadores adultos elegidos y preparados jugaban al juego de pelota. En cambio hoy en día …

Caja de herramientas

Se necesita …
La pelota debe … Hay dos … en cada lado de la cancha a una altura de …
Las únicas partes del cuerpo …
El juego dura … Se finaliza cuando …
Al tocar la pelota con una parte no autorizada del cuerpo … el otro equipo recibe … punto/puntos.
Al quedarse "muerta" la pelota en la cancha, el otro equipo …

Expresar una diferencia	**Expresar algo parecido o igual**
Los mayas … , en cambio nosotros / hoy en día …	El fútbol, como el juego de pelota de los mayas …
A diferencia de hoy, los mayas …	Al igual que los mayas … nosotros también …
Antes … pero hoy …	

4 ¡A jugar!

a. En el texto de 2b habéis encontrado algunas reglas básicas del juego. Pensad en reglas para vuestra adaptación del juego y apuntadlas.

b. Intercambiad ideas sobre dónde podéis jugar a la pelota, cómo podéis marcar la cancha y qué podéis utilizar como anillo de piedra. Apuntad las ideas y presentad vuestras reglas e ideas para llevar a cabo el juego a los demás.

c. ¡A jugar! Elegid con qué reglas queréis jugar:

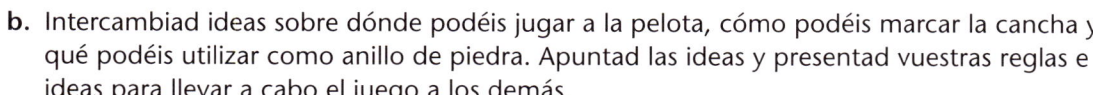

(No) Me convence la idea de … porque es bastante fácil/ difícil de realizar porque …

También podemos ...

Otra idea es que ...

5 Seis datos curiosos sobre los mayas

a. Forma frases y encuentra las imágenes relacionadas. `G` `5.2` `Ch 2` `p. 46`

80023-04

Sabías que …

… los mayas creían que el estrabismo era un signo de belleza y de origen noble. Por eso las familias nobles colgaban del pelo de los niños una pequeña bolsa con …

… el calendario maya produce un error de un día por cada 5000 años …

… fueron los barcos españoles …

… la pirámide a …

… la gran pirámide de Chichén Itzá, El Castillo, cuenta con un efecto de luz y sonido que se produce el 21 de marzo y el 21 de septiembre cuando los rayos del sol forman triángulos de sombra sobre las escaleras del templo con …

… el dios Kukulkán es simbolizado por una mezcla de serpiente y pájaro. Si aplaudes en las plazas centrales enfrente de muchas pirámides mayas, se produce un sonido, …

los que trajeron el cacao a Europa en el siglo XVI. Los mayas lo utilizaban en bebidas de distinto sabor desde el amargo, hasta el dulce o incluso picante al combinarse con chile, pero también como moneda por el gran valor que tenía para ellos.

la que llamaron "La Danta" se encuentra casi cubierta por la selva en El Mirador, Guatemala. Es la más alta construida por los mayas y tenía una altura de 172 metros.

los que se produce la ilusión de una serpiente.

el que evoca a este dios.

lo que lo hace más exacto que nuestro calendario gregoriano, que acumula un día por cada 4000 años.

la que los niños bizqueaban porque les hacía mirar hacia ella frecuentemente.

KAKAW

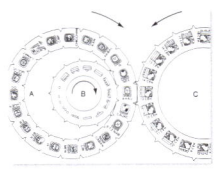

b. Completa las frases con la forma correcta de *lo que, la que, el que, los que, las que*:

Los mayas conocían el cero, ■ les permitía hacer cálculos exactos.
El calendario maya es uno de los más exactos de ■ conocemos.
Los mayas tenían una escritura con ■ pudieron documentar los acontecimientos más importantes de su historia.
Las ciudades mayas contaban con plazas en ■ realizaban sus ceremonias religiosas.
Era el cacao con ■ pagaban los mayas.

6 Reporteros de la historia

 Elegid en grupos de cuatro en cuál de los vídeos queréis trabajar cada uno/-a.
Los que tienen menos estrellas son un poco más fáciles de entender y resumir.

a. Aclarad el vocabulario para el vídeo que habéis elegido con la ayuda de un diccionario.
Luego mirad vuestro vídeo y responded las preguntas.

Quiénes fueron los mayas ★ 80023-03

> florecer • el descubrimiento • declinar • desconocerse • el conjunto •
> la riqueza • brillar • desconectado/a

> ¿Por qué floreció la cultura maya?
> ¿Qué era la cultura maya en realidad?
> ¿Qué compartían los pueblos mayas?
> ¿Cómo estaban organizados?
> ¿Qué culturas de la antigua Europa tienen una organización similar
>   a la de los pueblos mayas?
> ¿Por qué no se conocían los griegos y los mayas?

Templos y ciudades mayas ★ ★ 80023-03

> oculto/a • la cumbre • servir de • congregar • danzar • la capa •
> en honor de • el comerciante • el artesano

> ¿Por qué quedaron ocultas en la selva las ciudades mayas?
> ¿En qué se parecían las ciudades mayas?
> ¿Quiénes participaban en los sacrificios religiosos?
> ¿Por qué construyeron las pirámides tan altas?
> ¿Cómo crecían las pirámides hasta sus enormes dimensiones?
> ¿Quiénes vivían más cerca y quiénes más lejos de los templos?

La pintura y la escritura maya ★ ★ ★ 80023-03

> transmitir • inmortalizar • tallar • el fresco • el guerrero • realzar •
> el prestigio • ornamentado/-a • la sucesión • el funcionamiento •
> el relieve • la historieta • el glifo

> ¿De qué se ocupaban los artistas mayas?
> ¿A qué contribuían los frescos y pinturas mayas, p. ej. en la ciudad de Bonampak?
> ¿Qué representaban los glifos?
> ¿Qué querían explicar los mayas con los glifos?
> ¿Qué estaba tallado alrededor de las cabezas de las personas?
> ¿A qué se parecían los frescos y relieves mayas?

La desaparición de los mayas ★ ★ ★ ★ `80023-03`

> sostener algo • ocuparse de algo • dominar • la guerra •
> la destrucción • la sequía • generar • el sobreviviente • emigrar •
> debilitado • disputar • combatir • someter • conquistar
>
> V

> ¿Cuándo abandonaron sus ciudades los mayas?
> ¿Adónde fueron algunos de los habitantes de las ciudades y qué hicieron allí?
> ¿Según los investigadores, de qué se ocuparon los gobernantes durante los
>   últimos años antes de la desaparición del imperio maya?
> ¿Qué acompañó a las guerras?
> ¿Qué encontraron los españoles al llegar a Yucatán?
> ¿Por qué no fue fácil someter a los pueblos mayas?
> ¿Cuánto tiempo duró la conquista de los pueblos mayas?
>
> ¿?

b. Reuníos con vuestros/as compañeros/as de clase que han trabajado en el mismo tema. Intercambiad vuestras ideas y resultados. Preparad un cartel de información para los demás. Imprimid fotos o haced dibujos relacionados con el tema y apuntad la información clave. Explicad el vocabulario en la clase, de preferencia en español. **M** I-4.6

c. Preparad vuestra presentación usando el método "Kniff mit dem Knick". **M** I-4.2.1

d. Haced un Gallery Walk en la clase. Presentad vuestro tema a los demás. Escuchad atentamente a los que presentan y apuntad las respuestas a las preguntas relacionadas con cada tema presentado. **M** II-2.2.8

7 La conquista española y los mayas

`80023-04`

Completa el texto con las formas correctas del pretérito indefinido o imperfecto.

> Para el momento en que los conquistadores españoles ■ (llegar) a las costas de Mesoamérica a principios del siglo XVI, la mayoría de los mayas que aún ■ (habitar) en la región ■ (vivir) en pueblos agrícolas y sus grandes y magníficas ciudades ■ (estar) cubiertas por la vegetación de selva tropical.
>
> 5 En esos tiempos los mayas todavía ■ (recordar) las grandes ciudades de sus abuelos y ■ (realizar) ceremonias en las ruinas de sus ciudades antiguas, pero en ellas ya no ■ (vivir) una élite para gobernar al pueblo de forma estructurada.
>
> En el sur de lo que hoy llamamos México ■ (haber) pueblos mayas los cuales ■ (combatir) a los españoles de manera valiente, pero al final los europeos los ■ (vencer).
>
> 10 Los españoles ■ (ser) pocos en número en la conquista de Yucatán, pero ■ (estar) mucho más avanzados que los mayas en las técnicas e instrumentos de la guerra.
>
> A pesar de ello ■ (haber) 170 años de batallas en territorio maya y el último pueblo vencido fue Tayasal, en Petén (Guatemala) en 1697. La conquista de Yucatán, en territorio mexicano, ■ (tener lugar) de 1527 a 1546.

8 El mapa mental

Haz un mapa mental con el vocabulario y las estructuras para describir la cultura prehispánica maya. Piensa en más categorías para estructurarlo.

La arquitectura — Los mayas — el clima
La caída — el territorio

9 Los Mayas – el enigma de las ciudades reales

Lupe ha encontrado una página web en alemán que le parece interesante. Les pregunta a los mellizos de qué se trata. Apuntad la información clave para Lupe.

HISTORISCHES MUSEUM DER PFALZ SPEYER | SONDERAUSSTELLUNGEN | SAMMLUNGEN | JUNGES MUSEUM | VERANS

MAYA
DAS RÄTSEL DER KÖNIGSSTÄDTE

2.10.2016 – 23.4.2017

Die im wahrsten Sinne des Wortes „versunkene" Hochkultur der Maya umgibt seit ihrer Entdeckung ein Mysterium: Nur mehrere hundert Jahre nach ihrer Blütezeit liegen die Maya-Stätten gegen Ende des ersten Jahrtausends nach Christus verlassen im Regenwald, überwuchert von Lianen. Darüber, was sich zwischenzeitlich ereignet hat, konnten lange Zeit nur Mutmaßungen angestellt werden.

In enger Zusammenarbeit mit der Rheinischen Friedrich-Wilhelms-Universität Bonn und in Kooperation mit dem „Drents Museum" im holländischen Assen präsentiert das Historische Museum der Pfalz mit der großen kulturhistorischen Ausstellung „Maya" ab 2. Oktober 2016 neueste wissenschaftliche Erkenntnisse der Maya-Forschung. Spektakuläre Exponate aus mittelamerikanischen Museen sowie interaktive Installationen und Rekonstruktionen geben tiefe Einblicke in die Lebenswelt der Hochkultur.

Erstmalig widmet sich eine Ausstellung der komplexen Organisation der Stadtanlagen im Regenwald und rückt das Verhältnis von Mensch und Natur in den Fokus.

Fuente: http://museum.speyer.de/aktuell/maya-das-raetsel-der-koenigsstaedte/

10 Un caramelo para ti: El tlacuache  que robó el fuego

80023-04

Ordenad los párrafos y relacionadlos con los dibujos.

A El tlacuache llegó al campamento de los enemigos. Se enrolló, se quedó inmóvil y así parecía ser una piedra. Esperó toda una semana hasta que llegó el momento apropiado.

B Nadie quería ir a traer el fuego. Entonces el animal más pequeño, el tlacuache, se ofreció a hacerlo. Los demás se rieron muchísimo de él.

C El tlacuache finalmente llegó con el fuego y los animales y los Huicholes se pusieron felices. Dicen que como consecuencia de la historia los tlacuaches hoy en día tienen la cola sin pelo.

D Los Huicholes lo vieron y también quisieron buscar fuego. Los enemigos dijeron que no lo compartían y lo protegían día y noche.

E Un día, quizás durante una tormenta, unos árboles prendieron fuego.

F Unos animales se enteraron de lo que les pasaba a los pobres Huicholes y quisieron ayudarles. Pero para poder robar y traer fuego tenían que ser muy valientes. Pasó mucho tiempo y nadie aceptaba hacerse cargo de la tarea.

G Hace muchísimos años, el fuego no era conocido por los Huicholes. Por las noches tenían frío pero no podían protegerse de él y tenían que esperar la salida del sol.

H Después de siete días, el tlacuache vio que los guardianes no protegían el fuego porque estaban dormidos. Enseguida corrió hacia el fuego, tomó una llama con su cola y así trajo el fuego al pueblo de los Huicholes.

I Los enemigos de los Huicholes tomaron una llama para ellos y pusieron ramas de árboles para alimentar el fuego. Se beneficiaron del fuego que les proporcionaba luz y calor, especialmente durante las noches.

Según: http://leyendascortas.mx/leyenda-del-fuego/

1 Hablar del pasado/describir el pasado

pretérito imperfecto	pretérito indefinido
descripción de situaciones y ambiente Beschreibung einer Situation oder eines Zustands descripción de las circunstancias que rodean o que explican una acción Beschreibung von Umständen, die eine Handlung umrahmen oder erklären descripción de costumbres/repetición Beschreibung von Gewohnheiten und immer wiederkehrenden Handlungen 🇬🇧 When I was young **I used to**…	acciones (claramente) terminadas Abgeschlossene Handlungen acciones interrumpidas Handlungen, die andere, andauernde Zustände oder Handlungen unterbrechen 🇬🇧 I was watching (🇪🇸 imperfecto) some videos online when my mum called (🇪🇸 indefinido) me.

Algunos marcadores	
pretérito imperfecto	pretérito indefinido
siempre, todos los días, habitualmente, mientras, en ese entonces/en aquella época	ayer, el año pasado, la semana pasada, en 1492, de repente, de pronto

> **¡Ojo!** Wenn du **mientras** verwendest, kommt es immer darauf an, ob es sich um zwei gleichzeitige Handlungen handelt (1), oder eine Handlung, die einen Zustand oder eine andere Handllung unterbricht (2). Die „störende", neu eintretende Handlung steht nämlich im pretérito indefinido.
> 1. Un señor **nadaba** en el mar mientras Valeria y Sebastián **estaban** en el restaurante.
> 2. Un coco **cayó** de la palmera mientras **estaban** en el restaurante.

2 Conectar frases con pronombres relativos

Zur genaueren Bestimmung einer Person oder Sache durch einen Relativsatz verwendest du den Artikel (el/la, los/las) + que oder *cual(es)*. Der Artikel richtet sich in Numerus und Genus nach dem Bezugswort: *¿Desaparecieron todos* **los mayas***? No,* **los que** *vivían en las grandes ciudades las abandonaron y se fueron a vivir a otros centros mayas o se organizaron en pueblos más pequeños.*

Auch nach einer Präposition und am Satzanfang steht der **Artikel** vor **que**: *Es una perla* **con la que** *las madres mayas animaban a sus bebés a bizquear.* (Ohne Präposition: *Es una perla* **que** *las madres mayas utilizaban para animar a sus bebés a bizquear.*)
Lo que („das was") bezieht sich auf einen ganzen Satz oder Sachverhalt, es ist unveränderlich: ***Lo que*** *a Valeria le gustaba más eran los templos en Uxmal.*

Steht das Relativpronomen für eine Person, kann **quien/quienes** statt Artikel + que stehen: *Fueron los españoles* **quienes** *trajeron el cacao a España.*

Tus retos, paso por paso 80023-05 [+ Autocontrol]

Tu reto 1

Prepara una presentación sobre otra cultura prehispánica.

Paso uno: Investiga en internet sobre otras culturas prehispánicas (los incas, aztecas, totonacas, olmecas, mapuches …) y elige aquella que te llame más la atención, p. ej. por sus logros en el área de las ciencias, la arquitectura, el arte, los medios de comunicación, la lucha contra los europeos etc.).

Paso dos: Decide qué medio quieres usar para la presentación: un folleto, un cartel, una presentación powerpoint, …

Paso tres: Elige por lo menos 4 temas y busca la información adecuada: el territorio, las ciencias, la arquitecura, el arte, la sociedad, los medios de comunicación, los centros más importantes, la caída o la sobrevivencia hasta hoy.

Paso cuatro: Busca fotos y mapas para cada tema elegido e imprímelos para tu cartel o inclúyelos en tu presentación.

Paso cinco: Estructura la presentación y piensa en cómo hacerla interesante para tu auditorio.

Paso seis: Ensáyala en casa antes de presentarla a los demás. Usa el „Kniff mit dem Knick".

Paso siete: Prepara unas preguntas para los demás que deben poder responder después de escucharte.

Tu reto 2

Escribe un blog sobre un viaje imaginario por la tierra maya.

Paso uno: Investiga más centros famosos de la cultura maya, no sólo en México, sino también en otros países del territorio maya (p. ej. Tikal …).

Paso dos: Busca en un mapa dónde estén situados y planifica un viaje de por lo menos 5 días. Fíjate en las distancias y los medios de transporte en los viajes. Luego toma apuntes de lo que hiciste en cada uno de los días. ¿Qué sitios visitaste? ¿Dónde comiste? ¿A quién/es conociste?

Paso tres: Piensa en algo interesante, curioso, peligroso y divertido durante el viaje. Apúntalo para cada día.

Paso cuatro: Escribe el blog usando conectores para estructurarlo. ¡Ojo con los tiempos del pasado, el pretérito imperfecto e indefinido!

Espero que la vida nos regale muchos años más ... y amistad sincera, sin condiciones, PARA SIEMPRE. ¡Feliz día del Amor y la Amistad!

1

Un amigo no es sólo el que ríe mis risas sino también el que llora mis lágrimas.

2

3

 María

Espero que estéis bien. ¡Ya quiero que llegue el fin de semana!

 Daniel
#másguapadelmundo #sonrisadeprincesa #felizdíadesanvalentín 🌹

 Rafi
Oyeeeee ¡Qué cuerpazo! ¿Salimos, guapa?

 Álvaro

#noviosoamigos

 Pablo
¡Un beso!

 Toño
#invitaalaboda 😄

 Lupe
¡Qué lindos los dos! 😍

Nos enamoramos

Capítulo

3

En este día de San Valentín quiero decirte que me acuerdo de ti. Es un día de amor, pero también de amistad. Es el día de expresar amor, cariño y aprecio, y eso sin duda lo siento yo por ti. ¡Feliz San Valentín!

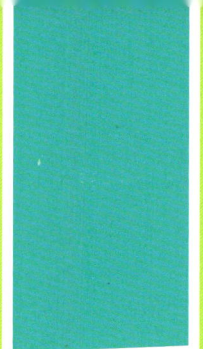

#micorazón

Sofia
#mejoresamigas
#TQM
#siempreatulado

María
¡Juntas hasta la muerte! TQM 😣 Un abrazo.

1. Describe las fotos y los comentarios. ¿De qué tratan? ¿Qué te parecen los comentarios de los amigos?
2. Piensa en tu mejor amigo/a y descríbelo/la.
   ¿Cómo es él/ella? ¿Por qué es tu mejor amigo/a?
3. ¿Cómo se celebra el día de San Valentín en Alemania?

¿Qué pasa aquí?

Se acerca el día de San Valentín. Daniel está enamorado de María desde el intercambio con Alemania y quiere salir con ella ese día, pero no sabe cómo ligar. Desafortunadamente a María también le gusta al chico más chulo del insti … Por suerte, puede pedirle consejos a sus primos que son mayores que él. Vamos a ver si le funcionan o no … También Sofia ha tenido un flechazo. Está enamorada en secreto de … , ¡qué líos!

Pronto vas a saber

- hablar del amor y de la amistad
- dar consejos, expresar deseos, dudas y sentimientos con el presente de subjuntivo
- describir una fotohistoria
- escuchar y entender canciones de amor
- describir el carácter, aspecto físico y el comportamiento de las personas de manera más detallada

Revisas

- los adjetivos para describir el aspecto físico y el carácter de una persona
- hablar de canciones
- el pretérito imperfecto e indefinido

Tus retos

1. Crea dos páginas sobre el amor y la amistad para una revista juvenil.
2. Imagina y crea en grupo una escena sobre un problema de amor para una telenovela.

la red social
dejar un comentario / comentar
subir una foto
el emoticono
la etiqueta/el hashtag

pasar mucho tiempo juntos
reírse juntos
compartir los mismos intereses y gustos
contarse secretos
resolver problemas juntos
apoyarse

abierto/a ≠ cerrado/a
directo/a
hablador/a
tranquilo/a ≠ activo/a
sincero/a ≠ mentiroso/a
tímido/a ≠ seguro/a de sí mismo/a
divertido/a ≠ aburrido/a
creativo/a
independiente
rebelde
comprensivo/a
activo/a
deportivo/a
perezoso/a
presumido/a
valiente

A ¿Amigos o novios?

Cosas del amor

CD
1·33

María, mira, viene Rafi. Qué guapo es, ehhh, creo que le gustas.

¿Yo? ¿Qué te pasa? Es el más chulo del insti. Además, es todo un macho, ¡bah!

¿Ya empezó la primavera? Es que eres la primera flor que veo. ¡Una rosa para la chica más hermosa!

O, ehhh, gracias.

¿Me das TU número de móvil? He olvidado MI numéro.

Te dije, jiji … ¿No te gusta Rafi? Es súper sexy.

Ay no sé. Sí, es súper guapo, pero ¿así de fácil? Nooo. Seguro que estos piropos se los dice a todas, jaja …

1 ¡Pobrecito Daniel!

a. Redactad un texto y describid las primeras 4 fotos.

b. ¿Qué pensáis, por qué se ve Daniel así en la última foto?

c. ¿Qué diferencias hay entre Daniel y Rafi? Tomad en cuenta también los comentarios que dejaron debajo de la foto de María en Instagram usando los adjetivos de la página 49.

> Daniel es bastante/ (no) muy … mientras Rafi es más/menos … además … y …
> Rafi sabe …, pero Daniel …

2 Una rosa para la chica más hermosa

> Me tienes que comprar un diccionario porque desde que te vi, ¡me quedé sin palabras!

> Oyeeeee, tú, síííí, tú ... Me encantas ... ¿entiendes? o ¿pongo tu nombre completo?

> No eres Google pero tienes todo lo que busco ...

> ¿De qué dulcería te escapaste, bombón?

> Perdí mi número de teléfono, ¿me das el tuyo?

 a. Leed los piropos y traducidlos.

 b. ¿Qué pensáis, sirven para ligar?

> Creo / pienso que sí/no ... porque ... (no) son creativos / divertidos / aburridos / únicos / románticos ...
> A mí (no) me gusta/n ... porque ... (no) llamar (mucho) la atención

c. Elegid uno de los piropos y pensad en cómo reaccionar si un/a chico/a os lo dice.

 d. Redactad un diálogo para ligar y presentadlo en clase. **+ideas** p.157

 e. Mirad la foto. ¿Qué quiere expresar la chica? Usa las herramientas y conectores como además, también, por un lado, por otro lado ...

> En la foto una chica sostiene un cartel en el que está escrito: ...

> Creo/pienso que quiere expresar que ... •
> A veces los piropos ... insultar • la falta de respeto ante alg. • referirse al aspecto físico • ser ofensivo/a / directo/a • no sentirse a gusto • el acoso • no saber cómo reaccionar ante los piropos

3 ¿Amigos o novios?

 ¿Cómo continúa la historia de Daniel, Rafi y María? ¿Qué piensas? Inventa una historia. **+ideas** p.157

enamorarse de	salir con alguien	(darse) un beso	ponserse celoso/a

hacerse novios   ligar   abrazar

CD
1 · 34–35

80023-01

Expertos del amor

Después del cole Daniel vuelve triste a casa. Está súper enamorado pero no sabe cómo ligar con María. Sabe que ella les gusta a muchos chicos del insti, incluso a los más chulos. ¿Qué hacer?

Por suerte tiene a unos expertos en su familia. Sus primos Raúl y Paco ya tienen experiencia con novias. Por eso les habla por Skype para recibir sus consejos.

5 **Daniel:** ¿Qué tal, primos? Necesito vuestra ayuda, ¡me urge!

Pablo: ¿Qué te pasa, peque? Cuéntanos.

Daniel: Es que … creo que estoy enamorado.

Raúl: ¿Tienes novia? Felicidades, ¡ya era hora! ¿Cómo se sienten las mariposas en el estómago?

10 **Daniel:** ¡Cállate!, no es tan fácil. Es que somos amigos. Se llama María, es súper guapa, abierta y divertida. Ya nos conocemos desde hace tiempo, así que no es amor a primera vista pero después de ver sus fotos en Instagram … ay … ¡qué flechazo!

Pablo: ¡Pobrecito Daniel! Nuestro primo está en el séptimo cielo.

15 **Daniel:** Hmmm sí, pero que quede entre nosotros porfa, os tengo confianza. Sofia no lo sabe, nadie lo sabe … Es que … siempre salimos con los demás. Estudiamos los dos para su examen de inglés pero ya lo ha pasado. Quiero salir solo con ella el día de San Valentín pero ¿cómo lo hago? Y ¿si me rechaza? Es que hay otro tío en el cole que siempre está ligando con ella y le está diciendo piropos

20 todo el tiempo, bah, ¡ese payaso!

Raúl: Bueno, primo, escucha. Primero te aconsejo que compres ropa más chula, jaja … Así no le vas a gustar para nada, jaja …

Paco: De acuerdo, y yo te recomiendo que uses desodorante y perfume. A las chicas les gustan los chicos que huelen bien.

25 **Daniel:** ¡Qué majo eres, Raúl! Pero tenéis razón. Gracias por vuestros consejos. ¡Adiós!

Raúl: Tranquilo, tú no tienes que ser el Don Juan de Sevilla para gustarles a las chicas. Te aconsejo que le escribas un mensaje a María y que quedes con ella y con otro amigo en el cine. Ya en la cita le dices que vuestro amigo no tiene tiempo. ¡Así de fácil!

30 **Paco:** Es importante que veáis una peli de amor, algo romántico, ehhh, nada de acción o de horror. Ahh, y te aconsejo que compartáis las palomitas y que sólo uséis una pajilla los dos para la bebida.

Daniel: Vale, anotado, pero ¿qué puedo decirle?

35 **Raúl:** Pues cosas así: eres hermosa, me encantan tus ojos, he pensado todo el día en tí, te quiero, puedo darte un beso, blablabla, jeje …

Daniel: Ay, ¡qué papelón!

Paco: Mira, en el cine no tienes que decir mucho. ¡Te conviene!

40 Pero es importante que sonrías y que toques su mano disimuladamente. Te aconsejo que la beses en un momento romántico de la peli. Así se va a olvidar de su payaso del cole, jaja … Pero es necesario que esperes, ¿vale?, que no lo intentes en los primeros minutos … Ya sé que se te

45 va a hacer difícil, pero espera …

Raúl: Luego la acompañas a casa y le preguntas si quiere ser tu novia. ¡Suerte!

Paco: ¡Ánimo, peque! Y recuerda, ¡él que no se arriesga, no gana! En serio, no es el fin del mundo si te rechaza.

Daniel: Uff, gracias primos, luego os cuento. Saludos a los tíos, ¡bye!

4 Daniel está en el séptimo cielo

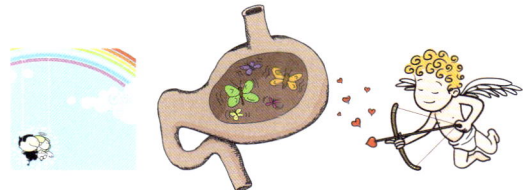

a. ¿Por qué Daniel les pide ayuda a sus primos? ¿Cuál es su problema?

b. Relaciona las imágenes con las expresiones correspondientes.

> ser un flechazo • estar en el séptimo cielo • sentir mariposas en el estómago

5 Los primos "expertos"

a. Copia la tabla y apunta los consejos y recomendaciones de Raúl y Paco para su primo.

	Raúl	Paco
Te aconsejo que …	… compres ropa más chula.	■
Es importante que …	■	■
Te recomiendo que …	■	■
Es necesario que …	■	■

b. Fíjate en las formas de los verbos. ¿Hay algo nuevo que te llame la atención? `Ch` p. 68

c. Daniel está desesperado porque no sabe cómo ligar con María. Necesita consejos de sus primos mayores que ya tienen novias. Para aconsejarle, los primos usan **un modo de verbo nuevo, el presente de subjuntivo.** `G 3.1` Conjuga los verbos sonreír, comer, comprar y pagar en el presente de subjuntivo y escríbelos en tu cuaderno.

d. Formula más consejos para Daniel. Usa el presente de subjuntivo.
+ideas p. 157

Te aconsejo que
Te recomiendo que
Te propongo que
Es importante que
Es necesario que

llegar puntualmente a la cita
comprar flores
sonreír
hablar con Sofia
no comer nada con ajo
cenar antes del cine
pagar la entrada del cine

e. ¿Estáis de acuerdo con los consejos de los primos? ¿Creéis que le van a funcionar a Daniel?

> Vale, el subjuntivo … De hecho es un modo de verbo que no tenemos en alemán. El **subjuntivo** se usa en muchos contextos, p. ej. si damos consejos. No es nada complicado formarlo, ¿no? Pero también existen formas irregulares ;-). Más adelante las vais a conocer, y también más usos.

6   La bella durmiente y el príncipe azul

María

Quiero que mi pareja sea guapa, abierta y divertida. Es importante que le guste el fútbol y que sea graciosa y que sonría.

Rafi

Deseo que mi novio sea romántico y atento. Es necesario que me escuche y que compartamos los mismos intereses. No es necesario que sea súper sexy, de hecho me gustan más los chicos inteligentes y tímidos. Los chicos machos y presumidos no me llaman la atención.

Quiero que mi pareja ideal me entienda, que sea cariñosa y graciosa. Deseo que me apoye y que resolvamos juntos nuestros problemas. ¡Ahh y que sea guapa ;-)!

a. Los amigos ya tienen una idea de cómo debe ser su pareja ideal. Fíjate cómo expresan sus deseos y lo que esperan de él o de ella. **Ch** p. 68

b. A los mellizos y a Toño no sólo les importa el aspecto físico de su pareja ideal, sino también el carácter, sus gustos e intereses y el comportamiento en la relación. ¿Y a tí? Haz una tabla según el modelo y explica cómo deseas que sea tu pareja ideal. También es posible que lo inventes y que exageres:

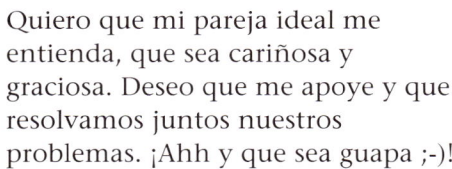

Quiero que mi pareja ideal sea fea. Me importa que no sea nada graciosa. Es necesario que hable todo el tiempo y que no me escuche nunca …

Usa el vocabulario de la página 49, las herramientas y el diccionario.

el carácter	el aspecto físico	los gustos e intereses	el comportamiento

Caja de herramientas

fiel • lindo/a • gracioso/a • musculoso/a • especial • romántico/a • cariñoso/a • repipi • atento/a • macho • inteligente • deportista
entenderse • llevarse bien • sentirse amado/a • respetarse

c. ¿Cómo es tu pareja perfecta real o imaginaria? En casa haz un collage con fotos o artículos de revistas o del internet. Prepara una pequeña presentación de tu pareja ideal o imaginaria. **M** I-4.2.1

> Quiero que / deseo que + subjuntivo
> Es necesario / es importante que + subjuntivo

 d. Organizad un speed-dating y presentad vuestras parejas perfectas. Preparad una hoja con la tabla del ejercicio 6b y el nombre de vuestro compañero/a para luego poder decidir quién es vuestra pareja ideal. Luego sentaos frente a frente en una fila. Tenéis cada uno/a tres minutos para responder a la pregunta ¿cómo quieres que sea tu pareja ideal? Después cambiad la silla con vuestro/a vecino/a de la derecha. **+ideas** p. 157

 7 Te quiero, no te quiero, … – Te quiero, no te quiero, …

CD
1·36

En casa de María Lupe, Laura, María y Sofia están viendo la foto de los amigos que Álvaro subió a Instagram (p. 48). **+ideas** p. 158

María: Pah. Estos tíos, somos amigos, ¡nada más!

5 **Lupe:** Oye María, pero de verdad, están muy guapos los dos.

Sofia: Cállate, ¡es mi hermano!

Laura: Pero en serio, habéis pasado mucho tiempo juntos. Primero por el examen de inglés y luego con los alemanes del

10 intercambio. Se ve que os tenéis mucha confianza.

María: Hmmm, no sé, la verdad que sí me gusta estar sola con él, pero ¿¿para ser

15 novios??

Sofia: No estás hablando en serio, ¿no? Oye, es Daniel, ¿ehh? No es Álvaro Soler, jiji …

María: Pues …

Laura: Mira, aquí tengo un test para ti. **80023-02** Hazlo y luego vas a saber si estás

20 enamorada o no.

 Haz el test de la revista juvenil para saber si tú estás enamorado/a. Si no quieres hacerlo, ponte en lugar de María y responde a las preguntas en su lugar. **+ideas** p. 158

8 ¿Ángel o demonio?

CD
1·37

¡Qué chulo, mi mejor amiga está enamorada de Daniel, ¡qué emoción! ¡Me alegro mucho por ellos! Claro que sí que le voy a ayudar a ligar con él. ¡Vamos a pasar más tiempo juntos!

¡No puede ser que Daniel sea el primero en tener novia! Ya no va a ser como antes. No van a tener tiempo para mí, siempre van a querer estar juntos, ¡y yo sola! Pero por otro lado … Si son novios, Rafi ya no va a ligar con María 😎

Por un lado está/quiere … por otro lado … Piensa que … Para ella la situación es …

a. Mirad los bocadillos y describid la situación de Sofia.

b. Sofia decide ayudar a su mejor amiga para ligar con su hermano mellizo y le da muchos consejos porque los conoce muy bien a los dos. Completa con las formas del presente de subjuntivo.

María, es importante que ■ (hablar) con Daniel porque sabes que es muy, muy tímido con las chicas. Creo que sí le gustas pero nunca lo hemos hablado. Entonces es indispensable que tú ■ (tomar) la iniciativa y que le ■ (escribir) un mensaje y que ■ (quedar) pronto. Pero ojo, es importante que ■ (ser) un encuentro romántico y secreto. Te aconsejo que vosotros ■ (ver) une película de amor o que ■ (comer) y que ■ (beber) algo en un restaurante. Oh … tengo una buena idea. A Daniel le gusta mucho la pizza. Por eso te aconsejo que lo ■ (sorprender) con una pizza en mi casa. Es necesario que ■ (encontrar) un día en que mis padres ■ (trabajar) y en que yo ■ (pasar) la tarde con Lupe. Luego es mejor que vosotros ■ (hablar) solos. Si Daniel me pregunta qué puede hacer, le recomiendo que ya ■ (no ser) tan tímido y que te ■ (besar). Jiji…

9 ¿Dónde se puede quedar?

a. María, Sofia y su prima Claudia están chateando y están buscando un lugar para un encuentro romántico de los dos enamorados. Mira la página web y explícale a Claudia, que no habla español, qué lugares aconsejan. `80023-02`

b. Pensad en las ventajas y desventajas de los sitios a visitar. ¿Qué lugares preferís y por qué?
`+ayuda` p. 144   `+ideas` p. 158

10   Un encuentro romántico

El mismo día María le manda un mensaje a Daniel:

 María

> Hla, ¿qué haces el 14? ¿Salimos juntos?
> Kdms en la Plaza Mayor a las siete? Bs María

> ¡Claro que sí! ¿Vamos al cine?

 **a.** Mientras va a la cita con María, Daniel está escuchando la canción "Una flor" de Juanes. Escucha la canción. `80023-03` ¿Qué impresión te da? ¿De qué trata? ¿Te gusta? +ayuda p.144 M I-4.5

Caja de herramientas

Mi primera impresión fue que …
La canción trata de … Creo/Pienso que con la canción el/la cantante quiere expresar …

(No) me gusta la canción porque …
La canción me parece …

 b. Escucha otra vez la canción y completa la letra:

 `80023-04`

Una flor ▪
Esta noche de ▪ llena
Para confesarte ▪
▪ lo mucho
5 Que hay en una flor

Para ▪
Del que ▪
Y quiero ▪
Lo mucho que me gustas
10 Lerele, lelerele
Quiero demostrarte
Lo mucho que me gustas

▪ vamos a ver juntos
El amanecer los dos
15 Metidos en la arena
▪
Metidos en la arena
Y ▪ que hay
En una flor, en una flor
20 En esta flor

Lele hemos de compartir los dos
Lele los dos metidos en la arena
Solo con vos y la luna
Con vos, la arena y bajo las estrellas

Una Flor. Aristizabal, Juan Esteban / Bose Dominguin, Miguel. © Costaguana S L/BMG Rights Management GmbH, Berlin Parce Music LLC/Universal Music Publishing GmbH, Berlin

 c. El día 15 de febrero Daniel les escribe a sus primos y les cuenta de su encuentro con María. Escribe su correo y describe cómo lo pasaron en la cita y cómo era el ambiente. Usa el indefinido y el imperfecto. +ayuda p.144

Primos, gracias por vuestros consejos. Os cuento que ahora sí, ¡tengo novia! …

80023-04
CD
1·38

11 ¡Qué lío amoroso!

Mientras Daniel y María están en el séptimo cielo, Sofia piensa en Rafi y cómo ligar con él. Como no quiere que ninguno de sus amigos se entere, manda un e-mail anónimo a un foro web y pide ayuda.

Hola,

porfa, necesito que me aconsejéis. No puedo hablar de esto con mis amigos y menos con mi hermano mellizo porque me van a tomar el pelo, ya se están burlando de mí. Es que en mi escuela hay un chico súper guapo y sexy que me gusta muchísimo. Pero es muy, muy macho y siempre está ligando y coqueteando con todas las chicas. Parece que se cree mucho y que piensa que todas deben adorarlo como es. Incluso mis amigas piensan que es presumido, pero yo estoy segura de que no lo es, de hecho siento que realmente es tímido y que todo su comportamiento con las chicas es su manera de esconder su timidez. P. ej. he visto que puede ser muy romántico porque les regala rosas a las chicas que le gustan. Y les dice piropos muy lindos ♥ Todavía no le he llamado la atención, no nota nunca cuando estoy cerca de él y lo peor es que hasta quería ligar con mi mejor amiga. Pero resulta que ella está enamorada de mi hermano mellizo, ¡qué suerte! Entonces, ¿qué hago para ser su novia? ¡Quiero que me vea y que me regale rosas sólo a mí!

 a. Lee el texto de Sofia y responde las preguntas: `Ch` p. 68

- ¿Cuál es el problema de Sofia? *Quiere que + subjuntivo*
- ¿Qué desea? *Desea que + subjuntivo*

 b. Redactad un comentario del foro y dadle consejos a Sofia. ¿Es posible que sea novia de Rafi? ¿Cómo puede lograrlo? ¿O es mejor que deje de soñar con él? ¿Por qué? ¡Ojo con el subjuntivo!

c. Cread un documento con todos los comentarios del foro de la clase y miradlos. ¿Cuáles son los mejores consejos y por qué?

Para mí, el comentario de ... es el más sincero/realista/sensible/divertido/creativo porque ...

Por un lado estoy de acuerdo con el comentario de ... , pero por otro lado hay que tener en cuenta que ...

 d. Busca las formas del subjuntivo y del indicativo en el e-mail de Sofia. Describe la diferencia entre los verbos que preceden.

12   No es modelo, pero …

Mientras espera los consejos del foro, Sofia escucha todo el tiempo su canción favorita de Georgina. M I-4.5

a. Escucha la canción `80023-03` y busca en la hoja de trabajo `80023-02` la frase correcta.

b. ¿Qué piensas de la canción? ¿Te gusta? Habla con un/a compañero/a. **+ideas** p.158

c. Haced una lista con las cualidades positivas y negativas del chico. **+ayuda** p.145

13   ¿Eres un experto en el tema del amor?

a. Haz un mapa mental sobre el tema. Puedes buscar también más vocabulario en un diccionario.

vocabulario general

describir una relación

problemas de amor

El amor

adjetivos para describir a una persona

expresiones para hablar del amor/estar enamorado/a

b. **El juego de actividades** Escribid diez de las palabras del mapa mental en pequeños papelitos. Jugad en pequeños grupos. Formad dos equipos. Una persona saca un papelito y tiene que explicar o dibujar la palabra. Los miembros de un equipo tienen que adivinar las palabras explicadas.

14   Un caramelo para ti

a. Sofia es una gran fanática del libro "El club de los incomprendidos". Aquí `80023-03` hay un póster. ¿Tienes una idea de qué trata el libro? Habla con un/a compañero/a.

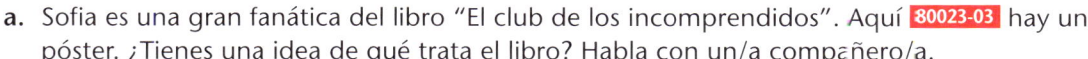

b. Lee la sinopsis del libro y explícala en alemán para un/a amigo/a que no habla español. ¿Te interesa el libro? Justifica tu respuesta.

`80023-04`

Hasta hace unos meses, Eli, Valeria, Bruno, Raúl, María y Ester formaban El Club de los Incomprendidos. Cada uno con su personalidad y su carácter, eran los mejores amigos del mundo. Se conocieron dos años atrás en el instituto, y el haber pasado por similares y dolorosas circunstancias les acercó. Pero ahora, superados sus viejos problemas, otros nuevos han separado sus caminos: celos, dudas, amores secretos, relaciones complicadas con los padres… y el club no pasa por su mejor momento. Además, aparecerán otras personas en el camino que influirán en sus decisiones. En esta nueva novela encontramos amor, intriga, humor, diversión, actualidad y mucha frescura. Una lectura mágica que nos hará reír, llorar, soñar y, sobre todo, creer que el amor siempre puede con todo.

Fuente: http://www.planetadelibros.com/libro-no-sonrias-que-me-enamoro/87204

A ¿Amigos o novios?

 c. Mira el tráiler `80023-03` y apunta todo lo que entiendas y veas. Después habla con un/a compañero/a y responde con él/ella las preguntas: ¿De qué trata la película? ¿Por qué la película se llama "El Club de los Incomprendidos"? ¿Tenéis una idea? `+ideas` p.158

15 Una postal de papá

a. Investigad sobre los amantes de Teruel.

b. ¿Conocéis más historias de amores prohibidos?

- Sí: Representad una pequeña escena delante de vuestra clase. Los demás tienen que adivinar de qué historia se trata.
- No: Inventad un diálogo con mucha emoción entre dos amantes que no se pueden ver y representadlo delante de la clase.

Hola cariño,
tengo que esperar en el aeropuerto por
la huelga de las azafatas, imagínate,
¡han cancelado más de 800 vuelos! ¡Qué
lucha por la subida de su pensión!
En un quiosco he encontrado esta postal y
tuve que pensar en nuestro primer viaje a
España hace veinte años, ¿te acuerdas?
Cuando visitamos el monumento funerario
de los amantes de Teruel que se amaban
tanto pero no podían estar juntos porque
su amor era prohibido. Finalmente
murieron por su amor y fueron enterrados
juntos. Entonces nos parecía romántico
pero, para serte sincero, prefiero
compartir la vida con la mujer que amo,
es decir, contigo ;—)
¡Feliz Día de San Valentín!

Gerald

¿Amor o amistad?

¿El amor o la amistad? – ¿Por cuál te decides tú?

CD
1·39

En la vida de cada uno de nosotros aparte de la familia hay dos grupos muy importantes: los amigos y los novios. ¿Pero quiénes son más importantes? Una revista juvenil pide a sus lectores que comenten esa pregunta:

Gloria: El amor es lo más importante en la vida. Claro, los amigos también son importantes, pero al fin y al cabo paso la mayoría del tiempo con mi pareja. Así que para mí, mi novio definitivamente es la persona más importante. Lo amo muchísimo ♥

Francisco: Bueno, creo que el amor es relevante para todos. Pero la amistad es mucho más importante ya que los amigos verdaderos son para siempre, la novia quizás no …

Erika: Pienso que el amor es más poderoso que la amistad … te afecta mucho más … ¡te hace feliz y te sientes como en el séptimo cielo!

Paulina: Ya tuve novio … al principio todo estaba bien, pero nos separamos … él no era fiel y me traicionó … mis amigos me ayudaron y me apoyaron. No sé cómo podría vivir sin ellos … Los amigos no te traicionan … siempre están allí para ti, en las buenas y en las malas.

Esteban: Si a mis amigos no les gusta mi novia, me da igual porque a mí sólo me importa mi novia … Puedes tener muchos amigos a lo largo de tu vida, pero creo que sólo hay una chica perfecta para cada uno de nosotros.

Clara: ¿Los amigos o el novio? Pues, la verdad no sabría cómo decidirme. Claro, mis amigas juegan un papel importantísimo en mi vida. Las conozco desde hace años, me conocen muy bien, hablamos de todo y pasamos mucho tiempo juntas … Pero también tengo un novio y lo amo muchísimo. La relación que tengo con mi novio es completamente distinta que la que tengo con mis amigos … no se puede comparar y ni puedo ni quiero decidirme entre mis amigas y mi novio … espero que nunca sea necesario hacerlo …

Juan: Desde hace poco tengo una novia … Estamos súper enamorados y pasamos todo el tiempo juntos. Claro, por eso ya no veo mucho a mis amigos y están enfadados conmigo … pero la verdad eso me da igual … si no me entienden y si no se alegran por mí, no son realmente mis amigos …

1   ¡No me puedo decidir!

a. Lee los comentarios acerca del amor y de la amistad. ¿Con cuáles estás de acuerdo? ¿Con cuáles no estás de acuerdo? ¿Por qué? Toma apuntes. Ojo: No estoy de acuerdo con que + subjuntivo

80023-04

b. Escoge una de las imágenes y descríbela de manera detallada.

c. Mira las imágenes y relaciónalas con los comentarios. ¿Quién subió cuál foto? Justifica tu opinión.
+ideas p.158

LA AMISTAD dura más que el amor.

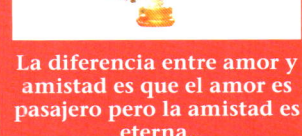

La diferencia entre amor y amistad es que el amor es pasajero pero la amistad es eterna.

Amor o amistad - ¿Qué elegirás?

La amistad es el amor, pero sin alas.

La amistad es más difícil y más rara que el amor, por eso hay que salvarla como sea.

2 Estoy de acuerdo, pero …

 a. Discutid los comentarios de la página 61.

> **Caja de herramientas**
>
> | **Vocabulario para discutir** | (No) estoy de acuerdo, porque … |
> |---|---|
> | En mi opinión … | Tienes razón pero … |
> | Pienso/creo que (no) … | También hay que pensar que … |
> | Desde mi punto de vista … | Hay que tener en cuenta que … |

  b. En tu opinión, ¿qué es más importante: el amor o la amistad? ¿Por qué?

 # ¡Ojalá me comprendas!

CD
1·40–41

Sofía

¡Te extraño mucho! ♥.
¡¡deseo que lo **sepas**!! 😳

Yo tb te quiero mucho ♥ 🙂

¿De verdad? No creo que me quieras como antes porque ya no tienes tiempo para mí 🙁. Pasas todo el tiempo con Daniel, me pone triste que ahora sólo nos veamos en el cole y que nunca tengas tiempo para mí. Me molesta que ya no hagamos nada juntas en nuestro tiempo libre …

🙁 Me da pena que pienses así. No es verdad que ya no te quiera … te quiero tanto como antes. 😊 Es que … estoy muy feliz y me gusta mucho que Daniel sea mi novio y que salgamos juntos … Nos llevamos muy bien y nos divertimos mucho … Espero que me comprendas ….

Pero yo tb soy tu amiga … tu MEJOR amiga … ¡¡¡es necesario que las amigas se vean y queden SIN los novios!!!

¡Pero Daniel es tu hermano! Y antes siempre hacíamos cosas juntas con Daniel …

Uff, María. ¿No me entiendes o no me quieres entender? Solamente te pido que tengas un poquito de tiempo para tu MEJOR amiga … ¿Es pedir demasiado?

¿Qué te pasa? Claro que no pides demasiado. No quiero que estés enfadada conmigo. Pero … tengo miedo de que Daniel no lo comprenda y rompa conmigo si le digo que ya no quiero pasar todo el día con él … 🙁 especialmente porque me gusta mucho estar con él … ¿Te contó que ayer fuimos al parque y después me invitó a tomar un helado? ♥ ♥ ♥

¡¡¡¡Qué va, es imposible hablar con Daniel!!!! Tiene la cabeza en las nubes, no le importa nada más que su vida amorosa … está despistado todo el tiempo, bah

🙂 Me alegra mucho que me digas eso. Entonces Daniel está de verdad enamorado de mí. Yupiiiiiiii

No pienso que Daniel vaya a romper contigo sólo porque quieras ver a tu MEJOR amiga … Pero bueno, es tu decisión … 😕

Me molesta que no me entiendas, María. 🙂 Dudo que nuestra amistad sea como antes. 🙁 ♥ Tú sólo piensas en Daniel y él sólo piensa en ti. Odio que ni tú y yo ni Daniel y yo podamos hablar como antes …

Me pone triste que no puedas alegrarte por mí. 🙁 Creo que estás celosa …

3   Una pelea por Whatsapp

Lee el chat entre María y Sofia y completa las frases.

- Sofia está triste porque …
- María está feliz porque …
- Sofia está enfadada porque …
- Como tiene miedo, María no …

- Sofia no puede hablar con Daniel porque …
- Sofia está furiosa porque …
- Al final, María está deprimida porque …

4   Espero que me comprendas

a. Sofia está enfadada con María. ¿Tiene razón? ¿Por qué (no)? Buscad argumentos a favor y en contra y discutid entre vosotros/as.

b. Explica con tus propias palabras el problema entre María y Sofia. ¿Por qué las dos dicen "Espero que me comprendas"?

Espero que me comprendas.

5   ¡Quiero que me digas la verdad!

a. En el chat Sofia y María usan los verbos hacer, tener, decir y salir en presente de subjuntivo. Buscad las formas de los verbos en el texto y completad la tabla en vuestro cuaderno. Luego completad la regla para la formación de los verbos irregulares en presente de subjuntivo del **grupo A**. +ayuda p. 145

¿Las formas de los verbos te recuerdan la forma del mismo verbo en otro modo gramatical?

> **Grupo A** Si la forma de la ■ persona singular del ■ es irregular, todas las formas del presente de subjuntivo se forman según esa forma irregular.

hacer	tener	decir	salir
■	■	■	■

b. Los verbos poner, traer, venir, conocer también son verbos irregulares en presente de subjuntivo del grupo A. Conjúgalos en tu cuaderno.

c. En el chat entre Sofia y María aparecen además los verbos saber, ver, estar, ser e ir. Busca las formas de los verbos y completa la tabla en tu cuaderno.

> Las formas de los verbos irregulares en presente de subjuntivo del **grupo B** son completamente irregulares.

saber	ver	estar	ser	ir

6 ¿Y ahora qué?

a. Después del chat, Sofia todavía está enfadada y triste. Por eso escribe un e-mail a su amiga Lupe y le cuenta su conflicto con María. Completa el texto con las formas de los verbos en presente de subjuntivo. ¡Ojo con los verbos irregulares!

Hola Lupe:

¿Cómo estás? Yo estoy fatal porque me he peleado con María … Piensa que estoy celosa, lo que no es verdad … En realidad me alegra que Daniel y María
5 ■ (salir) juntos y que ■ (ser) novios. Quiero que los dos ■ (estar) felices. Pero me molesta que María sólo ■ (pasar) tiempo con Daniel y que nosotras ya no ■ (hacer) nada sin él. Odio que ni Daniel ni María ■ (tener) tiempo para mí y me da rabia que María sólo
10 ■ (hablar) de él. No me gusta que ella no ■ (pensar) como yo y que no me ■ (entender). Me pone muy triste que María ya no me ■ (querer) como antes. Antes siempre hacíamos cosas juntas y pasábamos buenos ratos después del cole, pero ahora ya casi no
15 nos vemos. Sólo deseo que nosotras ■ (poder) vernos también sin Daniel y quiero que María también ■ (hacer) algo conmigo en su tiempo libre. Pienso que es importante que las amigas siempre ■ (decir) la verdad y quiero que María ■ (saber) lo que
20 yo pienso. Pero ahora María está enfadada conmigo. Tengo miedo de que yo ■ (ir) a perder a mi mejor amiga. ¿Qué piensas tú? ¿Qué puedo hacer? Espero que me ■ (poder) dar un consejo.

Besos, Sofia

b. Lupe acaba de leer el e-mail de Sofia. Quiere ayudar a sus dos amigas y le responde el e-mail con sus consejos. Escribe el e-mail de Lupe. Utiliza las expresiones para dar consejos y el subjuntivo. Ojo con los verbos irregulares.

Te aconsejo que …	*ir* a una cafetería para charlar.
Te recomiendo que …	*tener* una conversación personal y no *hablar* sólo en chat.
Es importante que …	*ser* honesto/a.
Es mejor que …	*decir* la verdad a María y a Daniel.
Es necesario que …	*hacer* algo juntos con Daniel y María.
	salir al cine o a un restaurante con María.
	entender que Daniel y María están muy enamorados.
	hablar con Daniel también.
	…

7 Me pone triste que …

a. Ya sabes que el presente de subjuntivo se usa después de expresiones de consejo (p. 53/5) y de deseo (p. 55/6). Además se usa después de expresiones de sentimiento. Busca estas expresiones en el texto y completa la tabla en tu cuaderno. **+ayuda** p. 145 **Ch** p. 68

El subjuntivo se usa para expresar …				
consejos	deseos/ voluntad	sentimientos	¿?	¿?
aconsejar que …	querer que …	odiar que …		

b.

> Sofia ha seguido el consejo de Lupe y queda con María en una cafetería para hablar con ella de sus sentimientos. Mientras que Sofia todavía está enfadada con María, María no comprende el comportamiento de Sofia y está segura de que Sofia sólo está celosa.

> Mientras las chicas están en el café, Daniel ha quedado con Álvaro y Pablo en el polideportivo. Sus amigos también se quejan porque según ellos él tampoco tiene tiempo para salir con ellos.

Elegid **una** de las dos situaciones e inventad el diálogo entre los chicos. Utilizad el presente de subjuntivo con las expresiones de deseo/voluntad y sentimientos. Luego elegid a dos compañeros/as que lo presenten en clase.

Quiero Deseo Me alegra Estoy contento/a de Me pone (muy) triste Me molesta (mucho) (No) me gusta (nada) Tengo miedo de	que	ser todavía mejores amigos/as no comprender no tener tiempo por mí no alegrarte por mí sólo hacer cosas solos ya no ir al cine juntas decir la verdad pasar tiempo juntos pensar así

c. Comparad los diálogos de las chicas y de los chicos que habéis escuchado. ¿Son similares? ¿En qué se diferencian?

8 Mejores amig@s

a. Sofia y María son mejores amigas. Pero en una amistad no sólo hay momentos buenos sino que también existen momentos difíciles. En tu opinión: ¿Qué significa ser mejores amig@s? ¿Qué hacen y qué no hacen? En parejas elaborad un mapa mental.

defectos cualidades

Mejores amig@s

Aspectos importantes para mejores amig@s

Aspectos irrelevantes para mejores amig@s

b. ¿Cómo (no) es para ti un/a amigo/a ideal? Escribe un texto. En la tabla encuentras más expresiones impersonales que se usan con el subjuntivo. Apúntalas en tu tabla y úsalas.
Ch p. 68

El subjuntivo se usa para expresar …				
consejos	deseos/voluntad	sentimientos	expresiones impersonales	¿?
aconsejar que …	querer que …	odiar que …	es mejor que es indispensable que (no) es importante que (no) es necesario que (no) es relevante que (no) es posible que es genial que es estupendo que es horrible que	

c. Presenta tu amigo/a ideal. M I-4.2.1

9 ¿Eres un buen amigo / una buena amiga?

80023-04

Una revista juvenil ha publicado esta lista de 10 puntos que indican si eres un/a buen/a amigo/a.

1 tener más de 100 amigos en Facebook

2. compartir momentos buenos y malos con tu amigo/a

3. conocer todos los secretos de tus amigos

4 apoyar/ayudar a tus amigos, también en situaciones difíciles

5. mentir por tus amigos

6. siempre decir la verdad a tus amigos, aunque no sea agradable

7. mandarles mensajes a tus amigos en Whatsapp/Instagram/… todos los días

8. interesarse sólo por las mismas cosas que tus amigos

9 tener siempre la misma opinión que tus amigos y no contradecirles en nada

10. poder perdonar los errores de tus amigos

a. ¿Estás de acuerdo con estas indicaciones de ser un buen amigo/una buena amiga?

Creo/pienso que un buen amigo/una buena amiga … + indicativo

No creo / No pienso / No estoy seguro/a de que / es necesario/ importante que + subjuntivo

b. El presente de subjuntivo también se utiliza para expresar dudas. Mira las siguientes expresiones para opinar. ¿Cuáles expresan dudas? Escríbelas en la tabla en tu cuaderno. **Ch** p. 68

> (no) estar seguro/a de que • (no) pensar que •
> dudar que • (no) creer que • (no) es verdad que

El presente de subjuntivo se usa para expresar …				
consejos	deseos/voluntad	sentimientos	expresiones impersonales	dudas

c. Escribe una carta a una revista juvenil y expresa tu opinión sobre los diez indicadores de ser un/a buen/a amigo/a. Utiliza las expresiones de b.

d. ¿Creéis que Sofia y María (no) son buenas amigas? Discutidlo y justificad vuestra opinión.

Creo que Pienso que Estoy convencido/a de que Estoy seguro/a que Es verdad que	+ ind. …	No creo que No pienso que No estoy totalmente convencido/a de que No estoy seguro/a que No es verdad que	+ subj. …

10 ¡Ojalá te importe mucho la amistad!

a. Mira el vídeo **80023-03** con diez frases top sobre la amistad. Escoge y apunta la frase que más te guste a ti. Explica el mensaje de la frase y explica por qué te gusta la frase. Toma apuntes.

Interpretar/Explicar la frase	Dar la opinión propia acerca de la frase
La frase se refiere a / critica que … El mensaje es …	La frase (no) me gusta / me encanta porque … La frase me parece interesante/realista/romántica porque …

b. Presentad vuestras frases sobre la amistad. Explicad sus mensajes y por qué os gustan las frases.

c. ¿Cuál crees que es la frase que María puede enviar a Sofia para volver a ser amigas como antes? Escribe una carta de María a Sofia. Ponte en el lugar de María y explícale a Sofia por qué lo que dice en esa frase es tan importante para la amistad entre vosotras.

11 El blog de Sofia

Lee el blog **80023-06**. ¿Se reconciliaron Sofia y María? ¿Qué pasó con Rafi?

Dar consejos, hablar de deseos y sentimientos y expresar dudas con el presente de subjuntivo

a. Conjugación

	mirar	escribir	aprender	
	mirar	escribir	aprender	ar-Verben: Stamm-a ➞ e
yo	mire	escriba	aprenda	er- und ir-Verben: Stamm-e oder -i ➞ a
tú	mires	escribas	aprendas	
él, ella	mire	escriba	aprenda	Bei der Bildung des *presente de subjuntivo* dient die 1. P. Sg. (ohne Personalendung -o!) des *presente de indicativo* als Stamm, an den die *subjuntivo*-Endung angehängt wird.
nosotros	miremos	escribamos	aprendamos	
vosotros	miréis	escribáis	aprendáis	
ellos	miren	escriban	aprendan	

Verben, die in der 1. P. Sg. des *presente de indicativo* unregelmäßig sind, sind dies auch im *presente de subjuntivo*: tengo ➞ tenga, conozco ➞ conozca (**verbos del grupo A**)

¡Ojo! Spaltungsverben behalten die Vokalspaltung auch im presente de subjuntivo bei: quiero ➞ quiera, cierro ➞ cierra, vuelvo ➞ vuelva, juego ➞ juega.

¡Ojo! Da der Vokal der Endung geändert wird, muss darauf geachtet werden, dass die Aussprache des Wortes unverändert bleibt: pago ➞ pague, saco ➞ saque.

Ein Tipp: Häufig wird der *presente de subjuntivo* dann gebraucht, wenn wir im Deutschen „, *dass …*" verwenden würden!

Außerdem gibt es Sonderformen (**verbos del grupo B, nicht ableitbar**)

estar	dar	haber	ir	ser	saber
esté	dé	haya	vaya	sea	sepa
estés	des	hayas	vayas	seas	sepas
esté	dé	haya	vaya	sea	sepa
estemos	demos	hayamos	vayamos	seamos	sepamos
estéis	deis	hayáis	vayáis	seáis	sepáis
estén	den	hayan	vayan	sean	sepan

b. El uso

Nach unpersönlichen Ausdrücken:		Nach Ratschlägen:	Nach Zweifeln:
es mejor/indispensable/importante/ necesario/posible que ...		aconsejar/ recomendar que …	No creer que, dudar que, no estar seguro/a de que, no pensar que, …
Nach Gefühlen:		**Nach Wünschen:**	
odiar/alegrarse/poner triste/molestar que …		querer/desear que …	

Tus retos, paso por paso 80023-05 (+ Autocontrol)

Tu reto 1

Crea dos páginas sobre el amor y la amistad para una revista juvenil.

Paso uno: Ve a un supermercado y mira las revistas juveniles para inspirarte.

Paso dos: Piensa en los temas que quieres presentar (p. ej. entrevista con una estrella sobre el amor, unos memes sobre amor y amistad, un cuestionario, ...).

Paso tres: Decide entre diseñar un cartel o un documento digital y créalo.

Paso cuatro: Presenta tu trabajo a los demás.

Tu reto 2

Imagina y crea en grupo una escena sobre un problema amoroso para una telenovela.

Paso uno: Trabajad en grupos y elegid uno de los tres diferentes escenarios generales o buscad un tema que os interese:
a) Tú tienes un flechazo. Te enamoras del chico más guapo / la chica más guapa del cole, pero no sabes qué hacer.
b) Tienes un/a novio/a pero otro chico / otra chica te gusta más.
c) Tu amigo/a y tú estáis enamorados/as de la misma persona sin saberlo.
d) Vuestro tema.

Paso dos: Discutid posibles problemas o situaciones problemáticas, expresad sentimientos y buscad soluciones.

Paso tres: Usad el vocabulario de amor y desamor y escribid un diálogo o juegos de roles.

Paso cuatro: Ensayad el diálogo. Hablad en voz alta sin mirar los apuntes.

Paso cinco: Grabad la escena.

¡Qué barbaridad! Todos mis nietos no dejan sus móviles para nada! Creo que son adictos. ¡Siempre están en línea! El internet es un comehoras y nada más.

¡Qué superficial! Sólo veo selfis en las redes sociales. Nadie se preocupa de cómo proteger sus datos personales. Ya no se trata de informarse en la red o de publicar información. Además, la red está llena de bulos, es decir, informaciones falsas.

CD
2·1

¿¡El internet!?

¡Qué cómodo! Puedo acceder a internet en cualquier rincón del mundo. Facilita muchísimo la comunicación con mi familia.

¡Genial! Siempre estoy en contacto con mis amigos, nos mandamos fotos y vídeos. Es súper divertido y práctico!

Resolvemos conflictos

Capítulo

4

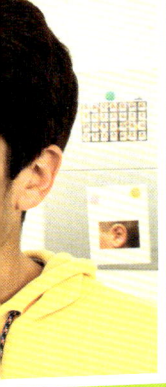

1. Tus amigos te mandan estas fotos por Whatsapp. ¿Cómo reaccionas?
2. Encuentras estas fotos en la página de una persona que no te cae bien. ¿Cómo reaccionas?
3. ¿Ya has vivido la experiencia de que una foto tuya o de algún amigo se envíe sin enterarte? ¿Has vivido alguna situación vergonzosa para ti o para alguien más? Cuéntala usando las expresiones que encuentras a la derecha.
4. Mira lo que dice la familia de los mellizos sobre el internet. ¿Qué piensas tú?

darle vergüenza a alguien
¡Qué vergüenza!
ponerse rojo
acosar a alguien / sufrir un (ciber)acoso
difundirse (de forma viral) / hacerse viral
morirse de risa
burlarse de alguien
insultar a alguien
preocuparse de algo
desesperar(se)
poner verde a alg.
cantar a alg.
dejar en paz a alg.
confiar algo a alg.
en línea
el/la seguidor/a
la cuenta
el conflicto
hacerse viral
entrar en contacto con
navegar por la red

¿Qué pasa aquí?

Los amigos reciben en sus móviles una foto curiosa. Se ríen, pero aún no se dan cuenta de las consecuencias que va a traer. En clase trabajan en un proyecto sobre los beneficios y los peligros a propósito de la red. ¿Van a encontrar una relación entre la teoría y la realidad?

Pronto vas a saber

- los beneficios y peligros de las nuevas tecnologías
- formular reglas y prohibiciones con el imperativo negativo
- cómo resolver conflictos
- reaccionar al acoso escolar
- los pronombres posesivos y pronombres tónicos de complemento
- usar el presente de subjuntivo con cuando y para que

Revisas

- el pretérito imperfecto
- darle ánimo a alguien
- discutir

Tus retos

1. Graba un cortometraje sobre el acoso escolar.
2. Redacta un folleto con consejos sobre cómo comportarse en la red.

A ¿Ready para la red?

 ## ¡Qué horror!

CD
2·2–6
80023-01

Daniel: Nicolás, ¿ya has visto la foto en la red?

Nicolás: ¿Qué foto? ¿De quién?

Daniel: Me muero de risa, jaja. Carlos me la envió, quién sabe quiénes más la han recibido ya.

5 **Nicolás:** Déjame ver, ehh, de momento no tengo móvil. Por eso no recibo nada.

Daniel: Ui, ¿dónde lo dejaste?

Nicolás: Es que mis padres están en contra del móvil y ahora hasta me lo quitaron para que

10 estudie más … Siempre dicen que hay tantos problemas con las redes sociales. "¡No subas fotos!, ¡No entres en contacto con personas desconocidas!, ¡No dejes tus datos personales a nadie!" … bla bla bla.

15 Bah, ¡estoy harto de sus consejos! ¿En qué mundo están viviendo?

Daniel: Increíble … pero sin móvil no te enteras de nada ni puedes chatear. Yo no puedo sobrevivir sin mi móvil, te lo juro.

20 **Nicolás:** Mi mamá tiene miedo por todos los abusos criminales que pasan allí. ¡Pero yo voy siempre con cuidado! Soy muy responsable, bueno, casi siempre, jaja … Por eso, ¡estoy tan furioso! Sólo hablan de los peligros, no quieren ver los beneficios. No puedo entenderlo … además, ya estoy perdiendo el contacto con mis amigos.

25 **Daniel:** ¡Claro! Siempre chateamos, vemos vídeos, navegamos por la red, buscamos informaciones para el insti … ¡Tus padres no son de este planeta!

Nicolás: ¡Sí, lo sé! Pero ahora dime, ¿qué foto?

Daniel: Vale … ¡qué risa! Es una foto de …

Al mismo tiempo …

30 **Sofia:** ¡Pablo! ¡Espera! ¡Tengo que hablar contigo!

Pablo: ¿Qué pasa?

Sofia: Mira, Daniel me envió una nueva foto. Creo que ya la han visto todos nuestros amigos.

Pablo: ¿Qué foto? ¿Por qué no la he recibido yo?

35 **Sofia:** Pues, es una foto tuya.

Pablo: ¿Mía? ¿Cómo?

Sofia: Sabes, no es mi culpa.

Pablo: ¡Dime! ¿Por qué no me dices qué pasó? ¿Es tan grave?

40 **Sofia:** Bueno … no sé cómo decirte …

Al mismo tiempo …

Nicolás: ¡Qué barbaridad! ¿Después del deporte en el insti? ¿Quién sacó la foto?

45 **Daniel:** No sé. Pero qué risa, ¿no? No sabía que Pablo lleva …

Nicolás: Y ahora lo saben todos. ¡Incluso las chicas!

Daniel: Síííííí … No puedo más …. ¡Ja, ja, ja!
50

Al mismo tiempo …

Pablo: No, no es posible, ayyy, ¡qué vergüenza! Seguro que se está difundiendo por la red …

55 **Sofia:** ¡Tranquilo! Daniel también lleva esos calzoncillos … sólo que sus pantalones no se han roto …

Pablo: ¡Esto es demasiado! Jamás volveré al insti.

60 **Sofia:** ¡No! Algo así puede pasarle a cualquiera. No es tu culpa. Estoy segura de que Nicolás, Daniel y los demás no van a reírse de ti. Son tus amigos …

65 Al mismo tiempo …

Daniel: ¿Has visto los dibujos? ¿Son gatos o conejillos? Y además, ¡calzoncillos rosa! ¡Qué pasada!

70 **Nicolás:** Son increíbles esos calzoncillos. Ja, ja, ja …

Daniel: Pero, Nicolás, ¡qué bien que no sacaron una foto de los nuestros!

75 **Nicolás:** Ay … tienes razón. Lo saben todos y la red nunca olvida.

Daniel: La red no … ¿y los amigos?

 1 ¡Pobre Pablo!

 a. Resume la situación. Usa el vocabulario de la página 71. +ayuda p. 145

 b. ¿Qué piensa Pablo en este momento y cómo se siente? ¿De qué tiene miedo? Escribe un texto desde su perspectiva.

2 ¿Dónde pasan su tiempo los jóvenes en internet?

80023-04

La diferencia entre las generaciones cada día es un poco más grande. Los que han nacido ya con un *smartphone* en la mano posiblemente ni aun (o muy raramente) enciendan el ordenador. ¿Dónde pasan su tiempo los millennials, los nativos digitales?

Snapchat: Fue la aplicación social *(app)* con mayor crecimiento en 2014. Su uso es ya masivo. Pero hay variaciones según los países o regiones: La app está más presente en aquellas regiones con jóvenes acostumbrados a utilizar cada día las redes sociales.

¿Qué es Snapchat exactamente? Se trata de una aplicación móvil que permite enviar contenidos multimedia, que luego se destruyen de forma automática. Los adolescentes comparten de esta manera fotos y vídeos que pueden ir acompañados de textos o dibujos.

Instagram: Es la otra gran aplicación social que causa entusiasmo entre los más jóvenes. Instagram es ya más conocido entre los usuarios *(user)* de más edad: esta aplicación social consiste básicamente en publicar fotos que los seguidores pueden ver y comentar. Un usuario puede seguir a 20 contactos, pero a él mismo seguirle 200 cuentas de otros usuarios. Aquí entra en juego la popularidad de la cuenta, que se mide también a través de los "me gusta"

(likes) que recibe cada foto, un juego un poco peligroso para la psicología de un joven.

Esta red social cuenta con 400 millones de usuarios activos al mes, según datos de Statista, y es el paraíso de los selfis para los adolescentes. Si en Snapchat se comparten momentos divertidos, en Instagram se pone siempre la mejor cara.

YouTube: Es una de las opciones de entretenimiento más usadas por parte de los adolescentes: Si alguien observa a un adolescente con la mirada perdida en el móvil, lo más probable es que está viendo algún vídeo en este servicio.

Ya los más jóvenes recurren al móvil para disfrutar de YouTube. No sólo el televisor ha quitado la rutina diaria. El móvil reina en solitario: casi todos los adolescentes dicen que ven vídeos en su móvil y sólo la mitad de ellos utiliza el ordenador.

Facebook y **Twitter:** Son consideradas por los más jóvenes como más conservadoras: "Está muerta para nosotros", en referencia a Facebook, o "siendo sinceros, la mayoría de nosotros no entiende para qué sirve", en alusión a Twitter, son sólo algunos de los ejemplos. En realidad son Instagram y Snapchat donde realmente se mueven los más jóvenes.

Texto adaptado. Fuente: http://tecnologia.elpais.com/tecnologia/2015/11/11/actualidad/1447239137_455189.html
© JOSÉ MENDIOLA ZURIARRAIN / EDICIONES EL PAÍS S.L., 2015

a. En la clase de sociales los alumnos preparan una exposición para informar a los otros alumnos sobre el internet, los beneficios y los peligros. El proyecto se llama "¿Ready para la red?". A Laura le ha tocado presentar las aplicaciones más usadas por los jóvenes. Por suerte ha encontrado un artículo acerca de este tema en el periódico español más importante, El País. Léelo y contesta las preguntas:

- ¿Quiénes son los millennials?
- ¿Cuáles son las aplicaciones más usadas y cuáles las menos populares según el artículo?

- ¿Qué diferencia generacional hay en relación con el uso del móvil y del ordenador? Explícala.
- ¿A qué otros medios sustituye el móvil?

 b. Busca en el texto las palabras que sirven para hablar de las redes sociales.

 **c.** A jugar: Por lo que sabes del texto y de tu vida privada, explica las aplicaciones descritas en el texto. Los demás adivinan de cuál se trata.

> Es un programa / una aplicación con el/la que puedes …

> Yo (no) la utilizo/ necesito para/porque …

> Sirve para …

 **d.** ¿Y vosotros? ¿Son éstas las aplicaciones que usáis también? Haced una encuesta en clase y presentad los resultados. Pensad en más preguntas y temas que os interesen en cuánto al uso del internet/móvil.

> ¿Cuánto tiempo pasas en internet al día?
> o 1—2 horas   o 3—4 horas   o más tiempo
>
> ¿Para qué usas el internet principalmente?
> o información   o comunicación   o entretenimiento
>
> ¿Qué usas más? ¿El móvil, el tablet o el ordenador?
>
> ¿Qué aplicación usas más? ¿Por qué?

 e. Sofia ha encontrado información sobre el uso de internet en Alemania y se la da a Laura. Escribe con tus propias palabras la información más importante para Laura. M I-5. +ayuda p.145

Zwischen den Jahren 2006 und 2016 stieg die tägliche Internetnutzung Jugendlicher laut dem Statistik-Portal *Statista* um das Doppelte, nämlich von etwa 100 auf 200 Minuten (eigene Angabe der befragten Jugendlichen).

Die sozialen Kommunikationsmedien liegen dabei im Trend: Die große Mehrheit (über 90%) nutzt regelmäßig Whatsapp, die Hälfte Instagram und etwas weniger als 50% auch Snapchat. Lediglich unter den Facebook-Nutzern ist ab dem Jahr 2015 ein Rückgang um fast 10% auf 43% im Jahr 2016 zu verzeichnen.

Bezüglich des Geschlechts der User ist feststellbar, dass in Messengerdiensten (Facebook, Whatsapp) etwa gleich viele Jungen wie Mädchen unterwegs sind. Die fotobasierten Plattformen (Snapchat, Instagram) hingegen werden von knapp zwei Dritteln der Mädchen, aber nur etwa 40% der Jungen in der Gruppe der unter-20-jährigen regelmäßig frequentiert.

Zahlen aus: https://de.statista.com/statistik/daten/studie/168069/umfrage/taegliche-internetnutzung-durch-jugendliche/ und https://www.schau-hin.info/news/artikel/jim-studie-2016-jugendliche-finden-whatsapp-am-wichtigsten.html

3 Antes todo era diferente

a. Mira y describe las fotografías. **M** I-4.4

   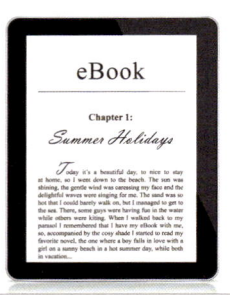 

el juego de mesa

la cabina telefónica

la máquina de escribir

 b. ¿Qué fotografía corresponde con una de otra época? Compara las fotos.

 c. Describe cómo era todo antes. Utiliza el pretérito imperfecto. **+ideas** p. 158 **G** 2.1

> **Caja de herramientas**
>
> comunicarse por …   Antes no había … y por eso tenían / era
> usar … para …   importante …
> Es un aparato con el que … Para … la gente tenía que …

 **d.** En grupos de cuatro, buscad por lo menos cuatro argumentos a favor de la situación actual y cuatro argumentos que expliquen por qué todo era mejor antes. Después decidid qué os gusta más, la vida de antes o la actual. Presentad las razones y los resultados en clase.

> Antes era mejor porque … mientras que hoy … • Hoy en día podemos … más fácilmente/rápidamente • Pero antes … • Hoy en día ya no … y … . Antes … • Prefiero … porque … ¿Y tú? ¿Qué opinas? • Sí, tienes razón, pero por otro lado … • También hay que tomar en cuenta que …

4   El internet – ¿Bendición o maldición?

Niñas desaparecen tras contactar con hombre por Facebook

'Sexting', 'ciberacoso' … Con el acceso a las redes sociales, crecen los riesgos para niños y adolescentes

La adicción a Internet, ¿un problema psiquiátrico?

¡Deje de compartir mentiras! Cómo detectar noticias falsas en Internet

a. Mirad los titulares e intercambiad vuestras opiniones: ¿A qué problemas se refieren? Describidlos.

> La verdad que …

> Pienso que este … se refiere a …

> De hecho …

> Por lo que sé …

b. Daniel y Nicolás ya han preparado su cartel para la exposición. Pensad en más beneficios y apuntadlos en una tabla, también los peligros.

c. Redacta un texto para una revista para jóvenes sobre los beneficios y peligros de internet.

> **En la red …**
> … hay todo lo que buscas
> … siempre hay informaciones actualizadas
> … puedes jugar y chatear con tus amigos
> … puedes hablar con tu primo de Colombia
> *Daniel, Nicolás*

5   Siempre nos ponen reglas …

Aquí puedes ver el cartel de Sofia y Lupe. Han pensado en reglas de cómo usar el móvil y la red con cuidado.

a. En el cartel puedes encontrar el imperativo negativo. Busca las formas en el texto y apunta una regla para la conjugación del imperativo negativo. ¿A qué otra forma te recuerda? `Ch 1` p. 88 `G` 3.2

b. Piensa en el alemán – ¿cuál es la diferencia entre los dos idiomas en relación con el imperativo negativo?

c. Apunta tus propias reglas para el uso del móvil y la red utilizando el imperativo negativo.

d. Completa el texto en la p. 78 con el imperativo negativo de los verbos en la caja. `+ayuda` p. 146

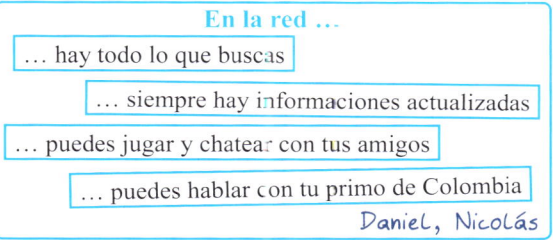

¡No utilices tanto tu móvil!
– los amigos existen también en la vida real.

¡No entres en contacto con personas desconocidas y dudosas!
– en la red hay muchos peligros

¡No des tus datos personales a personas desconocidas!
– puedes ponerte en peligro

¡No pagues por informaciones!
– a menudo sólo quieren tu dinero

¡No subas tus fotos personales a la red!
– en diez años tu futuro jefe va a verlas

Lupe, Sofia

Ya está todo listo para la exposición y los chicos la montan en el atrio del instituto. Hay muchísimo ruido pues toda la clase está trabajando. El profesor no está muy contento con los alumnos …

hacer • quejarse • irse •
comer • dejar • hablar •
perder

Profesor: Carlos, ¡qué escándalo! ¡No ■ tanto ruido! Los otros cursos también tienen que concentrarse.

Carlos: Pero no he dicho nada. Siempre yo …

Profesor: ¡No me ■ así! ¡No ■ tanto! Y vosotros, ¡no ■ el tiempo! Pablo, por favor, ayuda a Laura con su cartel.

Laura: Perdón. No lo tengo aquí, creo que está en casa …

Profesor: Pero ¿qué pasa? Siempre olvidáis algo. ¡No ■ siempre todo en casa! ¡Lo necesitamos aquí!

Laura: Voy a ver si lo encuentro en el aula.

Profesor: Laura, es increíble. ¡No ■! Ayuda a los demás. Mañana lo vas a traer, ¡pero seguro! Sofia y María, ¡no ■ con los carteles en la mano! ¡Se van a ensuciar! ¿Qué os pasa hoy?

6 ¡Ánimo, Pablo!

Sofia les ha contado a los amigos la reacción de Pablo a la foto. Ahora quieren animarle. Cado uno/a toma su texto del número 1 b, p. 73. Un/a alumno/a representa a Pablo. Él se sienta en medio, los demás lo rodean. "Pablo" explica sus pensamientos y sentimientos. Luego los demás le dicen algo para darle ánimo para que se sienta mejor. Después intercambiad los roles. **+ayuda** p. 146

No + imperativo negativo: No te quedes en casa …

7 Internet, móvil, medios sociales …

80023-04

a. Busca todas las expresiones que tienen que ver con los medios modernos en el texto, las tareas, los carteles y la página 77. Completa el mapa mental con las palabras de al lado.

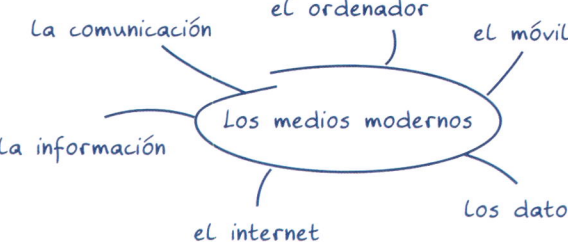

- el enlace
- bajar
- descargar
- registrar
- la página web
- el programa
- el archivo
- la contraseña
- navegar
- el banco de datos
- el/la wifi
- el buscador
- la nube virtual
- la memoria
- compatible
- digital
- programar
- el software
- el correo electrónico
- la copia de seguridad
- la conexión
- la tarifa plana
- revisar/checar el móvil mil veces al día
- acabarse la batería (rapidísimo)
- apagarse (el móvil)
- cargar el móvil
- la cobertura

b. Busca más palabras para hablar de los medios modernos y completa tu mapa mental.

8   ¡Ya deja el celular!

En México, ¡el móvil se llama celular! Como no dejaba nunca mi celu cuando estaba de visita en México, mi tía Valeria me mandó la canción de un trío de cómicos mexicanos, Los Tres Tristes Tigres. La canción es una parodia de otra canción "Y así fue" de Julión Álvarez. En México en las fiestas del pueblo se escucha mucho este tipo de música "banda". Me parece divertido, pero no aguanto más de una canción, ¡la verdad!

a. Escucha la canción `80023-03` y describe el uso del móvil de la persona a la que le cantan.
  `+ayuda` p. 146   `M` I-4.5

b. ¿Qué piensa el cantante del uso exagerado del móvil de la persona?

Piensa que … Quiere … Quiere que + subjuntivo

> **Caja de herramientas**
>
> **a.**
> al llegar a …
> entrar en pánico / desesperarse
> manejar un coche / estar a punto
> de chocar (con el coche)
>
> **b.**
> la falta de respeto / de educación • agarrar el
> móvil / aventar (en la cara) • poner el móvil en
> modo avión

9   ¡Pero mamá!

Nicolás quiere que sus padres le devuelvan su móvil, pero ellos siguen con los mismos argumentos de siempre.

Inventad la discusión y presentadla en clase. Usad los argumentos del número 4, el vocabulario del mapa mental, el imperativo negativo y las herramientas para discutir. ¡Hay que llegar a un acuerdo! Luego dad un feedback a los grupos.   `M` II-2.1

> **Caja de herramientas**
>
> **Para discutir**
> (no) me gusta que + subjuntivo • estoy en contra de que
> + subjuntivo • prefiero que + subjuntivo • me molesta /
> me da rabia que + subjuntivo • es importante/necesario
> que + subjuntivo • estoy seguro/a de que … •
> ¡Cállate! • ¡Silencio! • ¡Basta, ya! • ¡No digas más! • ¡No
> inventes! • ¡Nunca me entiendes! • ¡Nunca me escuchas!
> ¡Por Dios! • ¡Madre mía! • ¡Hombre! • Te he dicho mil
> veces que …
>
> **Llegar a un acuerdo**
> Vale, entiendo tu punto de
> vista, pero el mío es … •
> Ahora, ¿qué podemos
> hacer? • ¿Cómo podemos
> resolverlo? • Hay que
> encontrar una solución. •
> Mira, ¿por qué no … ?

CD 2·7

10 ¿Lo mío también es tuyo?

María y Daniel están en la habitación de Daniel.

Daniel: Oye, mi amor, ¿me prestas tu móvil? En el mío no tengo acceso al internet.

María: ¡Claro! Ahora, todo lo mío es tuyo también. Oye, me encantan nuestras fotos nuevas que subí a instagram. ¿Qué te parecen?

5

Daniel: La verdad no me gusta mucho verlas en la red, nunca sabes quien las ve. Por cierto Pablo con sus calzoncillos, su foto ya se hizo viral. Espero que nunca nadie vea mis calzoncillos y que nuestras fotos nunca lleguen a manos de personas poco fiables.

10

María: No inventes, a nadie le interesa vernos, además no se puede ver nada. Oye, me gusta la nueva canción que escuchamos la última vez. Es de Shakira.

15

Daniel: No, no es suya, es de Juanes. Pero no tengo el CD. Es de Sofia. Y los suyos están en su habitación.

María: Vale, ni pensarlo. Entonces escuchemos la canción en el móvil. ¿Usamos el tuyo? Tú tienes la contraseña de vuestra red, ¿¿verdad??

20

Daniel: ¡Pues, ese es el problema! La nuestra sólo la tienen mis padres. ¡Sofia y yo flipamos con eso!

María: ¡Cálmate! No pasa nada. Es suficiente si pasamos el tiempo juntos ¿no?

Daniel: Tienes razón. ¡Te quiero, guapa!

a. ¿Qué piensan Daniel y María acerca de subir sus fotos a Instagram?

b. ¿Qué pensáis, por qué a muchos/as les gusta subir sus fotos privadas a Instagram u otros medios sociales?

c. En el diálogo de los dos enamorados encuentras nuevas formas de pronombres posesivos. Búscalas y completa la tabla. ¿Qué puedes observar? **+ayuda** p.146 **Ch 2** p.88 **G** 5.3

1° p. sg.	■
2° p. sg	■
3°p. sg.	■
1° p. pl.	■
2° p. pl.	vuestro/a/s
3° p. pl.	■

d. Completa el texto con los pronombres posesivos correspondientes.

1. Pablo está muy triste por la foto ■. Por supuesto que no queremos que las fotos ■ se difundan en la red.

2. ¿Qué tal la encuesta ■ sobre el uso de internet? ¿Os ha dado nueva información interesante?

3. Los mellizos muchas veces echan de menos a los amigos ■ en Alemania, pero se pueden comunicar fácilmente por Whatsapp.

11 Una postal de papá

a. Describe lo que puedes ver en la postal de papá. ¿Dónde está ahora? Presenta tus ideas a tus compañeros/as.

Hola mis queridos, ¿Qué tal?

¿Ya habéis adivinado el país de donde os escribo? ¡Es un país africano! Es Guinea Ecuatorial. Aquí también se habla español porque fue una colonia española hasta 1968. Es uno de los países más pequeños de África, pero hay mucho que ver: la selva tropical con muchos animales como elefantes o monos, las costas y también algunas islas. Sabéis, Malabo, la capital, está en una de las islas. Se hablan muchos idiomas en este país: además del español, también se hablan el francés, el portugués y las lenguas de los indígenas, el idioma fang y el idioma bubi. Qué interesante, ¿no?

Un beso, Papá

(¿No sé si todavía queréis que os mande postales? ¿Preferís un correo electrónico? De hecho, en África no hay wifi en todas partes, pero en las ciudades, sí.)

Sofi
Cal
41C
ES

b. El papá de Sofía y Daniel les da muchas informaciones sobre el país. Completa la tabla con las informaciones del texto.

historia	flora y fauna	geografía	idiomas
• …			

c. ¿Qué prefieres, recibir postales o correos o mensajes?

CD
2·8–9

80023-01

Unos días más tarde en el recreo: Rafi intenta ligar con Paloma. A ella no le gusta mucho. Entonces Sofia quiere salvar a su amiga del Don Juán. Hace tiempo que ya no está enamorada de él …

Sofia: Hola chicos. ¿Qué tal? Paloma, la secretaria te está buscando porque tiene algo que decirte, tienes que ir ahora mismo …

10 **Paloma:** Pues, lo siento muuucho, Rafi. Nos vemos.

Rafi: *(se dirige a Sofia y sigue ligando)* Hola cariño. ¿Has visto la foto de Pablo? Carlos me la mandó la semana pasada. Ayyy ese chico, qué bicho más raro …

Sofia: Sí. Todos vimos la foto. Desafortunadamente se hizo viral en un par de horas. Pobre Pablo, parece que lo ha afectado mucho. Para él es muy difícil.

15 **Rafi:** No exageres, guapa, a mí me parece normal, jaja … Claro que no está contento. ¿Pero qué quiere? De hecho es culpa suya. NADIE lleva calzoncillos rosa con dibujos. ¡Qué tonto es! Siempre lo he sabido. También lo dicen los demás chicos de … Sevilla, jaja …

Sofia: No inventes, ¡y qué malo eres! Pablo no hizo nada. Sólo tenía los pantalones
20 rotos … Te ríes porque a ti nunca te ha pasado, bah. ¿Por qué os estáis burlando de él? A mí me parece injusto. Fíjate que en clase ya no habla con nadie aunque normalmente es muy seguro de sí mismo. Hasta ha sacado malas notas en deporte y también en matemáticas, y son sus asignaturas favoritas.

25 **Rafi:** Tranquila mi amor, estás exagerando. ¿Qué tiene de malo reírse de la foto? Además, sabes que siempre le pasan estas cosas. Recuerdas el año pasado, cuando se durmió con la boca abierta en el autobús? Ahhh y hace dos meses, cantó karaoke con nosotros sin saber el texto y ahora esto. Es normal que nos riamos de él. ¿Sabías que hasta hemos hecho una canción?

30

Pablo lleva calzoncillos
rosa y con conejillos.
Claro que se los compra su abuelita
y que por eso nunca tiene cita …
Graciosa, ¿no? jejeje, ya te veo sonriendo …

35 **Sofia:** Cállate, sois unos locos infantiles. Mira, claro, a veces Pablo es un poco torpe pero sobre todo es un chico muy simpático. ¡Lo que hacéis con él se llama acoso!

Rafi: Uiiiiii, Sofia, ¿por qué lo defiendes tanto? Seguro que estás enamorada de Pablo. Álvaro, Toño, ¡Sofia tiene novio!

40 **Sofia:** ¡Qué pesado eres! No se puede hablar contigo. Siempre estás buscando a quien poner verde. ¡Me voy!

1   Y ahora, ¿cuál es el problema?

a. ¿Qué ha pasado después de que los amigos vieran la foto de Pablo por primera vez?
+ayuda p.146

b. Sofia y Rafi ven la situación de Pablo desde perspectivas muy diferentes. Descríbelas.
+ayuda p.146

2   ¿Violencia escolar o acoso?

Sofia se informa sobre el tema del acoso escolar. Paloma le manda un vídeo, luego Sofia lo envía a los demás amigos.

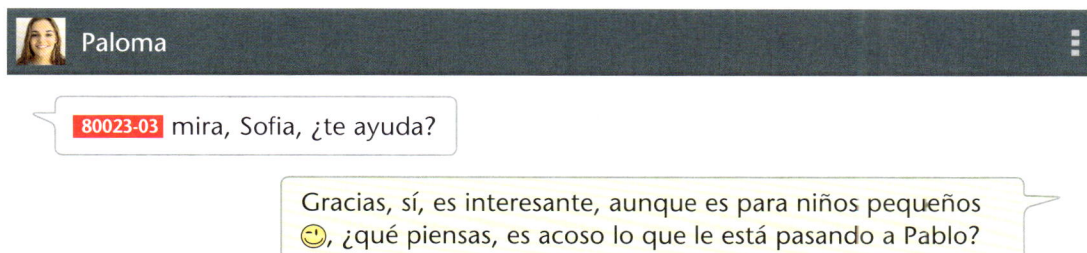

Paloma

80023-03 mira, Sofia, ¿te ayuda?

Gracias, sí, es interesante, aunque es para niños pequeños 😊, ¿qué piensas, es acoso lo que le está pasando a Pablo?

 a. Mira el vídeo y busca las definiciones de violencia escolar y de bullying/acoso. Apúntalas en tu cuaderno. +ayuda p.147

b. ¿Qué piensas, lo que le está pasando a Pablo ¿es violencia escolar o acoso?

De hecho Pablo … • Por lo que sabemos … •
Tal vez también … • Por un lado … por otro (ya) no …

  **3   ¿Qué es el bullying o acoso escolar?**

80023-04

Bajo *bullying* o *acoso* entendemos el **maltrato de manera física y/o psicológica** parte de un agresor o varios agresores. Se caracteriza por ser **intencional y constante**, las burlas/agresiones se repiten. El objetivo es asustar y someter a la víctima y puede tener como consecuencia la exclusión del grupo social.

Características

5

- Las agresiones pueden ser **físicas** (golpes, empujones, etc.) y **psíquicas** (burlas, aislamiento y exclusión sistemática o amenazas)
- Causa problemas permanentes durante un cierto tiempo y normalmente empeora con el tiempo

10
- Los actores son: una **víctima** (indefensa), un **agresor** (en el contexto escolar: un/a alumno/a) que provoca el acoso y un **grupo** que apoya al agresor ▶

▸ • Este **grupo** ignora el acoso o permanece pasivo, no interviene.
• En cuanto a la **víctima**, tiene cada vez más miedo. Intenta evitar situaciones en las que ha sufrido acoso, pierde la confianza en sí misma y en las personas que la rodean y en algunas ocasiones saca malas notas.

15

• Por parte del **agresor** se nota una estructura violenta en el trato con los demás. En situaciones de interacción social muestra poca empatía y principios morales.
• Por parte de los **espectadores** se aprecia una falta la capacidad de ponerse en la situación de la víctima y hay una actitud indiferente.

20

• Para las **demás** personas del lugar en el que tiene lugar el acoso disminuye la calidad de vida por el aumento de problemas y emociones negativas.

Tipos de acoso escolar

Se puede diferenciar entre varios tipos de acoso que pueden aparecer individual o paralelamente:

25

• Acoso **verbal**: es el tipo de acoso más frecuente. Consiste en palabrotas, insultos, burlas. Frecuentemente se referieren a las debilidades de la víctima y se producen en público.
• Acoso **físico**: más frecuente entre los más jóvenes de corta edad. Agresiones corporales o con objetos, p.ej. golpes, patadas, empujones.

30

• Acoso **psicológico**: produce miedo y tiende a disminuir la autoestima de la víctima.
• Acoso **social**: aislamiento permanente de la víctima de los demás.

Según: http://www.universia.es/bullying-acoso-escolar/bullying/at/1121975

a. Encontrad los sustantivos correspondientes en el artículo y apuntadlos con su traducción en alemán.

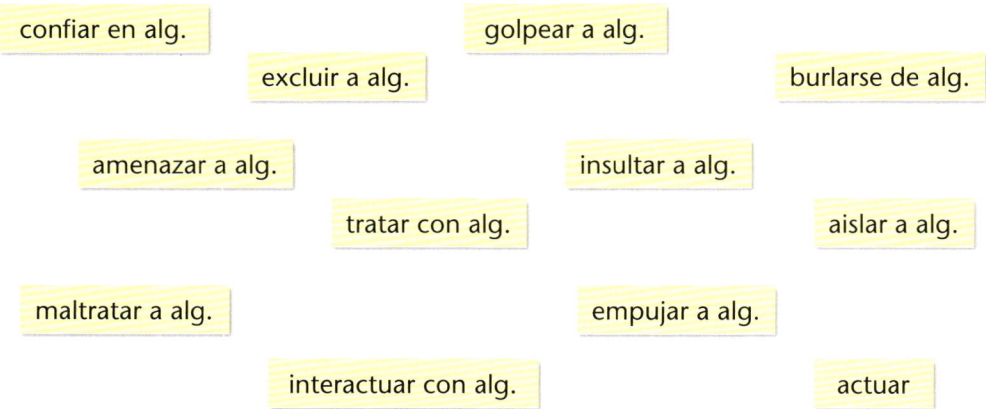

confiar en alg.   golpear a alg.   excluir a alg.   burlarse de alg.   amenazar a alg.   insultar a alg.   tratar con alg.   aislar a alg.   maltratar a alg.   empujar a alg.   interactuar con alg.   actuar

b. Contesta las preguntas. +ayuda p.147

¿Qué quieren lograr el o los agresores?
¿Qué hace que el acoso escolar se prolongue en el tiempo? ¿Por qué no se detiene?
¿Qué tipos de bullying hay?
¿Cuáles son algunas consecuencias del bullying para las víctimas y para las personas que lo observan sin hacer nada?

c. Elegid uno de los dibujos y describidlo en la clase: ¿Cuál es la situación? ¿Qué tipo de acoso puedes observar? ¿Por qué?

4 ¿Ahora qué?

CD 2·10

> Ya no aguanto más, siempre me cantan en todos lados. ¡Que me dejen en paz, porfa!

> …

> …

> Claro, la foto es muy divertida. Pero Pablo sufre por la situación. Tenemos que ayudarlo. ¡Es nuestro amigo!

> …

> …

Pablo parece todavía muy triste por la situación. Sofia lo siente mucho por él y quiere ayudarlo. ¿Qué pueden hacer los dos? ¿Qué opciones tienen? Apuntadlas según el modelo, luego comparad lo que habéis escrito y encontrad las opciones más adecuadas para cada uno.

> Es importante/necesario que (+ subjuntivo) porque … ● Creo que le ayuda más si … porque … ● Le puede ser útil hablar primero con … porque …

5 Para mí está claro

a. En el texto de la p. 82 puedes encontrar pronombres tónicos de complemento. Completa la lista.
`Ch 3` p. 88

para, de, a, en, por, sobre, …	■ ■ si / ■ /ella/usted nosotros/as vosotros/as si / ellos/as /ustedes	con	-migo ■ -sigo / ■ /ella /usted nosotros/as vosotros/as -sigo / ellos/as /ustedes

b. Sofia ha decidio confiarle todo al profe de historia con el que tiene mucha confianza. En clase de historia, el profe habla con el curso sobre el problema. Completa con la forma correcta de los pronombres tónicos de complemento.

Profe: Buenos días, chicos. Tengo algo que hablar con ▪. Es que alguien de la clase ha hablado ▪ en el recreo porque está preocupado por una situación en la clase. ¿Hay alguien a quien le gustaría hablar con los demás?

Paloma: Para ▪ está claro. Seguramente se trata de la foto de Pablo. Pablo, ¿cómo es para ▪ la situación con Rafi? He escuchado a Rafi y su pandilla reírse de ▪ …

Pablo: ¿Con Rafi? Todo bien … Claro que para ▪ es broma … Pero no me importa a ▪ …

Sofia: Pablo, no tienes que mentir. Puedes hablar con ▪. Somos tus amigos …

Pablo: *(gritando)* ¡Déjame en paz! ¡No seas plasta! No voy a hablar de mis sentimientos en clase, delante de ▪ … Es un problema que uno tiene que resolver ▪ mismo …

Profe: Entiendo que para ▪ es difícil hablar de todo. Bueno, Pablo, siempre puedes hablar ▪ en el recreo en la sala de profes, si te interesa. Por el momento he preparado algo que podría ser interesante …

 c. ¿Qué pensáis del profe? ¿Y de la reacción de Pablo?

6   Ayyy mi hijo

 Despúes de la clase de historia Pablo vuelve a casa. Su mamá nota que está muy deprimido y hasta desesperado, ¡ha cambiado mucho! Por la noche hablan en familia y juntos piensan en una solución para el problema. Presentad vuestro diálogo en clase. Los demás os dan un Feedback. `M` `II-2.1`   `+ideas` `p. 158`

7   Todo va a mejorar

Sofia también ha vuelto triste a casa. Ha encontrado una caricatura y piensa publicarla en la página web de Pablo para enviarle una señal. Pero primero quiere saber qué opina Daniel para que Pablo no se ponga mal otra vez. Lo llama porque no tiene acceso a internet y le describe la caricatura.

 a. Primero describe la caricatura. Luego piensa qué quiere expresar. `M` `I-4.4`

  b. ¿Qué pensáis de la caricatura? ¿Le recomendáis a Sofia mandársela a Pablo? ¿Por qué (no)? Habla con tu compañero/a.

Luego tomad el papel de Daniel y presentad vuestra opinión en clase.

8 Juntos somos más fuertes

CD
2·11

Los amigos deciden ayudar a Pablo. Después de clase se juntan en el patio para pensar juntos cómo lograrlo.

Sofía: Sabéis que Rafi y su pandilla acosan a Pablo. Él dice que no le molesta pero estoy segura de que nos está mintiendo. Creo que siente tanta vergüenza que no nos lo dice. De todos modos pienso que es una buena idea juntarnos y ayudar a Pablo. Cuando Rafi vea que estamos apoyando a Pablo es muy probable que le deje en paz …

Lupe: ¡Muy buena idea! Cuando Rafi quiera reírse de Pablo, no vamos a apoyarlo.

María: Y acompañamos a Pablo para que cuando venga Rafi no esté solo. Tal vez podemos buscar un chico mayor para que lo acompañe, ¿no?

Daniel: También podríamos hablar con la pandilla de Rafi para que entiendan cómo se siente Pablo y no lo molesten más. Así es posible que no apoyen más a Rafi.

a. ¿Cuál es el plan de los amigos para ayudar a Pablo? Habla con tu compañero/a.

b. En el diálogo de los amigos encuentras frecuentemente el subjuntivo ¿Cuándo lo usan?
Ch 4 p. 88

c. Los compañeros tienen más ideas sobre qué hacer para ayudar a Pablo. Completa las frases con tus ideas utilizando el presente de subjuntivo: +ayuda p. 147

Nicolás: Podemos informar al resto de la clase para que ■.
Álvaro: Tenemos que hablar otra vez con el profe de historia cuando ■.
Paloma: Cuando ■ tenemos que dejar en claro que no apoyamos a Rafi.
Toño: Tenemos que buscar informaciones para que ■.
Miriam: ¿Quizás podríamos hablar con los padres de Pablo y de Rafi o con otro adulto para que ■ ?
Carlos: ■

d. ¿Qué piensas tú? ¿Son buenas ideas para detener el acoso? Habla con tu compañero/a.

9 Un caramelo para ti

Mirad el tráiler 80023-03 de la película *Cobardes* sin sonido. ¿De qué trata la película? ¿Quiénes son los personajes principales? ¿Qué hacen? Comparad vuestras ideas con el/la compañero/a.

10 ¿Qué hizo Pablo?

Pablo escribe en su blog qué pasó después. Lee su blog 80023-06 y contesta las preguntas: ¿Cómo continuó la historia? ¿Qué piensas de la solución propuesta por los chicos?

1   Formular reglas y prohibiciones con el imperativo negativo

Im Gegensatz zum Deutschen gibt es im Spanischen eine eigene Form des verneinten Imperativs. Sie besteht aus *No + presente de subjuntivo*.

	lo hagas! (tú)
¡No	mandéis la foto a todos! (vosotros)
	les diga la nota a mis padres! (usted)

2   Expresar pertenencia con los pronombres posesivos tónicos

Du kennst bereits die unbetonten Possesivbegleiter mi/tu/su/nuestro/vuestro/su. Sie stehen stets vor dem Bezugswort und werden in Numerus und Genus an dieses angeglichen:
→ **Mis** fotos me encantan.

Daneben gibt es auch betonte Possesivpronomen, die ebenfalls an das Bezugswort angeglichen werden, jedoch dahinter stehen: → Las fotos **mías** me encantan.

Die betonten Possesivpronomen können auch ohne Bezugswort stehen, wenn dieses aus dem vorherigen Kontext bekannt ist: → Mis fotos me encantan, la verdad que las **mías** son las más bonitas de todas.

3   Los pronombres tónicos de complemento

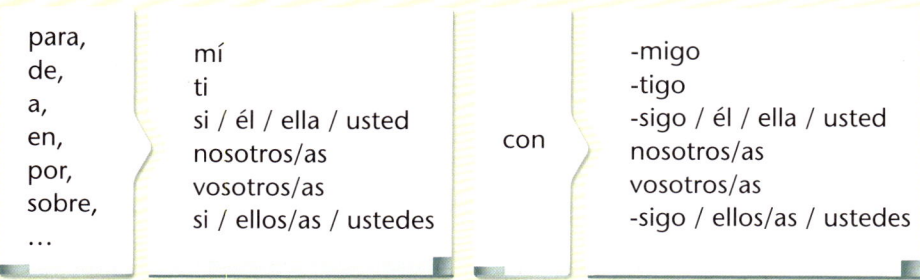

para, de, a, en, por, sobre, …	mí ti si / él / ella / usted nosotros/as vosotros/as si / ellos/as / ustedes	con	-migo -tigo -sigo / él / ella / usted nosotros/as vosotros/as -sigo / ellos/as / ustedes

4   El uso del subjuntivo después de cuando y para que

Bei manchen Konjunktionen bestimmt die Satzaussage, ob indicativo oder subjuntivo folgen:

→ **Cuando llego** a casa mi madre siempre prepara la comida para mí. (cuando = deutsch: „immer wenn" + indicativo)

→ **Cuando lleguen** los abuelos de Alemania les queremos mostrar Sevilla. (cuando = dt. „dann wenn, sobald" (zukünftig) + subjuntivo)

Der Unterschied besteht übrigens auch bei Sätzen mit **como, mientras, aunque.**

Nach **para que** steht immer subjuntivo!

Tus retos, paso por paso 80023-05 [+ Autocontrol]

Tu reto 1

Graba un cortometraje sobre el acoso escolar.

Paso 1: Escribe el guion. Piensa en los actores, las escenas, los lugares donde vas a grabar. La historia que cuentas con tu cortometraje puede ser emocionante. Puede dirgirse a alumnos, profesores, padres, etc. Si quieres, puedes integrar consejos contra el acoso.
Ojo: El vídeo debe ser claramente contra el acoso. No comprometas a nadie.
Fíjate: para grabar material legalmente necesitas el acuerdo (= la firma) de los padres de tus actores/locutores.

Paso 2: Reparte los papeles: ¿Cuántos actores necesitas? ¿Quién podría actuar? ¿Tus compañeros/as se atreven a hablar o va a ser una película muda?

Paso 3: Necesitas tu móvil o una cámara para grabar las escenas. Luego edita las escenas en el ordenador. Puedes añadir música. ¿Cuál es el nombre?

Paso 4: Presenta tu vídeo en clase.

Tu reto 2

Redacta un folleto con consejos sobre cómo comportarse en la red.

Paso 1: Formula los consejos. Investiga en internet, pregunta a otras personas. ¿Qué peligros hay en internet y cómo protegerse contra ellos? Toma apuntes.

Paso 2: Corrige tus apuntes y decide de qué forma quieres presentar los consejos. ¿Van a aparecer sólo los consejos o también pequeños textos explicativos con descripciones de casos?

Paso 3: Organiza tus consejos en un documento.

Paso 4: Diseña el documento: añade imágenes o enlaces, prueba el efecto de diferentes colores, tipos y tamaños de letras. El folleto debe ser claro y atractivo.

Paso 5: Imprime tu folleto y repártelo en la clase. Si hacéis un proyecto interdisciplinario, preséntalo.

¡Caminamos!

Capítulo

5

1. ¿Conoces el Camino de Santiago? ¿Qué es? ¿Cuál es su nombre en alemán? ¿Ya ha hecho alguien que tú conozcas el camino?
2. Según las fotos, ¿de qué manera se puede hacer el Camino de Santiago?
3. Describe al peregrino. ¿Qué lleva consigo?

¿Qué pasa aquí?

Los amigos y su clase se informan sobre el Camino de Santiago porque van a hacer parte del camino. Aprenden mucho sobre las cosas que necesita un peregrino y van a aprender muchas cosas más durante el camino …

Pronto vas a saber

- sobre el apóstol Santiago y el origen del Camino de Santiago
- sobre la importancia de las tres culturas (árabe, cristiana y judía) en la historia española
- usar perífrasis verbales
- hablar del pasado usando las formas del pluscuamperfecto
- cómo es el Camino del Sureste

Revisas

- las formas y el uso del presente de subjuntivo
- las formas del imperativo negativo
- los tiempos del pasado
- los verbos ser y estar
- describir caminos
- el uso de las formas impersonales

Tus retos

1. Presenta una ruta del Camino de Santiago.
2. Elige una leyenda española o de tu región y preséntala en la clase.

el mochilero/la mochilera
la guía
peregrinar
la peregrinación
el peregrino / la peregrina
encontrar alojamiento
el albergue de peregrinos
el saco de dormir
el plano
la credencial / el documento de peregrino
la concha (de Santiago)
el bastón del peregrino
el Camino del Sureste, el Camino de la Plata
la etapa
refugiarse en
espiritual
el equipaje
hospedarse en

A ¡A sudar por el camino!

1 La leyenda del apóstol Santiago

Antes de leer el texto: Busca las palabras de la caja en el diccionario monolingüe y apunta su definición. **+ayuda** p.147

Durante las clases de Historia y Geografía los alumnos leen la leyenda del apóstol Santiago.

> el apóstol • el Evangelio • decapitar • el seguidor • el monje • el obispo • la tumba • el cementerio • el patrono • la reconquista • el esqueleto • la tripulación

CD
2·12

Dice la leyenda que el apóstol Santiago predicó el Evangelio en España. No tuvo mucho éxito y no tenía muchos seguidores, por lo que decidió regresar a Jerusalén. En el año 44 el rey Herodes Agripa lo torturó y finalmente ordenó decapitarlo.

El rey prohibió enterrar su cuerpo, pero los seguidores de Santiago, en secreto, trasladaron durante la noche su cuerpo a la orilla del mar. Lo pusieron en una barca sin tripulación, que después recorrió el mar hasta llegar a la costa gallega en el norte de la Península Ibérica. Allí lo enterraron en un cementerio.

Con el paso del tiempo se olvidaron de la existencia de esta tumba, hasta que un día del año 813 un monje vio unas luces misteriosas. Informó al obispo. Éste se acercó al lugar y encontró el esqueleto con la cabeza separada del cuerpo. El obispo gritó que acababa de encontrar el cuerpo del apóstol Santiago. Por las luces de colores que aparecieron en el lugar nombraron este sitio Campus Stellae, "campo de estrellas", lugar que actualmente se llama Compostela.

El rey de Asturias Alfonso II proclamó al apóstol patrono del reino, y ordenó construir la Catedral de Santiago. A partir de ese momento sucedieron según la leyenda varios milagros.

Se dice que el apóstol Santiago ayudó y protegió a los soldados cristianos que lucharon para reconquistar los territorios del sur de España ocupados por los musulmanes a partir del año 711. Por eso Santiago también se convirtió en patrono de la Reconquista.

Desde la Edad Media existen rutas de peregrinos a la tumba del apóstol en Santiago de Compostela.

2 Santiago de Compostela

a. Ordena las palabras claves y resume con tus propias palabras la leyenda.

> llegada de la barca a la costa gallega • Santiago predicando el Evangelio en España • el entierro en un cementerio gallego • la muerte de Santiago • el descubrimiento de la tumba de Santiago • Santiago es proclamado patrono del reino • construcción de la catedral • regreso de Santiago a Jerusalén • el cadáver de Santiago en una barca sin tripulación • un monje viendo luces

b. Describe la imagen. M I-4.4

 ## ¡Vamos de excursión!

CD 2·13

80023-01

Pablo:	Colorín colorado, esta leyenda se ha acabado. (los otros chicos se ríen)
Profesora:	¡Tú siempre tan gracioso, Pablito! No tienes ni idea de por qué estamos hablando sobre la "Leyenda del apóstol Santiago", ¿verdad?
Pablo:	Pues, no sé … ¿Es por las dos semanas de excursiones?
5 **Profe:**	¡Eres más listo que el hambre! Bueno chicos, este año vamos a recorrer parte del Camino de Santiago.
Carlos:	Mis padres y yo ya empezamos a hacer una parte del Camino de la Plata el año pasado. Fuimos a pie desde Sevilla hasta Cáceres. Este año queremos seguir caminando hasta Salamanca y el año que viene hasta Santiago.
10	Acabamos de reservar los albuergues para el próximo verano.
Daniel:	Pero profe, es que, las navidades pasadas nos has prometido ir a Alicante.
Sofia:	Todavía no conozco la Costa Blanca.
María:	Pues a mí también me gustaría ir a la costa, bañarme en el mar. Además no me gusta nada caminar.
15 **Profe:**	Bueno, creo que tengo una solución para todo el mundo. Vamos a ir a Alicante. Allí empieza el Camino del Sureste.
Daniel:	Pero, profe, he leído un artículo sobre algunos ciclistas que hicieron el Camino del Sureste. Creo que son 1120 km. Les llevó
20	tres semanas llegar a Santiago. ¡Y en bici!
Profe:	¡Tranquilo! Vamos a hacer una parte en bici, también una parte en tren y los últimos 100 km vamos a ir a pie, pues sólo así nos
25	van a dar La Compostela.
Sofia:	¿Qué es La Compostela?

¡A sudar por el camino!

3 ¿Qué es La Compostela?

a. Lee el texto y contesta las siguientes preguntas:

> 1. ¿Durante qué período van a hacer los alumnos la excursión?
> 2. ¿Qué plan tiene la profesora para la excursión?
> 3. ¿Por qué Carlos no es un aficionado a las excursiones?
> 4. ¿Por qué Daniel, Sofia y María prefieren Alicante como principio de la excursión?
> 5. ¿Cómo se llama la parte del Camino de Santiago que empieza en Alicante?
> 6. ¿Por qué piensa Daniel que no es posible hacer el camino en el tiempo del que disponen los alumnos?
> 7. ¿Qué solución les presenta la profe a los alumnos para este problema?
> 8. ¿Cómo se llama el diploma que les dan a los peregrinos en Santiago de Compostela?
> 9. ¿Bajo qué condición se recibe este diploma?

b. Contesta la pregunta de Sofia: ¿Qué es La Compostela?

4 El Camino del Sureste

Mira el mapa y describe el Camino del Sureste. **+ideas** p.158

Caja de herramientas

empezar (e → ie) / empezar (e → ie) en • seguir = continuar • pasar por (delante de) • cruzar = atravesar (e → ie) • finalizar en = terminar en

5 Carlos peregrino

a. Lee otra vez lo que dice Carlos sobre su peregrinación (p. 93). Apunta en tu cuaderno cómo expresa …

el comienzo de una actividad	el transcurso de una actividad	el final de una actividad
■	■	■

Estas son perífrasis verbales. ¿Qué son y para qué sirven? Explica. **Ch 1** p. 110 **G** 4.

b. ¿Qué plan han hecho los estudiantes para poder hacer el camino en sólo quince días? Describe su viaje utilizando las perífrasis verbales.

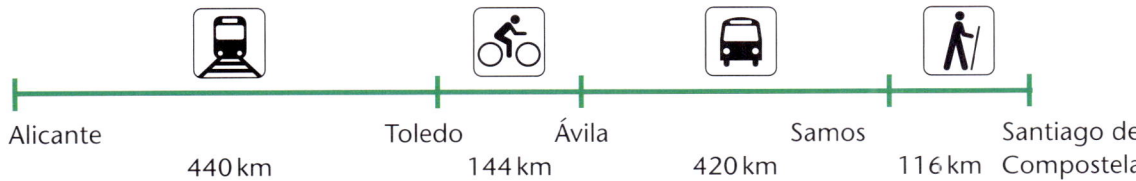

| Alicante | | Toledo | Ávila | | Samos | | Santiago de Compostela |

440 km   144 km   420 km   116 km

Modelo: Los alumnos empiezan a hacer el Camino del Sureste en Alicante. Continúan viajando a …

c. Apunta la página del diario de Carlos en tu cuaderno y completa con las perífrasis verbales adecuadas. **+ayuda** p. 147

> quedar admirando • estar pasando • seguir caminando • dejar de caminar •
> acabar de desayunar • ponerse a caminar • quedar esperando •
> estar caminando • empezar a llover • estar tomando

Vía de La Plata: Nuestra primera etapa de Sevilla a Guillena (21 km).

Son las siete de la mañana. ⬤ y ahora ⬤. Ya ⬤ una hora

cuando ⬤. ¿Qué pasa? Aquí en verano casi nunca llueve. ⬤ y

nos refugiamos en un granero. ⬤ un refresco y ⬤ más de una

hora. Ahora ⬤. ⬤ por las ruinas y el anfiteatro de Santiponce.

¡Qué impresionantes! Nos paramos y ⬤ los restos de esa ciudad

romana.

6 Preparando el viaje

¡Hola a todos!

en este blog os vamos a informar sobre nuestra excursión.
Para empezar: qué significa peregrinar para cada uno de nosotros.
Pablo: Para mí significa hacer un recorrido deportivo. Espero que sea en primer lugar una actividad física.
María: Pues, todo el mundo sabe que a mí no me gusta nada caminar. De todas maneras me alegra que pueda hacer el viaje, sobre todo la parte en bici. Es necesario que estéis en contacto con la naturaleza. El camino me da la oportunidad de conocer una ruta ecológica y espiritual.
Carlos: Mis padres y yo ya hicimos una parte del camino. Sé qué significa la búsqueda de uno mismo. Es un viaje espiritual. Es probable que el camino sea un símbolo, una ruta de fe, de arte y cultura.
Sofia: ¿Sabes que algunas rutas del Camino de Santiago también pasan por Alemania? Quiero que sepáis que hacer el Camino de Santiago significa encontrarse con las raíces religiosas e históricas de Europa. El camino es patrimonio común de todos los pueblos de Europa.
Daniel: El camino tiene un pasado histórico. Hacerlo significa para mí viajar a través de otros siglos.
Nicolás: De todas maneras es un camino vivo, renovado por el paso de los nuevos peregrinos.
Álvaro: A mí me gusta viajar y para mí el camino es un recorrido turístico. Quiero que conozcamos otros paisajes y nuevas ciudades.
Lupe: Para mí es muy importante estar con mis amigos. Me interesa conocer otras personas. Quiero saber más sobre las tradiciones y me gustaría conocer nuevas comidas.

 a. Buscad en los comentarios de los amigos las razones para peregrinar y apuntadlas en vuestros cuadernos.

 **b.** Resume en un texto las razones para peregrinar que nos explican los chicos. **M** 12.5

 **c.** Piensa en las desventajas de peregrinar por el Camino de Santiago y apúntalas. Luego habla con tu compañero/a: ¿Qué pensáis de la peregrinación?

Caja de herramientas

Para muchos peregrinar significa … / es importante que + subjuntivo

Algunos de los peregrinos … • A algunos peregrinos les interesa … • En la peregrinación se puede … • Además el Camino de Santiago … • Por un lado … por otro …

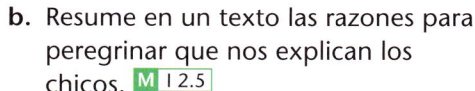

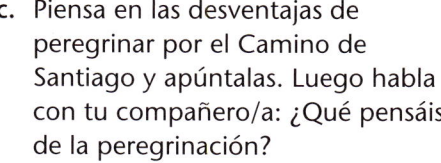

A mí me parece … la peregrinación • Se puede … y además … • por otro lado …
¿Y tú? ¿Qué piensas sobre el tema de peregrinar? • (No) Estoy de acuerdo en que …
Prefiero … • Hay que tener en cuenta que …

d. Resumid vuestra conversación para el resto de la clase.

> Yo pienso que … pero … dice que …
> Por un lado estamos de acuerdo en que … , por otro lado …
> Nos parece …

 e. Busca las formas del presente de subjuntivo en los comentarios y relaciónalas con los usos. Completa la tabla:

Expresión de sentimiento	Expresión impersonal	Expresión de deseo
■	■	■

7   El equipaje del peregrino

 a. Antes de ir de excursión Sofia va a preparar su equipaje y además tiene que vestirse adecuadamente. Necesita ayuda. Dale órdenes sobre qué (no) debe ponerse/llevar/empacar. **+ayuda** p. 148

> la maleta • la mochila • libros • dinero • el saco de dormir • la crema solar • la gorra / el sombrero • el pasaporte • la videocámara • el peluche • el móvil • el cepillo de dientes • la manzana • la tableta de chocolate (Tafel Schokolade) • la limonada • el bolso • la botella de agua • el maquillaje (Schminksachen) • la falda • los vaqueros • las sandalias • las zapatillas de deporte • el paraguas • la pasta de dientes • el cargador (Ladegerät) • las tiritas (Pflaster) • el papel higiénico (Toilettenpapier) • el ordenador • el botiquín (de primeros auxilios) (Erste-Hilfe-Kasten)

Ejemplo: *Ponte una camiseta, pero no te pongas el vestido porque … Toma el mapa porque … No tomes el libro porque …*

> ser ligero/pesado • (no) pesar mucho • lo puedes usar cuando + subjuntivo • (no) lo necesitas en el viaje • es mejor que + subjuntivo • no te va a dar tiempo de …

b. ¿Qué más tiene que comprar Sofia o meter en la mochila? Su abuela española le escribe un correo electrónico y le da algunos consejos. Tú eres la abuela. Escribe su correo. ¡Ojo con las formas del presente de subjuntivo para dar consejos!

A   ¡A sudar por el camino!

8   Preparando las mochilas

a. Primero mira sólo la foto de María. ¿Qué piensas? ¿Lleva la ropa y el equipaje adecuado? Justifica tu opinión.

CD
2·15

b. Escucha cómo se hace la mochila correctamente. Apunta en tu cuaderno si la frase es falsa, correcta o no aparece en el texto.

Puh, mi equipaje pesa mucho pero estoy lista para caminar.

	correcto	falso	No está en el texto
1. El peregrino debe usar una mochila que no pese más de ocho kilos.	■	■	■
2. No importa cómo organizas la mochila.	■	■	■
3. Para días de lluvia se necesitan dos pares de calcetines.	■	■	■
4. Porque las duchas en los albergues muchas veces están sucias, necesitas chanclas.	■	■	■
5. No lleves dinero en efectivo. Sólo necesitas la tarjeta bancaria.	■	■	■
6. Necesitas zapatos cómodos.	■	■	■
7. Se necesita una gorra para protegerse del frío por la mañana.	■	■	■

c. ¿Qué pensáis? ¿Por qué recomienda Carlos llevar un botiquín de primeros auxilios, mapa y una libreta pequeña y también bastón y concha?

„Bona vesprada" significa „Buenas tardes" en valenciano. Esa lengua es una variedad del catalán que se habla en la comunidad de Valencia.

9   Bona vesprada – blog, días 1 y 2

a. Lee el texto en voz alta y pon la forma correcta de los verbos ser/estar.
+ayuda p.148

Bona vesprada,

■ en Alicante y os quiero mostrar por donde pasa el Camino de Santiago. Así podéis conocer también un poco la ciudad y sus monumentos.

El Castillo de Santa Bárbara ■ un símbolo de la ciudad. En el siglo XIV los peregrinos empezaban su camino delante de la Iglesia de Santa María, cerca del castillo. Esta iglesia ■ en el corazón del casco antiguo. ■ el tradicional punto de partida. Hoy en día la iglesia de Santa María todavía ■ un monumento que no puedes dejar de visitar. Las señales de la concha muestran la ruta por la calle Mayor, donde ■ el Ayuntamiento de Alicante, un edificio del siglo XVIII que se encuentra donde antes ■ la antigua Casa de la Ciudad.

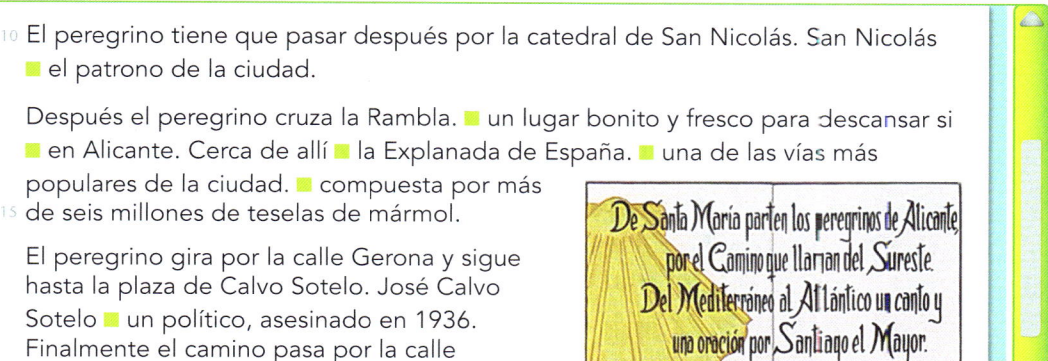

10 El peregrino tiene que pasar después por la catedral de San Nicolás. San Nicolás ■ el patrono de la ciudad.

Después el peregrino cruza la Rambla. ■ un lugar bonito y fresco para descansar si ■ en Alicante. Cerca de allí ■ la Explanada de España. ■ una de las vías más populares de la ciudad. ■ compuesta por más
15 de seis millones de teselas de mármol.

El peregrino gira por la calle Gerona y sigue hasta la plaza de Calvo Sotelo. José Calvo Sotelo ■ un político, asesinado en 1936. Finalmente el camino pasa por la calle
20 Maisonnave donde ■ un gran centro comercial.

b. Buscad los monumentos del texto en un mapa. `80023-03`

c. Volved a leer el texto y mirad cómo se describe el camino del peregrino. Dibujad el camino en el mapa.

d. Describe el camino entre la Explanada de España y el Mercado Central. `+ayuda` p. 149

e. Buscad otros tres monumentos y describid el camino con un/a compañero/a.

10 En Toledo – blog, días 3 y 4

Completa con la forma correcta de los verbos. ¡Ojo! Para algunas frases necesitas el presente de subjuntivo. `+ayuda` p. 149

■ (estar) en Toledo. Me ■ (gustar) mucho la ciudad y quiero que ■ (nosotros, pasar) más tiempo aquí. Espero que a los otros también les ■ (encantar) esta ciudad con todos sus lugares de interés. ■ (caminar) todo el día por el casco antiguo y ■ (escuchar) a un montón de guías. Qué gracioso, uno de ellos ■ (ser) también alemán, de Fulda. ¡ ■ (estar) cansadísimo! Os voy a mandar algunas fotos para que también ■ (vosotros, poder) disfrutar de Toledo. A ver si os ■ (gustar). Pero ¡qué mala suerte! Ahora no ■ (encontrar) mi móvil, ¡ojalá que no ■ (estar) todavía en el Alcázar! El profe nos ha dado tiempo libre para que ■ (nosotros, explorar) la ciudad por nuestra cuenta. Y a mí me ha tocado escribir el blog. ¡Uaaaaahhhhh qué sueño! Vale, hoy hemos empezado nuestro recorrido en …

CD
2·16

11   Blog, días 5,6,7: De Toledo a Ávila: "Si montas en bici eres mi amigo"

a. Escucha los tres textos.
Dibuja la tabla en tu cuaderno
y complétala con las informaciones
del CD.

Etapa	km	¿dónde duermen?
Toledo – Escalona	■	■
Escalona – Cebreros	■	■
Cebreros – Ávila	■	■

b. Escucha la audición una segunda
vez y responde las preguntas:
 p.159

1. ¿Qué papel tiene el padre de Carlos durante la excursión?
2. ¿Cuánto cuesta el alojamiento en los albergues de peregrinos?
3. ¿Por qué tienen que dormir los alumnos en tiendas de campaña el segundo día de su excursión?
4. ¿Qué aprendes sobre Adolfo Suárez?
5. ¿Qué le pasó a Sofia el tercer día? ¿Ella puede continuar el viaje?

12   Día 8 – Un paseo por Ávila con Santa Teresa

Hoy hemos tenido una excursión especial por la ciudad Ávila.

Hola,

soy Santa Teresa. Nací en Ávila el 28 de marzo de 1515 y viví muchos
años en la ciudad. Juntos vamos a caminar por el Camino de Santiago
dentro de la ciudad. Al final os voy a invitar a probar las famosas Yemas
de Santa Teresa.

 a. Investiga quién era Santa Teresa de Ávila.

 **b.** Investigad algunos de los
sitios de interés de Ávila.

 c. Preparad una audioguía
para el Camino de
Santiago en Ávila. ¡La
guía es Santa Teresa!
Haced una pausa en los
sitios de interés y
describidlos. ¡Elegid por
lo menos tres!
+ideas p.159

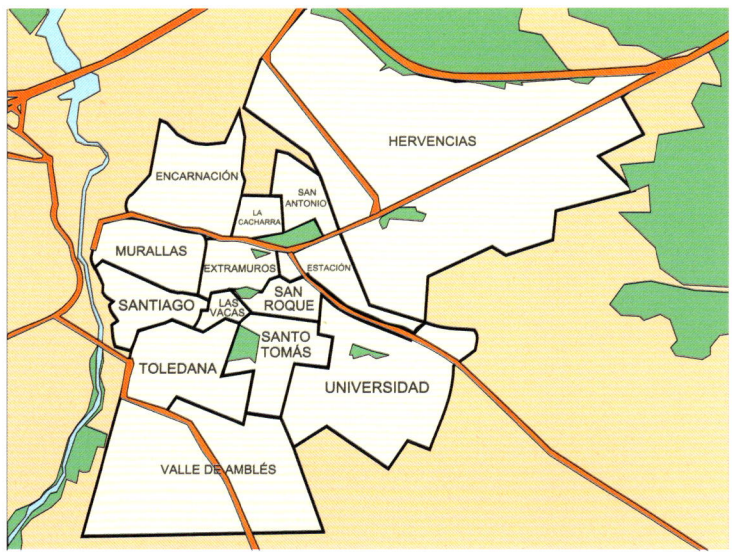

describir los sitios de interés de una ciudad

ser un museo de… / una iglesia /
un monumento / una estatua /
un edificio / un palacio / un castillo /
un mirador / el ayuntamiento …

estar ubicado/a en el centro /
en el casco antiguo /
en la parte moderna de la ciudad /
en las afueras de la ciudad

ser del año/siglo … •
el constructor • la construcción /
las instalaciones • ser público/privado •
ser un lugar turístico / lugar de ocio /
centro cultural •
ser de estilo románico/gótico/barroco/
mudéjar/árabe • medir (e → i) … metros
de altura • el pilar = la columna

13 Blog, días 9–12: Después de la tempestad viene la calma

a. Mira el programa y describe el camino desde Ávila a Santiago de Compostela.

El día … • ir desde … a … en/a … • la distancia es de … • hospedarse en … • el alojamiento es ….

Hola a todos,

son las cinco de la mañana y ya estamos en el autobús para ir de Ávila a Samos. A partir de ahora tenemos que ir a pie hasta Santiago de Compostela, y con todo nuestro equipaje. ¡Qué palo! Aquí podéis ver nuestro programa:

día	trayecto	kilómetros	alojamiento
9	Ávila – Samos Samos – Portomarín	393 km (en autobús, cuatro horas) – 33 km	albergue de Portomarin, muy limpio, amplio, nuevo
10	Portomarín – Palas de Rei	24 km	albergue Buen camino, muy céntrico y animado
11	Palas de Rei – Arzúa	29 km	albergue Santiago apóstol habitaciones amplias
12	Arzúa – Santiago de Compostela	30 km	Camping As Cancelas, bungalows para cuatro personas, piscina

La profe nos lee algunas leyendas sobre el Camino de Santiago. Aquí tenéis una de ellas sobre el lugar de nuestra partida, Samos. Nos vemos en Santiago de Compostela.

La Fuente de las Nereidas

En el Monasterio de Samos hay una fuente formada por cuatro extrañas figuras femeninas con cuerpo de serpiente y cabeza y pechos de mujer.

Como las figuras no eran adecuadas para estar en un lugar tan visible, un buen día la Iglesia ordenó desmontar la fuente y trasladarla a un lugar más discreto. Pero cuando iban a transportar las piedras, éstas aumentaron su peso. No había manera de moverlas. Así, tuvieron que reconstruir la fuente en el mismo lugar. Milagrosamente durante la reconstrucción las piedras recuperaron su peso original. Así quedó claro que la fuente pertenece a ese lugar.

b. Los abuelos alemanes de Daniel y Sofia también quieren saber de qué trata la leyenda de la fuente. Resúmela para ellos en alemán. M I-2.5

14 Día 13 – Llegando a Santiago de Compostela: el blog de Daniel

Lee el blog 80023-06 y resume la información sobre el final de la excursión de los amigos en tu cuaderno. ¿Qué cuenta Daniel sobre las especialidades gastronómicas de la región? Mira también el vídeo sobre el botafumeiro 80023-03. ¿Para qué se usaba en la Edad Media? Contesta las preguntas de Daniel.

15 Un caramelo para ti

El cantautor Nick Arandes, nacido en Puerto Rico, hizo el Camino de Santiago en agosto del año 2014. Escucha su canción "Canción del Peregrino – El Camino de Santiago de Compostela" 80023-03 y resume por escrito qué experiencias tuvo el peregrino durante su viaje, cómo se sintió y cómo el camino le cambió su vida.

El sueño de Daniel

1 La ciudad de las tres culturas

Ay … en Toledo Daniel había empezado a escribir el texto en el albergue cuando se quedó dormido. Ahora tiene que terminar la descripción del recorrido. ¡Ayúdale!

Mezquita del Cristo de la Luz

Sinagoga del Tránsito

Museo del Greco

Catedral

Plaza Zocodover

Alcázar

Mirador del Valle

Puente de San Martín

1. Mirador del Valle — disfrutar de la vista panorámica

2. Puente de San Martín — río Tajo — entrar al centro

3. Sinagoga del Tránsito — museo de la historia judía en España

4. Museo del Greco — pinturas

5. Mezquita del Cristo de la Luz — siglo X

6. Plaza Zocodover — tiempo libre

7. Catedral Santa María de la Asunción — subir a la torre

8. Alcázar — museo, biblioteca

a. Relaciona los apuntes de Daniel con las fotos. Si no estás seguro/a, busca informaciones sobre el tema en el internet.

  b. Termina el blog de Daniel sobre el día en Toledo (p. 99) Utiliza las formas del pretérito perfecto.

B El sueño de Daniel

2 El hombre dormido no sabe que sueña. El hombre que sueña no sabe que está dormido. +ideas p.159

CD
2·17

Toledo, 14 de agosto de 1270. Me voy a presentar. Soy Daniel el Alemán, monje benedictino del monasterio de Fulda. Ya había escuchado mucho sobre la Escuela de Traductores de Toledo antes de mi salida de Fulda y por eso fui a Castilla. Delante de mi se
5 encuentra Toledo. Desde el mirador disfruto de una vista panorámica sobre toda la ciudad. ¡Es una maravilla! ¡Por fin he llegado! Había ido a pie durante casi tres meses y aproximadamente 1600 km antes de llegar a las montañas de los Pirineos. Luego, para llegar a Burgos había caminado por la
10 ruta comercial "Vía Regia" que desde hace más de 1000 años conecta a la Europa oriental con la occidental.

a. Mira el mapa de la ciudad de Toledo en la Edad Media 80023-03 y describe por escrito lo que ve Daniel el Alemán desde el mirador.

- la muralla de la ciudad
- la Atalaya – una torre para poder ver quién se acerca a la ciudad
- la Puerta de la ciudad
- la sinagoga
- la mezquita
- la iglesia

b. Investiga sobre el Toledo actual.

c. Compara la ciudad a la que acaba de llegar Daniel el Alemán con la ciudad de Toledo hoy en día. ¿Qué piensas que tienen en común y cuáles son las diferencias? +ayuda p.149 Primero rellena la tabla con tus apuntes, luego redacta un texto con ayuda de las estructuras que encuentras a continuación.

Toledo medieval	Toledo actual
La ciudad (p. ej. barrios, edificios e instalaciones, medios de transporte, número de habitantes) • mezquitas, sinagogas e iglesias • menos habitantes • calles estrechas …	La ciudad (p. ej. barrios, edificios e instalaciones, medios de transporte, número de habitantes) • teatro, cine …

Caja de herramientas

Antes Toledo tenía … pero hoy en día … • La ciudad actual es más/menos … • Me parece que antes había … mientras que hoy en día … • En la Edad Media (no) había … • … ya no / todavía existe …

d. En el texto anterior encuentras un nuevo tiempo del pasado, el pluscuamperfecto. Búscalo y explica cómo se forma. ¿Lo conoces en otros idiomas? ¿Sabes cuándo se usa?
Ch 2 p.110   G 2.2

80023-04

3 El Puente de San Martín

a. Lee la leyenda y escribe las frases con las formas correctas de los verbos en el pretérito pluscuamperfecto en tu cuaderno.

CD
2·18

L legó a Toledo un joven que era considerado como uno de los mejores constructores del reino. Vino acompañado de su esposa. El arzobispo de la ciudad, Tenorio, le encargó al joven la tarea de construir un puente sobre el río Tajo con un gran arco central y otros dos más pequeños a cada uno de sus lados.

5   El constructor empezó a trabajar. Día tras día salía muy temprano de su casa y no regresaba antes de la puesta del sol. Casi ■ (terminar) la obra, cuando se encontró con un enorme problema: Al comprobar el estado de la obra ■ (poder) observar como por un error en los cálculos de construcción, el gran arco central estaba desviado.

El constructor le dijo a su mujer: „El puente se va a caer en el río.“ Ella contestó: „Acuéstate y no
10   te preocupes. Todas las cosas tienen solución.“ Era una noche de tormenta. Antes de salir de la casa la mujer ■ (coger) una antorcha empapada en aceite y con ella prendió fuego al puente.

A la mañana siguiente toda la gente del pueblo decía que un rayo de la tormenta ■ (quemar) el puente. Ese mismo día el arzobispo Tenorio volvió a encargar al joven la construcción del puente. Entretanto, el corazón y la cabeza de la joven esposa no podían descansar. Un día se presentó
15   ante el arzobispo y le contó la verdad sobre el incendio. El arzobispo entendió que la joven ■ (actuar) por amor a su esposo. La perdonó y juró guardar para siempre el secreto.

b. Convierte la leyenda en un cómic. Puedes añadir algunas informaciones. Presenta el cómic a tus compañeros/as en la clase. +ayuda p.150

4 Perdido en los callejones de la ciudad

a. ¿Qué pensáis: qué va a experimentar Daniel en la Toledo medieval? Inventad cada uno/a una historia y presentadla en el grupo. Evaluad la presentación de vuestros/as compañeros/as de grupo M II-2.1 . Luego elegid la historia más creativa y/o divertida y presentadla a la clase.

b. Mira los dibujos y cuenta qué había hecho Daniel antes de encontrarse con Álvaro de Toledo. Utiliza las formas del pretérito pluscuamperfecto. Utiliza los conectores antes de, primero, al principio, anteriormente.

Modelo: Antes de encontrarse con el monje Daniel había … luego ….

> ¿Es una mezquita? ¡Se ve muy diferente a mi monasterio en Fulda! Pero creo que ya la había visto antes … Hmmm ¿¿no es un museo?? ¡Qué fachada ornamentada tan bonita!

> ¡Qué olores más extraños, pero ricos! ¡Tantas frutas, verduras y especias orientales! No sé cómo se llaman, ¡en Fulda no los tenemos!

> ¡Qué sinagoga tan grande y hermosa! Creo que al fondo está la zona de estudio.

> Perdone, hermano fraile, ¿dónde está la Escuela de los Traductores? Parece que me he perdido en esta ciudad tan grande.

> Parece que la catedral todavía está en obras, ¡pero se va a ver espectacular!

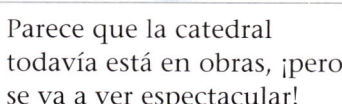

> Debe ser la Judería de Toledo …
> ¡Qué bonitas mercancías! ¡Son muy buenos joyeros, los judíos!
> Me gusta mucho la ropa que fabrica el sastre. Pero bueno, no es para mí, soy monje …

> ¡Bienvenido, fraile! Soy Álvaro de Toledo. Tiene suerte: yo soy de aquí y conozco muy bien la ciudad, además trabajo allí. Puedo ser su guía.

c. Explica por qué Toledo se llama la Ciudad de las tres culturas. ¿De qué culturas se trata? Completa la tabla.

cultura:	cristiana	…	…
elementos:	…	…	
			sinagoga

d. ¿Qué pensáis, por qué Daniel no conoce las frutas, verduras y especias que se ofrecen en el mercado árabe? ¿Tenéis una idea, qué mezquita le parece conocida a Daniel? Presentad vuestras ideas.

5 En la Escuela de Traductores

Álvaro: Mira Daniel, esta es la Escuela de los Traductores. Alfonso VI fundó esta institución en 1085, pues era necesario traducir los escritos de las culturas que habían vivido allí antes de la Conquista. En Toledo convivían pacíficamente cristianos, judíos y árabes bajo el dominio de los árabes. El nuevo rey cristiano respetó la convivencia y así comenzó uno de los períodos más florecientes de esta ciudad. Lo que encuentras aquí es un ambiente de tolerancia.

Daniel: ¿Qué textos tienes que traducir?

Alvaro: Con los árabes llegaron muchos escritos árabes a nuestra península, también judíos y griegos. Se trata en primer lugar de textos filosóficos, teológicos, astronómicos, médicos, matemáticos y científicos. El poder cristiano desea ese conocimiento pero no saben leer los textos árabes, griegos o hebreos y por eso decidieron dejar traducir las obras al latín y castellano.

Daniel: Pues, ¡suena complicado con tantos idiomas! Entonces, ¿cómo está organizado el trabajo?

Álvaro: Trabajamos en equipo. Por ejemplo: Un traductor judío o mozárabe[1] traduce los textos en árabe, griego o hebreo al castellano oralmente, y luego esa versión se traduce al latín. El castellano es el puente lingüístico entre el árabe y el latín. ¡Qué bien que lo sepas hablar casi a la perfección! Ven, te voy a presentar a los otros traductores. Tenemos por aquí sabios de toda Europa. Hay ingleses, italianos y mira, aquí te presento a otro alemán, Hermann el Croata.

a. Lee el diálogo y contesta por escrito las siguientes preguntas (frases completas):

1. ¿En qué año se fundó la Escuela de Traductores?
2. ¿Qué se dice sobre la vida en Toledo antes de la Reconquista?
3. ¿Qué textos se traducen en la Escuela de Traductores?
4. ¿Cómo se organiza el trabajo en la Escuela de Traductores?
5. ¿De qué lenguas se traducen los textos al castellano?
6. ¿A qué idioma(s) se traducen los textos del castellano?
7. ¿Qué se dice sobre el papel de la lengua castellana?
8. ¿Qué dice Álvaro sobre los conocimientos de castellano de Daniel?
9. ¿De qué países vienen los sabios de la Escuela de Traductores?

CD
2·20

b. La Escuela de Traductores de Toledo en la actualidad: Escucha la audición y contesta por escrito las siguientes preguntas: +ayuda p. 150

1. ¿A qué institución pertenece la Escuela de Traductores de Toledo hoy en día?
2. Apunta el nombre del edificio y de la plaza donde se encuentra la escuela.
3. Nombra tres proyectos actuales de la Escuela de Traductores.
4. ¿Qué se dice sobre el número de alumnos y personas interesadas en el trabajo de la institución?
5. Apunta un ejemplo de un curso "a la carta".

6 Una audiencia con el Rey Alfonso

¡Me va a recibir el rey! Pero parece estar ocupado, dice Álvaro que está trabajando en su libro, la primera Historia General de España en castellano. ¡Ya viene! ¡Qué emoción!

Su Majestad
Alfonso X,
Rey de Castilla y León,
se complace en invitar al
Fraile Daniel el Alemán
a una velada literaria
en la Casa Real

a. Lee la información sobre Alfonso X y escribe su biografía. +ayuda p. 151

Alfonso X de Castilla y León ("el Sabio")
(Toledo, 23.11.1221–Sevilla, 04.04.1284)

- el 26 de diciembre de 1246: boda con Violante de Aragón, tiene con ella 11 hijos
- continuar con la reconquista del territorio árabe
- llevar a cabo reformas de la moneda y de hacienda
- poeta, escribir poemas en castellano
- conocimientos profundos de astronomía, ciencias jurídicas, historia e interés por las diversas áreas del saber
- continuar con la Escuela de Traductores de Toledo
- bajo su poder: uso del castellano en todos los documentos oficiales (antes: uso del latín)
- Hasta ahora sólo se puede leer sobre la historia de la península en documentos en latín.
- iniciativa para escribir la primera Historia General de España, activa colaboración

b. Inventad un diálogo entre el rey y Daniel. ¿De qué hablan? Presentadlo en la clase. +ayuda p. 151

7 A veces es mejor vivir en los sueños que despertar y volver a la realidad

CD 2.21

Álvaro: Daniel, Daniel, despiértate. Mira, te llaman. Encontramos tu móvil en la mochila de María. Tenemos que irnos ya, ¡llevas 12 horas durmiendo! No logramos despertarte.

5 **Daniel:** Enseguida, Álvaro de Toledo. ¿Mi móvil? ¡Lo tiene el rey Alfonso!

Álvaro: ¿Qué te pasa, Daniel? ¡Levántate! Dentro de una hora tenemos que partir en bicicleta hacia Ávila. ¡Álvaro de Toledo! Tssss … parece loco el tío …

10 **Daniel:** Jaja, qué sueño más extraño, ahorita te cuento …

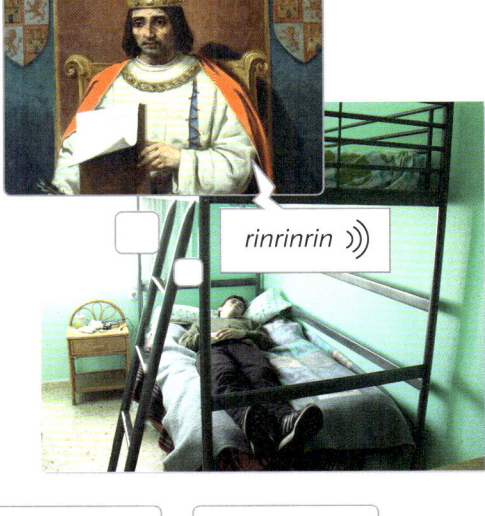

rinrinrin))

Ponte en el lugar de Daniel y cuéntale a Álvaro lo que has soñado. Fíjate que has soñado con estar en el Toledo medieval. **+ideas** p.159

Quise … para trabajar en …

Era … de …

Después … luego …

8 Una postal de papá

80023-04

Hola mis queridos hijos, de nuevo estoy en Cuba y acabo de leer el blog sobre vuestra excursión. ¿Sabéis que también en otros países la gente tiene sus santos y peregrina? Un ejemplo es la historia del Cobre y de la Virgen de la Caridad, patrona de Cuba. En el siglo XVII la imagen de la Virgen de la Caridad aparecía muy a menudo en los alrededores de las minas del cobre cerca de Santiago de Cuba. Por eso los mineros construyeron en aquel lugar una iglesia que se convirtió en el centro de peregrinaje más importante de Cuba. Fue declarado Monumento Nacional. El autor estadounidense Ernest Hemingway, quien había vivido muchos años en Cuba, entregó su medalla del premio Nobel al Cobre. Lo hizo en reconocimiento al pueblo cubano, inspirador de su obra "El viejo y el mar".
Espero que nos veamos pronto y ya me alegro de escuchar vuestros relatos,
Os quiero,
Papá

Busca en la red información sobre un santuario latinoamericano, por ejemplo en México (Nuestra Señora de Guadalupe), Chile (Nuestra Señora del Carmen) o en Argentina (Nuestra Señora de Luján).

1   Perífrasis verbales

Verbalperiphrasen bestehen in der Regel aus zwei Verben und drücken den Anfang, den Verlauf oder das Ende einer Handlung aus. Für die Bildung einiger Periphrasen wird außerdem eine Partikel benötigt.

Anfang		
empezar a + inf. comenzar a + inf. ponerse a + inf.	beginnen etwas zu tun anfangen etwas zu tun beginnen etwas zu tun (nur für Personen)	Empieza a llover. Ellos comienzan a caminar. Daniel se pone a hablar.
Verlauf		
estar + gerundio empezar/comenzar + gerundio ir + gerundio seguir/continuar + gerundio quedarse + gerundio llevar + gerundio	Verlauf der Handlung Verlauf der ersten Handlung etwas immer noch/weiterhin tun regelmäßig stattfindende Handlung / Handlung, die gerade abläuft Fortdauern einer Handlung Andauern einer Handlung von der Vergangenheit bis jetzt	María está comiendo. La profe comienza/empieza explicando la ruta. Vamos entendiendo poco a poco. Ellos siguen caminando. Me quedo caminando un rato. Llevo casi 4 años estudiando el español.
Abgeschlossenheit		
acabar de + infinitivo dejar/parar/terminar de + infinitivo	(kürzlicher) Abschluss eines Prozesses aufhören, etwas nicht mehr tun	Acabo de escribir el texto. Dejo/paro/termino de estudiar la gramática.

2   Hablar del antepasado

El pretérito pluscuamperfecto ¡Ojo con las formas irregulares!

imperfecto de haber		participio
yo había nosotros habíamos	+	hablado
tú habías vosotros habíais		aprendido
él había ellos habían		vivido

El pretérito pluscuamperfecto sirve para expresar la anterioridad de un hecho pasado respecto a otro también pasado.

🇬🇧 past perfect   🇩🇪 Vorvergangenheit/Plusquamperfekt

Ejemplo: No fui al cine porque ya **había visto** esa película.

Tus retos, paso por paso 80023-05 + Autocontrol

Tu reto 1

Presenta una ruta del Camino de Santiago: ¿Cuántos kilómetros tiene? ¿Dónde empieza y dónde termina? Incluye informaciones sobre algunas ciudades y lugares de interés que se encuentran en esa ruta.

Paso 1: Decide cómo quieres presentar la ruta: con una presentación de power point o en forma de un cartel, folleto o una guía turística.

Paso 2: Busca en internet, en libros o guías turísticas información sobre las rutas y escoge una. Elige una o dos ciudades y uno o dos lugares de interés que se encuentran en la ruta.

Paso 3: Busca un título para tu presentación y haz una tabla de contenidos (por ejemplo: 1. Información general, 2. La ciudad ....).

Paso 4: La presentación debe ser interesante. Busca algunas curiosidades o cuenta las experiencias de otras personas (famosas) que hicieron esa ruta.

Paso 5: Al final revisa el vocabulario, la gramática y la ortografía. No olvides indicar las fuentes. Practica tu presentación.

Tu reto 2

Elige una leyenda española o de tu región y preséntala en clase. Puedes presentarla como un texto, como cómic o junto con un/a compañero/a / unos/as compañeros/as. También puedes ponerla en escena.

Paso 1: Elige una leyenda. Lo más fácil es escoger una leyenda que también exista en español. Puedes buscar el texto en internet o en libros. Para encontrar un texto fácil de leer te recomendamos buscar en páginas para niños o textos adaptados. Los especialistas entre vosotros también pueden elegir una leyenda en alemán u otra lengua y traducirla al español.

Paso 2: Elige la forma de presentar la leyenda:
   a) **Escribir un texto:** Resume el texto de tal manera que tus compañeros lo puedan entender. Si has elegido un texto en alemán u otra lengua, tienes que traducirlo. Haz una hoja de trabajo para los otros alumnos. Puedes hacer preguntas sobre el texto, ofrecerles un crucigrama, etc. En la hoja también puedes explicar algunas palabras nuevas. Añade una ilustración para hacer más claro el contenido.
   b) **Hacer un cómic:** Sigue los consejos de la página ...
   c) **Poner la leyenda en escena:** Tenéis que trabajar en parejas o en grupos, eso depende de la leyenda elegida. Primero tenéis que escribir un guion y repartir los papeles entre los participantes. Después hay que practicar la obra de teatro. Tened en cuenta los accesorios que vais a necesitar. Podéis actuar en vivo o hacer un vídeo de la actuación en casa.

Información personal

Nombre / Apellido	**Claudia Dörfler**
Dirección:	Droste-Hülshoff-Straße 123
Teléfonos:	0049 211 1234567
	Móvil: 0049 176 0123456
Correo electrónico:	c.doerfler@gmx.de
Nacionalidad:	Alemana
Fecha de nacimiento:	19 de agosto de 2004

Educación y formación

Fechas	2015 –
Nombre del centro de estudios	I.E.S. Goethe-Gymnasium

Capacidades y aptitudes personales

Idiomas	Alemán (lengua materna), Inglés (nivel avanzado), Español (conocimientos básicos)

Hacemos unas prácticas

Capítulo

6

1. ¿Describe las fotos. ¿Qué tipo de prácticas están haciendo los alumnos?
2. ¿Dónde te gustaría hacer prácticas?
3. ¿Ya sabes en qué quieres trabajar después del bachillerato?
4. ¿Ya has pensado en hacer unas prácticas en el extranjero? ¿Cuáles podrían ser las ventajas/desventajas? Hablad en parejas.

¿Qué pasa aquí?

Claudia, la prima de Sofía y Daniel, decide hacer sus prácticas obligatorias del insti en Madrid. Por eso, pide ayuda a Sofía y Daniel.

Pronto vas a saber

- hablar de tus puntos fuertes y tus puntos débiles
- entender anuncios de trabajo y presentarte
- hablar del futuro usando el futuro simple
- expresar condiciones reales
- describir cuadros
- escribir una carta de presentación
- el uso del presente de subjuntivo en frases subordinadas relativas

Revisas

- el uso del presente de subjuntivo
- los adverbios
- los adjetivos para desciribir a personas
- el uso de ser y estar
- la carta formal

Tus retos

1. Presenta con tu compañero/a una entrevista (practicante / jefe/a).
2. Planifica un viaje a Madrid.

trabajar como …
   mecánico/a,
   (mujer) policía,
   bombero/a,
   médico/a,
   veterinario/a,
   enfermero/a,
   farmacéutico/a,
   político/a,
   cocinero/a,
   abogado/a,
   músico/a,
   ingeniero/a,
   arquitecto/a,
   profesor/a,
   dentista,
   artista, …
trabajar en …
   una empresa,
   un taller,
   una agencia de
      turismo/
      marketing/
      eventos,
   una oficina,
   una fábrica de … ,
   un laboratorio, …

¡Unas prácticas en Madrid!

 ## ¿Qué tipo de prácticas me convienen?

CD
2·22–25

80023-01

Claudia llamó a sus primos Sofia y Daniel para pedirles ayuda. Quiere pasar sus vacaciones en Madrid y hacer allí sus prácticas escolares. La familia Dörfler piensa en lo que le podría gustar.

Hmm a ver … Claro, Claudia es una persona muy ambiciosa y valiente, por eso hace sus prácticas aquí en España y no en Alemania. Tengo que pensar en algún trabajo en el que pueda hablar inglés y alemán y así aprovechar sus conocimientos de las dos lenguas. Claro que es una persona alegre y encantadora pero de vez en cuando es demasiado modesta y a veces tímida. También puede ser cabezota e impaciente. Por lo general es una chica en la que se puede confiar, es muy honesta. Espero que encuentre unas prácticas interesantes.

Creo que sobre todo en España le resulta difícil ser tan abierta como en Alemania. Le aconsejo que sea un poco más extrovertida. Le gusta el contacto con las personas por tanto necesita unas prácticas en las que pueda trabajar en equipo pero también de forma autónoma. Sólo que cuando las cosas no salen como ella quiere se vuelve bastante caprichosa, pero creo que eso nos pasa a todos. Habla ya muy bien el español sólo que a veces no tiene confianza en sí misma.

Yo no creo que sea tan difícil encontrar unas prácticas para Claudia. Es una chica muy generosa y fiel. Daría todo por sus amigos y por sus primos, por supuesto. Mis padres la quieren mucho y siempre me dicen que tome ejemplo de ella. Ella es muy educada y comprensiva. Le gusta mucho viajar y conocer otros países. ¡Ojalá pueda ayudarle a encontrar algo!

Es muy trabajadora, flexible y sobre todo responsable. Siempre estudia mucho y tiene buenas notas en el insti. Además, sabe hablar tres idiomas y le gusta conocer nuevas culturas. Espero que aprenda mejor el español. Cuando se apasiona por alguna cosa la quiere hacer perfectamente. Hmm, pero por otro lado puede ser bastante soñadora y no es puntual para nada. A veces está en las nubes, una verdadera artista. Claro que le encanta el arte …

1   ¿Cómo es Claudia?

a. Relaciona los adjetivos a la derecha de la tabla con las definiciones a la izquierda y con las personas. ¿Qué piensan ellos? ¿Cómo es Claudia?

casi siempre llega tarde	generoso/a
dice siempre la verdad	cabezota ♀♂
no se siente más que los demás, no busca ser el centro de atención	valiente
	modesto/a
se atreve a probar cosas nuevas	honesto/a
se pone de mal humor de un momento a otro	impuntual
tiene ideas fijas	caprichoso/a
es comprensiva con otros si le cuentan sus problemas	extrovertido/a
comparte todo con sus amigos	ambicioso/a
se puede confiar en ella	impaciente
está en las nubes	soñador/a
no tiene confianza en sí misma	fiable
estudia/trabaja mucho para lograr algo en la vida	comprensivo/a
habla sinceramente de sus pensamientos y sentimientos	no seguro/a de sí mismo
no le gusta esperar	

Daniel	Sofia	madre	padre
…	…	…	no es puntual / es impuntual

b. Formad frases según el modelo relacionando los adjetivos con las descripciones.

Modelo: Daniel piensa que Claudia es impuntual porque siempre llega tarde.

c. Encontrad una descripción para estos adjetivos: tímido/a, alegre, encantador/a. **M** I-4.6

2   Las dos caras de Claudia

Claudia tiene algunos rasgos de carácter positivos pero también otros negativos. Completa la siguiente tabla con los adjetivos del texto y apunta en la otra columna el adjetivo contrario.

características positivas +	características negativas −
ambicioso/a valiente	vago/a miedoso/a

A

 ¡Unas prácticas en Madrid!

3 ¿Cómo eres tú?

a. Apunta como mínimo ocho adjetivos que te caractericen a ti y descríbete.

> Soy una persona ... pero a veces puedo ser también ... . Normalmente soy ... . De vez
> en cuando soy ... , en cambio ... , mientras que ... , cuando ... . Por lo general ... .

b. Pregunta a tu compañero/a de clase. ¿Cómo te describe él/ella? Luego descríbelo/a.

c. Elige a dos compañeras/os de clase y describe sus rasgos característicos de manera amable. Después adivinad de quién se trata.

4 ¿Soy aburrido o estoy aburrido?

Algunos adjetivos cambian su significado dependiendo si están acompañados del verbo estar o el verbo ser. Busca el significado adecuado y haz frases con cada uno de ellos. **M** II-1.2

Modelo:

ser	aburrido/a	langweilig sein
		≠
estar		gelangweilt sein

> La película es muy aburrida. Claudia y
> sus amigos estaban muy aburridos
> cuando la vieron.

ser	bueno/a, seguro/a, despierto/a, verde, dulce, listo/a, malo/a, rico/a	sicher sein ≠ überzeugt sein
		lecker schmecken ≠ reich sein
		guten Charakter haben ≠ gut schmecken
		süß sein ≠ süß schmecken
		aufgeweckt sein ≠ wach sein
		grün sein ≠ unreif sein
		bereit sein ≠ schlau sein
estar		schlechten Charakter haben ≠ krank sein

C 5 Un salón lleno de helado

a. Daniel trabajó en sus últimas vacaciones de verano. Para ayudar a Claudia, describió sus experiencias en su blog. Completa su texto con los adjetivos o adverbios adecuados. **+ayuda** p. 152

> bueno • rápido • perfecto •
> increíble • útil • internacional •
> exacto • perfecto • gracioso •
> inolvidable • turístico

> ¡Hola prima 🙂!
>
> ¿Sabías que el verano pasado trabajé en una heladería cerca de casa? Fue una experiencia ■, pero también tuve que aprender ■ muchas cosas nuevas en poco tiempo para adaptarme ■ al nuevo trabajo.

Como es un barrio muy , vino mucha gente de otros países y ellos crearon un ambiente muy ■. Claro que con los alemanes podía comunicarme ■ en alemán ☺. Entonces le fue muy ■ al dueño del café. ¡Es ■ cuánto helado vendí! No lo sé ■, pero imagínate simplemente el salón de la casa de los tíos lleno de helado, ¡qué ■ ! ¡Espero que encuentres unas prácticas ■ para tí!

b. ¿Has hecho alguna vez unas prácticas o un trabajo de verano? ¿Qué hiciste y cómo te fue? Redacta un texto sobre tus experiencias, luego intercámbialas en pareja.

Caja de herramientas

Actividades y tareas en las prácticas escolares o trabajos de verano
repartir periódicos, hacer de canguro, trabajar en un supermercado / una tienda de ropa, pasear perros, trabajar de camarero / ser ayudante de cocina, repartir folletos, trabajar en una heladería, trabajar como vendedor/a de entradas, trabajar en una empresa / una agencia de viajes / de marketing

Describir las prácticas
ayudar a … , asistir en … , observar … , redactar … , diseñar … , evaluar …

---

6 Le deseo a Claudia que …

Daniel y Sofia hablan con su madre sobre anuncios que encontraron para Claudia. Rellena los huecos con la forma correcta del presente de subjuntivo o indicativo. +ayuda p.152

Madre: Chicos, ¿habéis encontrado anuncios de prácticas interesantes para Claudia? ¡Contadme, estoy ya muy curiosa!

Sofia: ¡Sí, mamá! Ya tenemos varios anuncios que le vamos a enviar esta tarde. Espero que le ■ (gustar) los que hemos elegido.

Madre: Sé que vosotros dos ■ (hacer) todo lo posible para ayudar a vuestra prima.
Creo que ella ■ (estar) bastante nerviosa. He hablado hoy con su madre por teléfono.

Daniel: ¿Ah, sí? Está claro que al principio se ■ (tener que) acostumbrar pero dudo que Claudia ■ (tener) problemas para integrarse.

Sofia: Jaja, ¡ya verás! Cuando tenga nuevos amigos en Madrid es probable que ya no ■ (venir) a vernos en Sevilla.

Daniel: ¡No! No creo que nos ■ (olvidar).

Sofia: ¡Era broma, tontito!

Madre: Supongo que vosotros ■ (querer) visitarla en Madrid, ¿verdad?

Daniel: ¡Claro que sí! ¡Ojalá ■ (poder) ir un fin de semana!

7 Esto es para Claudia

80023-04

Sofia y Daniel encontraron algunas ofertas que podrían ser perfectas para Claudia.

¿Te gusta la moda, eres una persona dinámica, involucrado/a en la moda y quieres conocer de primera mano las últimas tendencias? Pues eres la persona perfecta para trabajar en las tiendas **Cebra.**
apply@TiendaDeModa.com

¿Te gustaría hacer unas prácticas en uno de los museos más famosos del mundo? Buscamos guías para el MUSEO DEL PRADO en MADRID. Buscamos estudiantes o alumnos responsables que hablen inglés, alemán y español. Ven a la taquilla del museo para informarte.

Deutsche Schule Madrid

Buscamos un/a alumno/a con lengua materna alemán para hacer prácticas en el jardín de infancia del colegio alemán de Madrid. ¿Quieres aprender el español y al mismo tiempo enseñar el alemán a niños de 3–6 años? Envíanos tu currículum con tu último informe escolar y ¡ven a Madrid!

Recepcionista Zoo
Madrid, Parque Zoológico
Buscamos una persona en modalidad de prácticas para la recepción del Parque Zoológico. Su función será la atención telefónica a los visitantes en inglés y/o alemán y/o italiano.
Llámenos: 0034 4825 6890

Fanshop Real**madrid**
buscamos suplentes para los meses de verano. Se requieren conocimientos de inglés y alemán. Más información:
fanshop@real-madrid.com

¿Hablas inglés, alemán y español?
¿Quieres hacer unas prácticas en una oficina de turismo y acompañar a turistas de todo el mundo por Madrid? *Llámanos: 0034 98239494*

¡Mira mamá! Aquí se busca una persona que sea dinámica y que quiera conocer las últimas tendencias. ¡Es perfecto para Claudia!

Y el Prado busca a personas que hablen inglés, alemán y español. ¡Le conviene!

a. Forma frases subordinadas relativas usando el presente de subjuntivo. +ayuda p. 152 Ch 1 p. 130

Modelo: En el museo del Prado se buscan personas que (subjuntivo) y (subjuntivo).

b. Leed los anuncios y hablad en parejas sobre las competencias y conocimientos que se necesitan para hacer estas prácticas. Utilizad el vocabulario de la caja de herramientas.

Modelo: Para poder trabajar en una tienda de moda hay que tratar al cliente con amabilidad.

- ¿Qué piensas tú? ¿He olvidado algo?
- Sí, tienes razón, pero también se necesita ser … y tener …

80023-04

Caja de herramientas		
ser	comunicativo/a • creativo/a • flexible • una persona con don de gentes • organizado/a • dinámico/a • atento/a • responsable • detallista • sociable • aplicado/a	
tener	intuición • tacto • buena presencia • la capacidad de organización • paciencia • autoridad • flexibilidad • conocimientos de informática/ … • un buen nivel de idiomas (inglés, español …)	
	facilidad para	trabajos manuales/creativos/técnicos • idiomas/ informática … • organizar, entrar en contacto con la gente
ser capaz de	trabajar en grupo • improvisar • adaptarse • escuchar a los demás • convencer • trabajar bien en situaciones de estrés • tratar al cliente con amabilidad	
dominar	el inglés/… a nivel oral/escrito/ …	

c. ¿Qué piensas tú? ¿Cuál de estos trabajos sería el mejor para Claudia? Justifica tu respuesta basándote en las informaciones que te dieron los Dörfler sobre el carácter de Claudia.

Modelo: Claudia es una chica muy responsable y habla tres idiomas por eso podría trabajar en … . Como ella es … podría trabajar como/de … . Pero no es … así que creo que el trabajo como … no es nada para ella.

▌8   Unas prácticas perfectas

a. ¿Y tú? ¿Cuáles son tus competencias y conocimientos? ¿Cuáles serían unas prácticas ideales de acuerdo a tus aficiones? Justifica tu decisión.

b. Vais a una agencia de trabajo para buscar unas prácticas para ti. En pareja escribid el diálogo. Usad el presente de subjuntivo cuando sea necesario (p. ej. para dar consejos).
G 3.1

c. Crea un anuncio perfecto para ti y preséntalo en grupo. Elegid el mejor logrado y presentadlo en la clase. Los demás adivinan para quién es.

9 Le llamo para solicitar unas prácticas

Claudia llama a tres de las empresas para informarse si es posible hacer unas prácticas allí.

CD
2·26

a. 1. ¿A qué empresa llama Claudia?
2. Escucha otra vez y elige la respuesta correcta:

1. La señora en el teléfono dice que …
  a. ya tienen dos candidatos.
  b. Claudia puede hacer las prácticas con otros dos alumnos.
  c. todavía no han decidido nada.

2. También dice que …
  a. Claudia debe mejorar sus conocientos de español.
  b. ya habla bien español.
  c. sólo aceptan españoles que hablen también alemán.

3. Las prácticas duran …
  a. desde las ocho de la mañana hasta la una de la tarde.
  b. desde la una de la tarde hasta las cuatro de la tarde.
  c. desde las ocho de la mañana hasta las cuatro de la tarde.

4. ¿Qué piensa Claudia?
  a. Claudia ya tiene experiencia con este tipo de trabajo.
  b. Ella no sabe mucho de este trabajo.
  c. Ya tiene una experiencia de cuatro años.

b. Qué crees, ¿le interesan estas prácticas a Claudia? Justifica tu respuesta y discute con tu compañero/a.

 CD
2·27

c. Claudia llama a otra empresa. Después, su madre le pregunta cómo ha ido la llamada. Ponte en el lugar de Claudia y cuéntale en alemán los puntos relevantes. +ayuda p. 153

CD
2·28

CD
2·29

d. Aquí tienes las notas de Claudia para estar mejor preparada para la tercera llamada telefónica. Ponte en su lugar y responde las preguntas del empleado / de la empleada. La caja de herramientas de la página anterior y los elementos de las otras dos llamadas te pueden ayudar. Después escucha la llamada de Claudia. +ayuda p. 153

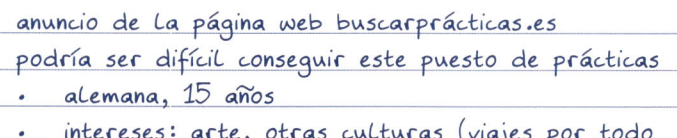

anuncio de la página web buscarprácticas.es
podría ser difícil conseguir este puesto de prácticas
- alemana, 15 años
- intereses: arte, otras culturas (viajes por todo Europa, muchos museos)
- responsable, trabajadora, flexible
- lenguas: alemán, español, inglés
- vacaciones empiezan en tres semanas
- puedo enviar mi CV

10 La carta de presentación

Finalmente Claudia decidió irse a Madrid y presentarse como candidata en la oficina de turismo.

Claudia Dörfler
Droste-Hülshoff-Straße 123
40210 Düsseldorf

Museo del Prado
Paseo del Prado s/n
28014 Madrid

24 de abril de 2019

Asunto: Prácticas en el Museo del Prado de Madrid

Estimado señor Rodriguez Berneau:

Soy alumna de 4º de ESO del instituto Heinrich Heine en Düsseldorf (Alemania) y quisiera expresarle mi interés en formar parte de su equipo de guías turísticas como practicante.

Desde hace cinco años aprendo español y conozco bien muchas ciudades españolas y lugares turísticos ya que parte de mi familia vive en Sevilla.

Después de terminar el bachillerato mi objetivo profesional va a ser trabajar en una agencia de viajes. Por eso, me gustaría tener un mayor conocimiento sobre la forma de operar de las oficinas de turismo.

Tengo experiencia laboral en este campo ya que trabajé como guía turística en Düsseldorf el año pasado. Acompañé grupos de turistas ingleses y españoles.

Soy una persona muy comunicativa, flexible y aplicada.

Sería un placer para mí poder presentarme personalmente.
Para ello, no dude en ponerse en contacto conmigo.

A la espera de sus noticias, le saluda muy atentamente

Claudia Dörfler

Adjunto: Currículum Vitae / Referencias del trabajo como guía

 a. Haz una red de vocabulario con expresiones que se utilizan para redactar una carta de presentación.

  b. Elige uno de los anuncios de la página 118 que te interese y escribe tu propia carta de presentación. **+ayuda** p. 154

B ¡A Madrid!

 1 ¡Madrid!

a. Mira el vídeo `80023-03` y responde las siguientes preguntas:

- ¿Cuántos habitantes tiene Madrid?
- ¿Cómo se llama uno de los lugares más representativos de Madrid?
- ¿Quién le regaló a España el Templo de Debod?
- ¿Qué es el Rastro de Madrid?
- ¿Dónde se encuentran los cines y teatros más famosos de la ciudad?
- ¿Dónde puedes escuchar las campanadas de fin de año?
- ¿Cómo se llama el parque más conocido de Madrid?
- ¿Qué se puede visitar en la residencia oficial de los Reyes de España?
- Madrid alberga uno de los museos más grandes del mundo. ¿Cómo se llama?

 **b.** Por lo que viste en el vídeo, ¿qué te parece Madrid? ¿Ya has estado / te gustaría ir allí alguna vez? ¿Qué sitios o monumentos te gustaría conocer? Habla con tu compañero/a y justifica tu respuesta.

el Prado

Puerta del Sol

Parque del Retiro

La Latina

Palacio Real

 A muchos turistas les encanta Madrid. Dejaron unos excelentes comentarios sobre la ciudad y sus lugares más visitados en una página web de viajes. Lee los comentarios y relaciónalos con las fotos.

CD
2 · 30–34

80023-01

Jorge

Opinión escrita el 20 de junio

¡Imprescindible!

Ya es la segunda vez que lo visito. Merece totalmente la pena visitarlo. El Palacio Real es la residencia oficial del rey de España. Actualmente lo utiliza para actos oficiales. ¿Sabías que es uno de los palacios más grandes del mundo? Alberga una gran cantidad de colecciones de pintura y escultura y los turistas pueden visitar partes del palacio. ¡Es impresionante! Seguro que voy a volver.

Carmencita

Opinión escrita el 12 de octubre

¡No te vayas sin verlo!

¡Es quizás el lugar más bonito de Madrid! El barrio La Latina está en pleno centro de la ciudad. Con sus calles de origen medieval, llenas de bares, restaurantes y tabernas muestra la auténtica vida española. Los fines de semana mola mucho con su espléndida vida nocturna. Además todos los domingos se puede pasear por el Rastro, el mercado más famoso de Madrid, que es al aire libre. ¡Es muy recomendable!

Diego López

Opinión escrita el 3 de agosto

¡Es un lugar mágico!

Para hacer una visita completa a Madrid, uno no se puede perder un paseo por el Parque del Retiro. Junto a los numerosos jardines con más de 18000 árboles se encuentra un lago precioso. Para los deportistas es un lugar ideal para correr o disfrutar la tranquilidad fuera del centro de la ciudad. ¿Sabías que antes era el parque privado del rey? Tener un parque de 125 hectáreas no está nada mal, ¿verdad?

Yesenia

Opinión escrita el 31 de enero

¡Visita obligada si vienes a Madrid!

La Puerta del Sol es una plaza famosa y al mismo tiempo el punto de encuentro más conocido del corazón de Madrid. Allí se encuentra la placa del kilómetro cero, que es el punto de partida de seis carreteras nacionales. Estas calles se extienden en forma de estrella por toda España. Además se puede ver el famoso reloj de la casa de Correos, que es donde los madrileños esperan cada año en Nochevieja las doce campanadas. Se reúnen en esta plaza y se comen las doce uvas, una con cada campanada.

Mercedes

Opinión escrita el 15 de septiembre

Como en otro mundo

Hemos visitado Madrid y el museo del Prado durante el mes de agosto. ¡Hacía demasiado calor! Pero es un sitio precioso y con su valiosa colección de más de 9000 obras para amantes de arte es irrenunciable. Yo visité el museo sin guía y me arrepentí. Sin embargo, aprendí que durante la Guerra Civil la gente intentó proteger las obras de los bombardeos con sacos de arena. Probablemente las obras más famosas son "El 3 de Mayo" de Goya y „Las Meninas" de Velázquez. No soy experta en arte pero ¡éstas son dos obras que vale la pena ver personalmente!

2   Así es Madrid

a. Busca las informaciones correctas en los textos anteriores y corrige las siguientes frases:

> 1. Desde su coronación en el año 2014 el rey Felipe y la reina Letizia viven en el Palacio Real.
> 2. A los madrileños no les gusta ir al barrio La Latina.
> 3. La Latina es un barrio muy moderno. Se construyó hace cien años.
> 4. El Parque del Retiro es el parque privado del rey pero el fin de semana está abierto al público.
> 5. Desde la placa del kilómetro cero se extienden seis grandes calles por Madrid.
> 6. El reloj más grande de España se encuentra en la Plaza del Ayuntamiento.
> 7. Desafortunadamente no hay guías en el Prado así que te tienes que informar bien antes de viajar a Madrid.
> 8. El Prado no es recomendable porque sólo tiene dos obras famosas. Es mejor ir al museo Reina Sofía.

b. Mira otra vez las fotos de la página 122 y explica a tu compañero/a qué se puede hacer en Madrid utilizando la información de los comentarios. +ideas p. 159

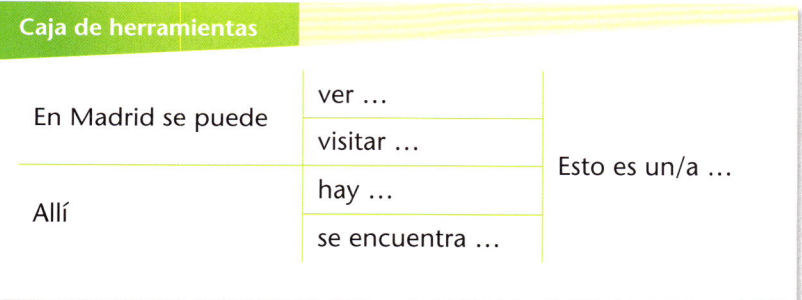

Caja de herramientas		
En Madrid se puede	ver …	Esto es un/a …
	visitar …	
Allí	hay …	
	se encuentra …	

c. ¿Cómo se dice en español … ? Busca en el texto de la página 123.

> unverzichtbar • empfehlenswert • prächtig/großartig • unumgänglich/unerlässlich • kostbar/wertvoll

3   ¡Imprescindible!

a. ¿Qué expresiones necesitas para escribir un comentario en esta página web? Completa las expresiones que encuentras en los comentarios sobre Madrid y encuentra más para hablar sobre una ciudad. +ideas p. 159

uno no se puede ■   vuelvo ■

■ totalmente la pena

no te ■ sin verlo

hablar sobre una ciudad

es una visita ■

esto ■ a miles de turistas cada año

b. Escribe un comentario largo y lo más informativo posible sobre tu ciudad para atraer a mucha gente. ¿Cuáles son los sitios más bonitos? ¿Qué se puede ver y hacer? Utiliza también las expresiones de tu mapa mental.

> además • también • hay que mencionar que • por un lado, por otro lado • cuando • mientras • para seguir • para concluir • al fin y al cabo

4 ¡Visítalo!

a. Lee las frases a la derecha. Explica qué parte de la frase está reemplazando el pronombre en negrilla. ¿Cuál es su posición en la frase? Formula una regla. `Ch 2` p.130

b. Rellena los huecos según los modelos:

> El museo Reina Sofia es impresionante. ¡Visíta**lo**!
> ¿Estás tomando unas fotos de la obra de Goya? – Sí, estoy tomándo**las**. / Sí, **las** estoy tomando.
> Los cuadros de Velazquez – ¡Tienes que ver**los**! / ¡**Los** tienes que ver!

> **(A)** Tienes que tomar un café en la Plaza Mayor. Es muy rico. – ¡Vale, voy a **tomarlo**!
> ¡Puedes ver un partido del Real Madrid! - No tengo tiempo, no puedo ■.
> Puedes comprar una camiseta de Iker Casillas. – ¡Quiero ■ enseguida!

> **(B)** Prueba el cocido madrileño. ¡Porfa, **pruébalo**!
> Ve a ver la Estatua del Oso y del Madroño. ¡ ■ primero!
> Cómprate unos billetes abono del metro. ¡ ■ ! Es más barato.

> **(C)** Estoy buscando el punto cero en la puerta del sol. – Estoy **buscándolo** desde hace mucho tiempo.
> El guía está haciendo excursiones fuera de Madrid. – El guía está ■ a menudo.
> Nosotros escribimos tarjetas postales a nuestras familias. – Nosotros estamos ■ rápidamente.

5 ¡Vámonos al Prado!

Claudia está ya muy emocionada con poder trabajar de guía en el Prado, ¡le encanta el arte! Para prepararse estudia la página web del museo.

a. Buscad la página web del museo del Prado y encontrad la información para contestar las siguientes preguntas:

- ¿Cuál es el nombre oficial del Prado?
- ¿Cuándo fue fundado?
- ¿Cómo se llama el arquitecto que lo construyó?
- En el Prado encuentras obras de los mejores pintores españoles. Nombra al menos tres de ellos y el nombre de una obra de cada uno.
- ¿Cuánto cuesta la entrada para vosotros/as?

b. Mira las obras maestras del Prado, uno de los museos más famosos del mundo. `80023-03` ¿Cuál te gusta más o te llama más la atención? Imprímela.

c. Presenta a tus compañeros/as la pintura con su nombre, el nombre del pintor y de qué año es. M I-4.4

	una imagen	una naturaleza muerta
Se trata de	un cuadro (abstracto)	un paisaje
	un retrato (de busto/de cuerpo completo)	un mural
	un autorretrato	pintura al óleo/a la acuarela/al pastel

Justifica tu opinión acerca de la obra. Si no te gusta ninguna de las obras, di por qué.

(no) me gusta (nada) / (no) me llama mucho la atención por ...

 d. 80023-03 Mira el vídeo y relaciona los nombres con los personajes retratados. Luego describe la composición de la pintura „Las Meninas" usando las herramientas.

la infanta Margarita   Isabel de Velasco   el mastín

Nicolasito Pertusato   la enana Mari Bárbola

Los reyes   María Agustina Sarmiento de Sotomayor

Caja de herramientas

los colores, contrastes y la técnica de pintura/dibujo	**la manera de pintar al / a la protagonista**
los colores vivos/más bien oscuros/ acuarelas/pinceladas	la expresión de la cara (alegre/triste/ gallardo/a/estricto/a …)
el juego de luz y sombra	la fisionomía/apariencia ((des-) agradable …)
	la postura (desgarbado/a / erguido/a …)

la composición

| En primer plano
En segundo plano / al fondo
En el centro / en el medio
A la izquierda del todo … | hay
se encuentra(n)
aparecen
se puede(n) ver | varias personas
el/la protagonista
edificios/árboles … |

Los personajes se agrupan en … • La parte central la ocupa …

 e. Claudia ha encontrado esta descripción del cuadro Las Meninas `80023-03`. Le encanta el cuadro así que les cuenta a sus padres en alemán lo que dice sobre … `+ideas` p. 159

- la importancia de la pintura
- la función de la luz y del espejo como pieza clave de la pintura
- las dos teorías sobre lo que significa la escena.

 f. Elige tu cuadro favorito del Prado y descríbelo. `+ideas` p. 159

 **6 ¡Ven a Madrid!**

Elegid en grupo un sitio de interés de Madrid. Preparad una presentación para una feria de turismo: Diseñad un cartel que dé información sobre el lugar y anime a los visitantes a visitarlo. Redactad un texto para la presentación, practicadlo. Luego haced un Gallery Walk.
M II-2.2.8

CD 2·35

7 ¿Cómo serán?

> ¡Estoy muy emocionada! Dentro de poco tiempo ya iré a Madrid para empezar mis prácticas. No sé cómo será pero estoy segura que si me esfuerzo mucho, todo irá bien … Claro que extrañaré a mi familia y a mis amigos, pero muy pronto tendré amigos madrileños. Hm … ¿el idioma? Pues, mejoraré mi español rápidamente. Seguro que me apoyarán en el trabajo, será una nueva experiencia hacer unas prácticas en el extranjero y estar sin mis padres, pero vale, un día nos iremos todos de casa, ¿no? Lo único malo es que no podré visitar a mi familia espontáneamente. Pero de todas maneras me visitarán en la tercera semana. Entonces, ¡a vivir mi nueva experiencia!

 a. Lee lo que piensa Claudia antes de irse a Madrid. Encontrarás un nuevo tiempo de futuro, el futuro simple. ¿Cuáles son las terminaciones? Completa la tabla:

b. Fíjate en los verbos en futuro simple e identifica los verbos regulares e irregulares. ¿Cómo se forma? `Ch 3` p. 130 `G` 2.3

yo	■
tú	■
él, ella, usted	■
nosotros/as	■
vosotros/as	-éis
ellos/as, ustedes	■

c. Ya se acercan las vacaciones. ¿Cómo serán y qué harás? Redacta un e-mail para los mellizos sobre tus planes para el verano. ¡Ojo! En las chuletas encuentras todos los verbos que son irregulares en futuro simple. `Ch 3` p. 130 `G` 2.3

 **d.** En grupo presentad cada uno/a vuestros planes para las vacaciones.

8 Si me esfuerzo, todo irá bien.

 a. El título de este ejercicio es un ejemplo de una frase condicional real. Formula una regla sobre cómo se forman las frases con una condición real. `Ch 4` p. 130 `G` 3.3

La frase subordinada empieza con .... En ella se usa .... En la frase principal se usa ...

 b. ¿Qué hará Claudia en Madrid? Relaciona las frases y conjuga los verbos en la forma adecuada.  p. 154

Si (llover)	(entrar) en una cafetería y (tomar) un café.
Si (hacer) buen tiempo	(poder) salir con ellos el fin de semana.
Si (tener) bastante tiempo	(pedirles) hablar más despacio.
Si (gustar) las prácticas	(visitar) a mi familia en Sevilla.
Si (llevarse bien) con los colegas	(viajar) un poco por España.
Si me (quedar) dinero	(tener) mejores notas en el cole.
Si el jefe (ser) simpático	(invitarlos) a Düsseldorf.
Si (aprender) mejor el español	(ir) al Parque del Retiro.
Si (encontrar) nuevos amigos	(informarse) más sobre esta profesión.
Si (no entender) a las personas	(preguntarle) si es posible hacer otras prácticas.

9 ¿Cómo te fue?

  Claudia regresó a Alemania. En la clase de español su profe le pidió redactar un informe sobre sus prácticas. Rellena los huecos con la forma adecuada del presente, pretérito indefinido o pretérito imperfecto como sea necesario. +ayuda p. 155

Mis prácticas en el Museo del Prado de Madrid

El museo del Prado ■ (ser) uno de los museos más conocidos en el mundo. Cada año ■ (ir) allí entre dos y tres millones de turistas y amantes del arte. Yo ■ (tener) la oportunidad de ser parte de ese equipo que se ■ (dedicar) con pasión a mostrar la enorme cantidad de arte que
₅ ■ (encontrarse) allí.

El museo normalmente ■ (estar) abierto desde las diez de la mañana hasta las ocho de la tarde. De hecho, yo ■ (trabajar) en dos turnos o por la mañana hasta las tres de la tarde o a partir de las tres de la tarde hasta la hora del cierre del museo. Mis prácticas ■ (durar) tres semanas y cada semana ■ (tener) otra área de responsabilidad.

10 Antes de empezar las prácticas ■ (estar) muy nerviosa. No ■ (saber) si ■ (ir) a llevarme bien
con los colegas pero en realidad todo ■ (estar) genial. El primer día un colega, Juan, me
■ (enseñar) algunas partes del museo pues ■ (ser) grandísimo así que no se ■ (poder) ver todo
en pocas horas. Todos ■ (ser) muy amables conmigo y ■ (tener) mucha paciencia aunque yo
no ■ (entender) ni jota. Creo que en general ■ (ser) más fácil entender a los madrileños

15 porque no se ■ (comer) las sílabas como los sevillanos.

La primera semana ■ (trabajar) en el guardarropa. En la segunda semana ■ (tener que)
acompañar a otros guías que ■ (hacer) una visita guiada por el museo. Yo me ■ (encargar) de
los grupos alemanes. Si alguien ■ (tener) preguntas ■ (intentar) ayudarle. No siempre ■ (ser)
posible con toda la información que ■ (tener que) recordar.

20 En la tercera semana ■ (ayudar) con la venta de los billetes de entrada. Es increíble cuanta
gente ■ (venir) de diferentes países.

Para resumir, se ■ (poder) decir que mis prácticas en el museo del Prado ■ (ser) una experiencia
extraordinaria. Gracias a los profes del colegio en Düsseldorf que ■ (hacer) posible esto.

Claudia Dörfler

10 Un caramelo para ti

El padre de Claudia está ansioso por visitar a su hija en Madrid e ir a un partido de su equipo
favorito: ¡Real Madrid! Claudia le enseña el himno del equipo para que vaya bien preparado.
¡Escucha y canta con ellos! `80023-03`

11 Una postal del tío

`80023-04`

a. Lee la postal. ¿Dónde cree Gerald que se perderá la madre de Claudia en Madrid?

b. Investiga sobre los tres museos de arte
mencionados. ¿Cuál te gusta más?
Justifica tu opinión.

¡Hola, mi querida sobrina:
Te escribo desde Belice y claro que en español,
para que lo practiques ;—). Espero que te llegue
mi postal antes de tu viaje a Madrid. Te felicito
por tu decisión de hacer tus prácticas obligatorias
en el extranjero.
¡Esta experiencia hay que vivirla cuando eres joven!
Seguro que mi hermano te visitará para ver un
partido del Real Madrid ;—), mientras que mi
cuñada se perderá en la Calle Gran Vía. Lo del
Prado me parece genial. Pero aprovecha también
para conocer el museo Thyssen—Bornemisza, y
claro, el museo Reina Sofía. En este último
encontrarás arte español más contemporáneo que en
el Prado. Pero claro, tú como aficionada al arte ya
lo sabrás. El museo de arte que más me gusta de
España es el Guggenheim en Bilbao. Algún día nos
dará tiempo a nosotros para llevarte un fin de
semana.
¡Disfruta! Un gran abrazo de tu tío preferido
Gerald

1 El uso del presente de subjuntivo en frases subordinadas relativas

Wenn im Relativsatz eine geforderte Eigenschaft, ein Wunsch oder eine Bedingung enthalten ist, muss im Spanischen *el presente de subjuntivo* verwendet werden:

Se busca una persona que **sea** flexible y comunicativa.
Quiero hacer unas prácticas en las que **pueda** mejorar mi español.
Necesito un piso que no **sea** caro.

2 Acortar frases con pronombres de objeto directo e indirecto

Direkte oder indirekte Objektpronomen stehen in der Regel vor dem konjugierten Verb. Beim Imperativ oder Gerundium werden sie jedoch direkt angehängt:

Imperativo: Prueba **el cocido madrileño** – pruéba**lo**.

Gerundio: Estoy buscando **los monumentos más conocidos de Madrid** – estoy buscándo**los**.

Ojo: Die Wortbetonung darf sich nicht ändern, wenn Pronomen angehängt werden, daher ist meist ein Akzent nötig.

Bei einer Konstruktion aus Hilfsverb und Infinitiv können die Pronomen sowohl vor dem konjugierten Hilfsverb stehen als auch an den Infinitiv angehängt werden:

Infinitivo: En el Prado puedes ver **la obra** de Velázquez – allí puedes ver**la** / allí **la** puedes ver.

3 Hablar sobre el futuro con el futuro simple

formas regulares		formas irregulares	
ganar- comer- + vivir- (infinitivo)	é	tener → tendré	poder → podré
	ás	salir → saldré	saber → sabré
	á	venir → vendré	hacer → haré
	emos	poner → pondré	decir → diré
	éis	hay → habrá	querer → querré
	án		

¿Vendrá Daniel? – Sí, pero llega tarde, habrá perdido el autobús ...

4 Expresar condiciones y posibles consecuencias con frases condicionales reales

Bei dem realen Bedingungssatz drückt der Nebensatz die Bedingung aus, der Hauptsatz die Folge. Dabei ist das Eintreten sehr wahrscheinlich, also *real*. Im Nebensatz, der durch *si* eingeleitet wird, wird *el presente de indicativo* verwendet, im Hauptsatz *el futuro simple, el futuro inmediato* oder auch *el presente de indicativo*:

Si mañana no **llueve**, **daré** un paseo. (si + presente → futuro)
Si **tengo** suficiente tiempo, **visito** a mi amiga. (si + presente → presente)

Tus retos, paso por paso 80023-05 + Autocontrol

Tu reto 1

Elige unas prácticas que te gustaría hacer y prepárate para una entrevista. Luego representadla por parejas (candidato para hacer prácticas / jefe/a).

Paso uno: Decide con tu compañero/a quién va a ser el jefe / la jefa y quién el candidato para hacer las prácticas (después podéis intercambiar los papeles).

Paso dos: Decide qué prácticas te gustaría hacer e infórmate en la red dónde puedes hacerlas (empresa etc.) y qué conocimientos se requieren.

Paso tres: ¿Cómo quieres presentarte? ¿Cuáles son tus puntos fuertes y tus puntos débiles? ¿Por qué eres el/la candidato/a perfecto/a para estas prácticas? Apunta algunas palabras claves.

Paso cuatro: Prepara también algunas preguntas que quieres hacer a tu compañero/a durante su entrevista.

Paso cinco: Piensa también en tus gestos y tu voz. ¿Cómo vas a saludar / te vas a despedir del jefe / de la jefa? ¿Cómo te tienes que comportar durante la entrevista?

Paso seis: Practicad la escena y presentadla delante de la clase.

Tu reto 2

Planifica un viaje a Madrid.

Paso uno: Decide cuántos días quieres quedarte en la ciudad y con quién viajarás. Elige la manera de presentar tu viaje: un cartel o una presentación powerpoint.

Paso dos: Busca un hospedaje céntrico en Madrid. Lee los comentarios en español y elige uno que te convenza para hospedarte allá. Imprímelo o escribe las informaciones.

Paso tres: Planifica tus visitas de cada día: Elige dos sitios de interés que te gusten y un restaurante cerca de uno de ellos, dónde vas a comer o cenar. Lee los comentarios e imprime o escribe los más convincentes. ¡Ojo! Fíjate en la distancia entre los sitios.

Paso cuatro: Luego termina tu cartel o tu presentación con la planificación de los días. Incluye los comentarios.

Paso cinco: Presenta tu viaje y justifica por qué has elegido los sitios de interés, el hospedaje y los restaurantes.

S Suplemento

El Día de Muertos

80023-04

El glosario del Día de Muertos

El 2 de noviembre

El Día de Muertos es una tradición mexicana viva y alegre para conmemorar a los muertos. Según la creencia popular, a principios de noviembre las almas de los difuntos regresan a la tierra y visitan a sus familias. Por ello, son recibidos en las casas y en los panteones con música, baile y su comida y bebida favoritas. El 1 de noviembre es dedicado a los niños difuntos y el 2 de noviembre a los adultos.

La ofrenda

"La ofrenda" es el nombre que se le da al altar que las familias colocan en casa para sus difuntos. Estos altares tienen elementos básicos como el papel picado, las fotografías, las flores de cempasúchil, el incienso y las velas pero también elementos personales como la comida favorita de los difuntos, bebidas, etc.

Las calaveras de dulce

Las calaveras de dulce son usadas como decoración y se colocan en las mesas de ofrendas. Tradicionalmente se elaboran con azúcar caliente y un poco de limón, pero también se pueden encontrar calaveras de chocolate, de amaranto o de mazapán. Están destinadas a una persona muerta y llevan su nombre en la frente.

La cempasúchil

La flor de cempasúchil, que en náhuatl (la lengua de los aztecas) significa flor de 20 pétalos, florece en otoño. Su color oscila entre amarillo y naranja. Antiguamente se creía que sus pétalos guardaban el calor del sol, por este motivo es común usar los pétalos para iluminar el camino que deben seguir los difuntos hacia las casas de sus familias.

El pan de muerto

El pan de muerto es un pan tradicional que sólo se encuentra en estas fechas del año para colocarlo en las ofrendas. Los panaderos comienzan a elaborarlo a partir del mes de octubre. Tiene forma de cráneo con canillas que simbolizan huesos.

El panteón

Un panteón es el lugar donde están las tumbas, otra palabra es „cementerio". El Día de Muertos los panteones en México se convierten en sitios maravillosos de fiesta y tradición. Los mexicanos colocan flores, comida y velas junto a la tumba de sus familiares fallecidos. Muchos panteones se mantienen abiertos las 24 horas de los días 1 y 2 de noviembre para que las familias se puedan quedar hasta la madrugada en la celebración por sus seres queridos.

El papel picado

El papel picado se usa como decoración, sobre todo para adornar las ofrendas. Existen varios motivos relacionados con la muerte y una gran variedad de colores. Entre ellos los colores más representativos son: naranja, morado y negro.

El copal

"El copal" es el nombre indígena para el incienso. Las culturas indígenas de México lo usaban para limpiar y purificar el ambiente y las energías de un lugar y de las personas que lo utilizaban. Hoy en día es un elemento esencial en las ofrendas para los difuntos.

En las dos fotos puedes ver dos tumbas – de México y Alemania. Los dos países tienen sus tradiciones y costumbres para conmemorar a sus muertos.

1. Mira la primera foto y habla con tu compañero/a. Describe la foto.
¿Qué elementos del nuevo vocabulario ves en la foto?

2. Luego mira la segunda foto.
¿Cuáles son las diferencias entre las dos fotos y qué tienen en común?

 3. ¿En qué día se conmemora a los difuntos en vuestra región/religión? ¿Qué costumbres existen para ese día? Rellena la tabla usando el vocabulario de las costumbres en México. También puedes ver el vídeo: `80023-03`

🇲🇽	🇲🇽🇩🇪	🇩🇪
Día de Conmemoración: Día de Muertos 1 de noviembre		Día(s) de conmemoración: ...
Costumbres:		Costumbres:

Tepoztlán, 15 de octubre de 2019

Hola querida sobrina:

¡Qué sorpresa que traten el Día de Muertos en clase de religión en España! La verdad que es una tradición hermosa y única en el mundo. Nosotros ya estamos muy emocionados porque se acercan las celebraciones del Día de Muertos. En todas partes encuentras esqueletos y calaveras. ¿Te parece extraño? Ya pareces española, ehhh ;—), ¡tienes que visitarnos! Pues para nosotros es muy común cualquier tipo de representación de la muerte. Algunas son muy divertidas, como las calaveras con los nombres de una persona en la frente. Existen muchísimos nombres para la muerte en México, hasta existe un juego de los 100 nombres de la muerte, cuando vengas lo jugamos juntas! `80023-03`

Como ves le tenemos respeto, pero al mismo tiempo nos reímos de la
muerte. Aquí es diferente, es motivo de fiesta, de alegría y de
recuerdo del tiempo compartido. Tampoco la relacionamos con el
color negro, la convertimos en color como la vida porque la vemos
como una parte natural del ciclo de la vida. Para nosotros no es
ningún tema tabú. La muerte es motivo de tristeza, pero también lo
es de alegría. Pues en esos pocos días a principios de noviembre
esperamos la visita de los familiares y amigos queridos que vienen
del cielo para estar con nosotros, los vivos, y para disfrutar de los
sabores, colores y olores tradicionales. Hay que llevarles flores y
comida y festejarlos con música y baile para que se sientan a gusto.
El Día de Muertos es uno de los festejos más importantes y antiguos
de nuestra cultura mexicana, ya que desde los tiempos de nuestros
ancestros se les rinde tributo a los muertos colocando ofrendas.
Aquí en Tepoztlán solemos gritar el nombre de la persona o de las
personas a quienes está dedicada la ofrenda cuando terminamos el
altar. Además, en la puerta de la casa ponemos ramos de flores
(cempasúchiles) en señal de que hay ofrenda en casa.
En Tepoztlán las celebraciones ya empiezan el día 18 de octubre a
las 12 de la noche. La gente cree que es el día en el que dejan
salir a sus difuntos para poder visitarlos, es por eso que en las
iglesias empiezan a sonar las campanas en señal de duelo. Aquí
también existe la costumbre de salir a pedir calavera. Los niños
salen a las calles a pedir calavera ("una limosna para mi calavera")
y la gente de las casas les regala dulces o alimentos. Los niños
llevan un esqueleto de caña o una calabaza la cual va tallada con
un dibujo representativo del Día de Muertos y en su interior se coloca
una vela. También están maquillados de calaveras. Mira, te
tengo la foto de Sebastián del año pasado con su calabaza.
Lo maquillaron mis hermanas, ¡ayyy qué miedo ;—)!
En las esquinas de las calles de Tepoztlán hacen fogatas y
regalan ponche, es una gran celebración comunal.
Las familias, acuden el 2 de noviembre al cementerio para
compartir el día juntos en la tumba de su familiar
llevándole música, comida y flores. ¡Te juro que les
hacemos fiesta a los muertos!

¡Ojalá puedas venir alguna vez! Tráete a tus amigos para
que conozcan la tradición.

Un abrazo de oso de tu tía preferida y ¡feliz Día de
Muertos!

S Suplemento

1. Lee la carta de Valeria y corrige las frases o complétalas.

- Valeria está sorprendida porque …
- El Día de Muertos es un festejo bastante moderno.
- En México nunca se habla de la muerte, es un tema tabú.
- Los mexicanos no respetan la muerte.
- La muerte no tiene nombre.
- La muerte es motivo de tristeza para los mexicanos, ….
- A principios de noviembre los mexicanos invitan a su familia para hacer fiesta.
- El Día de Muertos los mexicanos acuden a los panteones para buscar tranquilidad.

2. Encuentra en el texto las costumbres que existen en Tepoztlán y apúntalas.

3. Redacta una carta para Valeria y compara las formas de conmemorar a los difuntos en México y Alemania.

Caja de herramientas			
solemne	introvertido	los seres queridos	negar la muerte
serio	extrovertido	tener presente a la	temer la muerte
alegre	pensativo	muerte en la vida	burlarse de la
vivo	el tema tabú	honrar a los difuntos	muerte
triste	el duelo	celebrar a los difuntos	rezar
tranquilo	la tristeza	conmemorar a los seres	
expresivo	la celebración	queridos fallecidos	
	el ambiente	de manera …	
		formar parte de un ciclo	

El origen del Día de Muertos

Los pueblos precolombinos que vivieron en el territorio de lo que hoy se llama México, tenían un concepto de la muerte muy diferente al que luego llegaría con los españoles cristianos. En todas estas culturas existía la creencia que morir era el comienzo de un viaje al
5 inframundo, también llamado Mictlán. Entonces las familias enterraban el cuerpo de un ser querido con una ofrenda que contenía objetos útiles para su viaje y también con objetos que había usado en la vida.

La muerte estaba muy presente en la vida de estos pueblos. Por ejemplo,
10 los aztecas tenían muchas fechas en honor a los difuntos, entre ellas la fiesta de los muertos grandes, la *Ueymicailhuitl*, con procesiones, sacrificios de personas y grandes comidas. Además, ese día solían colocar altares con ofrendas para sus muertos. En esta época se acostumbraba guardar los cráneos como trofeos para los rituales y
15 exponer las cabezas de personas recién sacrificadas en altares para honrar a los dioses *(tzompantli)*, lo que explicaría por qué hoy la figura de la calavera se ha convertido en un ícono y símbolo de la muerte y del Día de Muertos.

Con la llegada de los europeos cristianos se mezclaron las costumbres,
20 antiguos ritos y creencias indígenas con las tradiciones cristianas, sobre todo las católicas.

Para los mexicanos hoy en día la muerte es un fin, pero también es un comienzo. Representa la despedida de los seres queridos, pero también el encuentro con aquellos otros ya fallecidos. La conmemoración del
25 Día de Muertos es entonces un día de duelo y celebración, un homenaje a los difuntos para acercarse a ellos, pero a la vez dejarlos ir.

1. Lee el texto y explica …
   a. … el concepto de los pueblos precolombinos de la muerte.
   b. … el origen de las ofrendas que se colocan el Día de Muertos.
   c. … la presencia de las calaveras en el Día de Muertos.
   d. … por qué el Día de Muertos es una tradición multicultural.

2. a. Por parejas mirad la caricatura y describidla. ¿Qué expresa?
   b. Investigad sobre el origen del Halloween: la fecha, el objetivo y las tradiciones del festejo. Luego comparadlo con el Día de Muertos y presentad vuestro trabajo a los demás.

El altar o la ofrenda es un elemento tradicional del Día de Muertos. Tiene varios niveles que representan el mundo material e inmaterial tanto como los cuatro elementos (tierra, agua, fuego, aire). Los objetos son símbolos para el difunto, su personalidad, cultura y religión.

el papel picado representa el viento

hay un vaso de agua para que el espíritu pueda beberlo

colores muy frecuentes son el amarillo y el morado; significan pureza y duelo, vida y muerte

la comida preferida del difunto

elementos religiosos (cruz, imágenes, rosarios)

las velas simbolizan el fuego y guían el alma

la tierra es representada por frutas y semillas

pan de muerto: representa huesos y lágrimas

objetos personales: muchas veces hay ropa o los objetos preferidos del difunto (niños muertos: juguetes), a veces también música y más adornos (esqueletos y figuras)

1. Mira los elementos de una ofrenda. Luego busca en internet una foto de una ofrenda, imprímela y descríbela de manera detallada a tus compañeros/as.

2. En grupos de cuatro elegid uno de los personajes famosos de la lista abajo, investigad en internet sobre su vida y colocad o dibujad una ofrenda para él/ella. Luego describidla a los demás.

Algunas ideas: Frida Kahlo, Diego Rivera (pintores mexicanos), Pablo Picasso, Salvador Dalí (pintores españoles), Fidel Castro, Che Guevara (revolucionarios y políticos de Cuba/Argentina), Gabriel García Márquez (escritor colombiano), Federico García Lorca (escritor español), Mercedes Sosa (cantante argentina).

El origen de la flor de cempasúchil – una leyenda maya

"Xóchitl y Huitzilin eran dos amantes. Se conocían desde que eran niños. Crecieron juntos y así también su amor. Todos los días visitaban una montaña en los alrededores de su aldea. En la cima hicieron una ofrenda de flores al dios del sol. Tonatiuh les
5 sonrió y los dos juraron amarse para siempre y, aún después de su muerte.

Cuando llegó la guerra los dos tuvieron que separarse. Huitzilin murió luchando. Xóchitl, profundamente triste, sintió que el dolor iba a romper su corazón. Subió a la montaña para pedir ayuda a Tonatiuh. El dios sol, con uno de sus rayos, la tocó y la convirtió en una flor de color naranja como el mismo sol.

10 Un poco más tarde, llegó un colibrí. Era Huitzilin. Al tocar la flor con su pico, ella se abrió en veinte pétalos. Esta fue la primera flor de cempasúchil y los dos estuvieron unidos para siempre en forma de flor y colibrí."

Según: http://nuviamayorga.org/mexico-indigena/la-leyenda-de-la-flor-de-cempasuchil/

1. Lee la leyenda. Luego dibújala imitando el estilo de los códices de los libros antiguos de los pueblos indígenas de Mesoamérica. Mira el enlace para conocer uno de los códices aztecas más famoso, el códice boturini: `80023-03`

2. No hay cempasúchils en Alemania pero la puedes elaborar fácilmente con papel crepé naranja. Mira los pasos en el enlace. ¿Te animas a intentarlo?: `80023-03`

La Catrina

El 1 y 2 de noviembre los mexicanos celebran sus muertos con ofrendas, yendo a los panteones y hasta disfrazándose y maquillándose de Catrina. Esta figura folclórica se ha convertido en el símbolo de Día de Muertos y una forma de representar a la muerte. Tiene su origen de la mano de José Guadalupe Posada (1852-1913), uno de los más conocidos ilustradores y caricaturistas mexicanos. Sus dibujos tenían una característica especial: casi todas eran calaveras vestidas con ropa

elegante. En 1910 Posada creó la imagen de una mujer desnuda con un sombrero elegante, la primera versión de la Catrina.

El famoso pintor mexicano Diego Rivera le dio el nombre de La Catrina y su apariencia característica. Con vestido elegante y su estola de plumas, al pintarla en su mural 'Sueño de una tarde dominical en la Alameda Central' en 1947. La calavera aparece con su creador, José Guadalupe Posada, una versión infantil de Rivera y con su esposa Frida Kahlo.

1. Tu mamá se disfraza y maquilla de Catrina para una fiesta de carnaval. Explícale el origen de la figura y su relación con el Día de Muertos.

2. Una cita del creador de la Catrina es la siguiente: "La muerte, es democrática, ya que a fin de cuentas, güera, morena, rica o pobre, toda la gente acaba siendo calavera". ¿Qué idea expresa?

3. ¿Quieres maquillarte de Catrina? ¡Sólo sigue los pasos! `80023-03`

Zu Seite 10 (Kapitel 1A)

1 a Diese Wörter können dir helfen, die Sätze zu formulieren: ir a las clases, acompañar (begleiten) a sus parejas, aprender juntos, hacer proyectos, hacer una fiesta, salir de fiesta con, dar la bienvenida a, sacar selfis, hacer senderismo, conocer la región / Andalucía/Sevilla, hacer una visita guiada

1 b **Padres:** tomarse tiempo para ellos, ir a cenar, ir al cine, pasear, ir a un spa, cenar en un restaurante, hacer excursiones, verse con amigos …
Profesores/as: visitar la ciudad, verse con profesores de la escuela alemana, hacer planes para otros intercambios, intercambiar metodologías, ir a la biblioteca, visitar librerías alemanas …
Director: reunirse (sich versammeln) con profesores, reorganizar horarios en la escuela
Periodista: entrevistar a alumnos y profesores del intercambio, tomar fotos, escribir artículos, leer periódicos alemanes, verse con periodistas alemanes, visitar la ciudad …

Zu Seite 11 (Kapitel 1A)

2 Aquí tienes ya los apuntes:

¿Quién? – alumnos del colegio Huerta Santa Ana y de la "Europaschule Am Gutspark"
¿Qué? – un intercambio escolar (vivir en las familias de los participantes, ir a clase, excursiones y visitas)
¿Dónde? – Sevilla y Falkensee/Berlín
¿Cuándo? – en septiembre (10 días) en Sevilla, en octubre en Berlín
¿Por qué? – prepararse para la vida: aprender sobre la cultura y la historia

 3 b Hier sind die Notizen für deinen Text in falscher Reihenfolge. Ordne sie und formuliere dann den Brief.

> hay reunión • sólo se paga el viaje y las actividades • el instituto organiza intercambio • los alumnos están en familias, van a las clases, aprenden mucho • en Berlín/Alemania

Zu Seite 14 (Kapitel 1A)

5 c Formulierungshilfe:

> Pienso que no son ciertos porque conozco a muchos alemanes que no/nunca … • Sí, es verdad que los alemanes … porque siempre … • Es verdad que a veces los alemanes son así … • Pues los alemanes nunca … • En algunos casos sí son ciertos porque …

Zu Seite 14 (Kapitel 1A)

 Folgende Liste enthält Signalwörter (marcadores de tiempo) für das „imperfecto", aber auch für andere Zeiten. Sieh im Text nach, welche typisch für das „imperfecto" sind:

normalmente, ahora, ayer, casi siempre, generalmente, al mismo tiempo, siempre, por lo general, hoy, a veces, mañana.

Übersetze nun die, die im Zusammenhang mit dem „imperfecto" vorkommen und überlege, ob eine Ähnlichkeit in der Bedeutung besteht. Formuliere nun eine Regel für den Gebrauch des „imperfecto".

Zu Seite 15 (Kapitel 1A)

 b

De niño, mis padres/ abuelos	vivían en una casa en … que era/tenía (no) tenían mucho dinero porque mi abuelo era …
Su niñez	era muy feliz/difícil/triste/ … porque (no) había/tenían/ existía …
En la casa	también vivían …
En la escuela	los profes siempre eran muy estrictos y a veces les pegaban
Cuando tenía … años	había … alumnos en una clase y en estos tiempos … podían/tenían que …

10 b

– –	+ +
¡No es verdad!	De acuerdo, pero ten en cuenta que …
No me digas, en realidad no es así.	Sí, tienes razón, por otro lado …
Por otro lado …	

Zu Seite 23 (Kapitel 1B)

12 Aquí tienes unas palabras nuevas:

El/la guía, la alcachofa, reinar, el legado, iniciar, vencer, la muralla, rodear, los habitantes, el edificio, convertir, la fortaleza, la victoria, la residencia oficial, recomendar

Zu Seite 25 (Kapitel 1B)

16 Aquí tienes la lista. Complétala con los elementos de abajo.

1. ■ si no entiendes TODAS las palabras
2. Intenta entender ■
3. ■ el oído: Intenta entender ■, ■, ■, ■, …
4. ■ ayuda: …
5. Fíjate en ■ y ■

> las palabras claves • la letra de canciones • Pide • ver la tele • escuchar la radio •
> Entrena • los gestos • lo que dicen personas en el metro o en autobuses •
> Relájate • la mímica

Zu Seite 30 (Kapitel 2A)

1 **b** Valeria y Sebastián empezaron en ■. Desde allí fueron en ■ (avión/autobús) hasta ■, desde donde volaron hasta ■. Después fueron a ■, donde se quedaron una semana, y de allí fueron en ■ hasta ■. Siguieron viajando en ■ y fueron a ■, ■, ■, ■, ■ y ■, para terminar en ■, desde donde volvieron en ■ hasta ■ y terminaron el viaje.

Zu Seite 32 (Kapitel 2A)

4 Aquí tienes los marcadores. Haz una tabla y relaciónalos con el tiempo del pasado correspondiente.

El año pasado, cuando … , ya … , … una semana, siempre, todos los días, ese día, de repente

Zu Seite 34 (Kapitel 2A)

6 **Siempre** (cenar) en el restaurante del hotel en la playa. (tener) un ambiente muy agradable y tranquilo porque no (permitirse) la luz eléctrica. **Todos los días** por las noches en todas las mesas los empleados (poner) velas. Es que esa zona hotelera de Tulum es una reserva ecológica. En verano en plena oscuridad salen las grandes tortugas del mar para poner sus huevos en la arena de la playa enfrente del hotel. **Una noche** me (tomar) un coco loco y luego nosotros (salir) tarde del restaurante para volver a nuestra cabaña. **De repente** (escuchar) un grito desde el segundo piso de la cabaña: "¡Ojo, la tortuga!". Y fíjate, casi (caerse) sobre una tortuga gigante que (estar) poniendo sus huevos a sólo unos tres metros de nuestra cabaña. En el balcón del segundo piso ya (haber) gente que la (estar) observando. **Luego** (llegar) una persona para medir la tortuga y marcar el sitio del nido.
Al terminar, la tortuga (regresar) muy, muy despacio al mar porque (pesar) mucho. **Al día siguiente** (ver) su camino hacía el mar y (encontrar) el sitio de su nido. ¡(ser) muy emocionante!

Zu Seite 35 (Kapitel 2A)

8 a **1. Descripción:**
- *Tipo de imagen:* caricatura
- *Tema:* En la foto podemos ver … , Se trata de una foto de … , indios, Colón y los descubridores, reírse
- *Descripción de la imagen:* en primer/segundo plano, al fondo, a la derecha/izquierda, en la parte superior/inferior …

2. Interpretación: La foto representa / ilustra / critica / llama la atención …

3. Opinión personal: en mi opinión, me parece que, desde mi punto de vista, estoy a favor / en contra de (+inf), (no) estoy de acuerdo con … , estoy seguro/a de que … , está claro que … , es obvio/evidente que … , por ejemplo, sin embargo, así que … En primer lugar, después, luego, más tarde, por el contrario, finalmente, como conclusión …

Zu Seite 38 (Kapitel 2B)

2 a Se jugaba a la pelota desde E■ U■ a N■ , también en las A■ y en la A■ Peruana, donde se han encontrado más de ■ canchas, y la más grande está en C■ I■. La pelota con la que jugaban estaba hecha de ■ ■ ■ ■.

Usaban protecciones para ■, ■, ■, ■, ■ y ■ contra los impactos de la pelota.

Los anillos estaban a unos ■ metros de altura, y la pelota tenía que pasar por el ■.

El juego simbolizaba la lucha entre el ■ y el ■, entre la ■ y la ■.

Zu Seite 40 (Kapitel 2B)

3

Pelota maya:	Fútbol:
Equipos: entre cinco y siete jugadores	once jugadores
Objetivo: meter la pelota en anillo de piedra	Marcar goles en la portería (Tor)
Los partidos se definían por puntos (hasta 4)	Mayor número de goles
Pelota de hule de 20–25 cm de diámetro, 1,5–3 kg de peso, sin aire en su interior	Pelota de cuero o similar, 21,65–22,29 cm de diámetro, 410–450 g, inflado con aire
Pinturas rituales, falda de cuero de animal	Sin pinturas, animales sólo en logo del equipo
Juego religioso con sacrificios humanos	Deporte

Zu Seite 56 (Kapitel 3A)

9 **b** Aspectos para considerar: el precio, los gustos de uno/a (eres deportivo/romántico …), la necesidad de llevar muchas cosas …

> Como lugar para encontrarme con un/a chico/a que me guste prefiero …
> porque … además … y puedo … ¿Y tú? ¿Qué prefieres tú?

Zu Seite 57 (Kapitel 3A)

10 **a**

Caja de herramientas

	es del estilo de música …	
la canción	trata	del amor, de la vida de …
	tiene	… estrofas
	son	

La música es │ **El ritmo** es / parece │ **La voz / la melodía** es / suena

monótono/a (eintönig) • vivo/a (lebhaft) • lento/a (langsam) • rápido/a (schnell) • agresivo/a (aggressiv) • sentimental (emotional) • alegre (fröhlich) • triste (traurig) • pegajoso/a (eingängig)

Expresar la opinión personal
lo que más me gusta es … – no me gusta (nada) porque …

10 **c** Hier ist der Brief bereits fertig formuliert. Setze die Verben noch in die richtige Form.

Primos, gracias por vuestros consejos. Os cuento que ahora sí, ¡tengo novia! ■ (ser) genial, ■ (quedar, nosotros) el 14 y ■ (ir) al cine. Yo ■ (estar) muy nervioso, y creo que María también ■ (estar) nerviosa … Así que ■ (decidir, nosotros) ir a tomar algo antes del cine. ■ (ir) a una cafetería del centro, que ■ (ser) muy romántica, ■ (haber) poca luz, y tampoco ■ (haber) mucha gente. ¡El ambiente ■ (ser) perfecto! ■ (pensar, yo) varias veces en besarla, pero no ■ (querer, yo) ir demasiado rápido. Luego, en el cine, ■ (ver) una película romántica, y le ■ (coger) la mano, y entonces María me ■ (mirar), ■ (sonreír) y ■ (acercarse) a mí. ¡Yo ■ (tener) el estómago lleno de mariposas! Y … ¡■ (besarse, nosotros)! Yo todavía no me lo creo, ¡soy el chico más feliz del mundo! ¡Gracias, gracias, gracias, primos!

Zu Seite 59 (Kapitel 3A)

12 c Hier findest du die Eigenschaften. Ordne sie in eine Tabelle mit den Spalten „cualidades positivas" und „cualidades negativas".

> huele bien • no es muy guapo • no regala flores • no cree en el matrimonio •
> se queja mucho • apoya a su chica • la hace feliz • no tiene un pelo bonito •
> entrega su amor sin teatros

Zu Seite 63 (Kapitel 3B)

5 a Aquí tienes las formas del texto: tengas, hagamos, salgamos, digas.

Zu Seite 65 (Kapitel 3B)

7 a Aquí tienes las expresiones de sentimiento, consejo y deseo del texto. Ordénalas en la tabla.

> Deseo que … • Me pone triste que … • Me molesta que … • Me da pena que … •
> Me gusta mucho que … • Espero que … • Es necesario que … • Te pido que … • No
> quiero que … • Tengo miedo de que … • Me alegra mucho que … • Odio que …

Zu Seite 73 (Kapitel 4A)

1 Diese Satzanfänge helfen dir:

Nicolás y Daniel se encuentran …
Daniel quiere … , pero Nicolás no … .
Dice que sus padres …
Al mismo tiempo Sofia habla con Pablo y le muestra … . Es … .
Al verla Pablo … pero Sofia dice que …
Mientras Nicolás … y los dos …

Zu Seite 75 (Kapitel 4A)

2 e Sólo apunta la información más importante:

¿Cuánto tiempo pasan los jóvenes alemanes en internet?
¿Cuáles son las aplicaciones más usadas y cuáles las menos populares?
¿Qué aplicaciones prefieren las niñas? ¿Qué aplicaciones son usadas igualmente por los dos sexos?

ayuda

Zu Seite 77 (Kapitel 4A)

5 d

Profesor: Carlos, ¡qué escándalo! ¡No **(hacer)** tanto ruido! Los otros cursos también tienen que concentrarse.

Carlos: Pero no he dicho nada. Siempre yo …

Profesor: ¡No me **(hablar)** así! ¡No **(quejarse)** tanto! Y vosotros, ¡no **(perder)** el tiempo! Pablo, por favor, ayuda a Laura con su cartel.

Laura: Perdón. No lo tengo aquí, creo que está en casa …

Profesor: Pero ¿qué pasa? Siempre olvidáis algo. ¡No **(dejar)** siempre todo en casa! ¡Lo necesitamos aquí!

Laura: Voy a ver si lo encuentro en el aula.

Profesor: Laura, es increíble. ¡No **(irse)**! Ayuda a los demás. Mañana lo vas a traer, ¡pero seguro! Sofia y María, ¡no **(comer)** con los carteles en la mano! ¡Se van a ensuciar! ¿Qué os pasa hoy?

Zu Seite 78 (Kapitel 4A)

6 Darle ánimo a alguien

> Lo malo pasa con el tiempo. • Sigue adelante. • ¡Ánimo! • Hay cosas peores. • Piensa en algo bonito. • Qué lástima. • No es para tanto. • Son cosas que pasan. • No te preocupes. • Tranquilo/a. • No tienes que llorar.

Zu Seite 79 (Kapitel 4A)

8 Mira la letra de la canción aquí:

Zu Seite 80 (Kapitel 4A)

10 c Achte auf die Angleichung und die Stellung der Possessivpronomen.

Zu Seite 83 (Kapitel 4B)

1 a

> hacerse viral en … • burlarse de alg. • cantar • afectar a alg. • sacar malas notas • sentirse (→ ie) triste • (no) estar seguro de sí mismo

1 b Rafi … y … mientras que Sofia … y …

Sofia	Rafi
sentirlo mucho por alg. • querer ayudar • observar bien a alg. • pensar que lo que hace alg. es …	burlarse de alg. • poner verde a alg. • no tomarlo en serio

Zu Seite 83 (Kapitel 4B)

2 **a** Relaciona los siguientes términos con violencia escolar o bullying/acoso:

> golpes • insultos • chismes • repetirse (muchas veces) • robar cosas • no ocurrir
> sólo una vez • ignorar a alguien • hacerle daño a alg. pero se puede defender •
> no dejar de molestar a alguien

Zu Seite 84 (Kapitel 3B)

3 **b** Hier findest du die Information zu den jeweiligen Fragen im Text:

1. → Información en líneas 2–3.
2. → Información en líneas 11–12.
3. → Información en líneas 25–31.
4. → Información en líneas 8, 14–21.

Zu Seite 87 (Kapitel 4B)

8 **c** Pon el verbo en el presente de subjuntivo:

1. saber lo que pasa entre Pablo y Rafi;
2. darse cuenta que el acoso no termina,
3. enterarse de que Rafi se ríe de Pablo,
4. poder ayudarnos a detener el acoso,
5. hablar con Rafi,
6. (una idea tuya)

Zu Seite 92 (Kapitel 5A)

1 Aquí tienes las palabras en alemán:

> der Apostel • das Evangelium • köpfen • der Anhänger (Unterstützer, Freund) • der
> Mönch • der Bischof • das Grab • der Friedhof • der Schutzheilige • die Rückeroberung
> (Spaniens von der muslimischen Herrschaft) • das Skelett • die Besatzung

Zu Seite 95 (Kapitel 5A)

5 **c** Vía de la Plata: Nuestra primera etapa de Sevilla a Guillena (21 km).

Son las siete de la mañana. (acabar de desayunar) y ahora (ponerse a caminar). Ya (estar caminando) una hora cuando (empezar a llover). ¿Qué pasa? Aquí en verano casi nunca llueve. (dejar de caminar) y nos refugiamos en un granero. (estar tomando) un refresco y (quedar esperando) más de una hora. Ahora (seguir caminando). (estar pasando) por las ruinas y el anfiteatro de Santiponce. ¡Qué impresionantes! Nos paramos y (quedar admirando) los restos de esa ciudad romana.

Zu Seite 97 (Kapitel 5A)

7 **a** Apunta la siguiente tabla en tu cuaderno y pon las expresiones en la columna correcta. Te van a ayudar a solucionar la tarea.

lleva, ponte, empaca, toma …	no lleves, no te pongas, no empaques, no tomes …
…	…

Zu Seite 98 (Kapitel 5A)

9 **a** Completa con la forma correcta de los verbos:

> ### Bona vesprada,
>
> (Estar) en Alicante y os quiero mostrar por donde pasa el Camino de Santiago. Así podéis conocer también un poco la ciudad y sus monumentos.
>
> El Castillo de Santa Bárbara (ser) un símbolo de la ciudad. En el siglo XIV los peregrinos empezaban su camino delante de la Iglesia de Santa María, cerca del castillo. Esta iglesia (estar) en el corazón del casco antiguo. (Ser) el tradicional punto de partida. Hoy en día la iglesia de Santa María todavía (ser) un monumento que no puedes dejar de visitar. Las señales de la concha muestran la ruta por la calle Mayor, donde (estar) el Ayuntamiento de Alicante, un edificio del siglo XVIII que se encuentra donde antes (estar) la antigua Casa de la Ciudad.
>
> El peregrino tiene que pasar después por la catedral de San Nicolás. San Nicolás (ser: pasado) el patrón de la ciudad.
>
> Después el peregrino cruza la Rambla. (ser) un lugar bonito y fresco para descansar si (estar) en Alicante. Cerca de allí (estar) la Explanada de España. (Ser) una de las vías más populares de la ciudad. (Estar) compuesta por más de seis millones de teselas de mármol.
>
> El peregrino gira por la calle Gerona y sigue hasta la plaza de Calvo Sotelo. José Calvo Sotelo (ser) un político, asesinado en 1936. Finalmente el camino pasa por la calle Maisonnave donde (estar) un gran centro comercial.

„Bona vesprada" significa „Buenas tardes" en valenciano. Esa lengua es una variedad del catalán que se habla en la comunidad de Valencia.

Zu Seite 99 (Kapitel 5A)

9 **d** El camino:

> empieza en • comienza en • sigue • continua • pasa por
> (delante de) • cruza • atravesa • finaliza en • termina en

10 Completa con la forma correcta de los verbos.

(estar: yo) en Toledo. Me (gustar: 3. Pers. Sg.) mucho la ciudad y **quiero que** (nosotros, pasar) más tiempo aquí. **Espero que** a los otros también les (encantar: ellos) esta ciudad con todos sus lugares de interés. (caminar: nosotros, pasado) todo el día por el casco antiguo y (escuchar: nosotros, pasado) a un montón de guías. Qué gracioso, uno de ellos (ser: pasado) también alemán, de Fulda. ¡(estar: yo) cansadísimo! Os voy a mandar algunas fotos **para que** también (vosotros, poder) disfrutar de Toledo. A ver si os (gustar: 3. Pers. Sg.). Pero ¡qué mala suerte! Ahora no (encuentrar: yo) mi móvil, ¡**ojalá** que no (estar: él) todavía en el Alcázar! El profe nos ha dado tiempo libre **para que** (nosotros, explorar) la ciudad por nuestra cuenta. Y a mí me ha tocado escribir el blog. ¡Uaaaaahhhhh qué sueño! Vale, hoy hemos empezado nuestro recorrido en …

Zu Seite 104 (Kapitel 5B)

2 **c**

la ciudad medieval	lo que experimenta/encuentra/ve Daniel
• alrededor hay murallas con torres y puertas • la plaza mayor con el ayuntamiento y la • catedral • muchas iglesias y un monasterio • un palacio (el alcázar) • muchos mercados y tiendas • una universidad • albergues para viajeros y peregrinos	• muchas calles estrechas y a veces sucias • mucha gente (pobre y rica) • campesinos de los pueblos cercanos ofrecen su mercancía en los mercados • artesanos ofrecen sus productos en sus talleres y en los mercados y ferias

Zu Seite 105 (Kapitel 5B)

 3 b Cómo hacer un cómic:

El cómic es una forma de arte que combina ilustraciones con diálogos rápidos e historias.

1 Haz un guion. Busca un argumento y divídelo en pequeñas unidades.

2 Crea los personajes.

3 Dibuja las imágenes.

4 Añade lo que dicen los personajes en bocadillos.

5 Si es necesario añade un título a cada imagen.

Los siguientes apuntes te van a ayudar a hacer el cómic:

1 el joven constructor y su esposa llegan a Toledo

2 el arzobispo le da la tarea de construir un puente

3 el constructor trabaja día y noche

4 el constructor tiene un problema, hay un error en los cálculos

5 el constructor habla con su mujer sobre el problema, ella dice que todas las cosas tienen solución

6 en una noche de tormenta la mujer enciende el puente

7 los toledanos piensan que un rayo de la tormenta ha quemado el puente

8 el arzobispo otra vez le da la tarea de construir el puente al constructor

9 la mujer le dice la verdad al arzobispo

10 el arzobispo la perdona y jura guardar el secreto para siempre

Zu Seite 108 (Kapitel 5B)

 5 b 1. Pertenece a la Universidad de C ■ – L ■ M ■.

2. Está en el antiguo P ■ del R ■ Don Pedro, en la P ■ de S ■ I ■

3. A) Dan clases en lengua ■, hebrea y ■

   B) Han traducido la Constitución Española al ■.

   C) Ofrecen una base de datos ■ de traducciones del árabe y el hebreo a las cuatro lenguas que hay en ■.

4. La Escuela de Traductores tiene más de 2000 seguidores en ■, y más de 1700 alumnos han pasado por el curso de ■.

   Cada año hay ■ nuevos estudiantes.

5. Realizan otros cursos a la carta, como el curso para forma a intérprete en dialectos de M ■.

6 a Hier findest du die Biographie als Text. Setze noch die Verben in die richtige Form.

Alfonso X ■ (nacer) en 1246 y ■ (casarse) con Violante de Aragón en 1246. ■ (continuar) con la reconquista y reformó la moneda y la hacienda, sobre todo ■ (instaurar) el castellano como lengua de los documentos oficiales e ■ (iniciar) la escritura de la primera Historia General de España, en la que ■ (colaborar). También ■ (continuar) con la Escuela de Traductores de Toledo, y ■ (interesarse) por todas las áreas del saber. ■ (morir) en 1284.

 6 b Ihr könnt euch an diesem Tandembogen orientieren. Arbeitet zu zweit und setzt die Anweisung auf Spanisch um. Vorsicht: ihr dürft nicht Wort für Wort übersetzen, sondern müsst den Inhalt mit den euch bekannten Worten und Wendungen vermitteln.

Alfonso el Sabio	Daniel el Alemán
begrüßt den deutschen Mönch, fragt ihn nach seinem Namen	
	grüßt ebenfalls, sagt seinen Namen und dass er aus dem Kloster Fulda kommt, fragt den König, wie es ihm geht
sagt, dass es ihm gut geht und fragt, was Daniel in Toledo machen möchte	
	sagt, dass er an der Übersetzerschule arbeiten möchte und dass er sich für die arabischen Dokumente interessiert
fragt, welche Sprachen Daniel außer Deutsch und Spanisch spricht	
	sagt, dass er auch Latein und Griechisch kann
sagt, dass er auch ein bisschen Deutsch spricht, weil seine Mutter Deutsche war, gibt Daniel den Auftrag, einen medizinischen Text ins Lateinische und ins Deutsche zu übertragen	
	bedankt sich für den Auftrag und freut sich, dass er an der Übersetzerschule arbeiten darf, verabschiedet sich

ayuda

Zu Seite 116 (Kapitel 6A)

5 **a** Formación de los adverbios en castellano:

1. **Regulares:** se toma la forma femenina del adjetivo y se añade –*mente*.
   Ejs: amable*mente*, rápida*mente*, perfecta*mente*

2. **Irregulares:** tienen formas independientes para el adjetivo y el adverbio.
   Ejs: bueno → bien; malo → mal

Zu Seite 117 (Kapitel 6A)

6

Madre: Chicos, ¿habéis encontrado anuncios de prácticas interesantes para Claudia? ¡Contadme, estoy ya muy curiosa!

Sofia: ¡Sí, mamá! Ya tenemos varios anuncios que le vamos a enviar esta tarde. **Espero** que le ■ (gustar, 3. Pers. Sg.) los que hemos elegido.

Madre: **Sé** que vosotros dos ■ (hacer, vosotros) todo lo posible para ayudar a vuestra prima.
Creo que ella ■ (estar, ella) bastante nerviosa. He hablado hoy con su madre por teléfono.

Daniel: ¿Ah, sí? **Está claro** que al principio se ■ (tener que, ella) acostumbrar pero **dudo** que Claudia ■ (tener, ella) problemas para integrarse.

Sofia: Jaja, ¡ya verás! Cuando tenga nuevos amigos en Madrid es **probable** que ya no ■ (venir, ella) a vernos en Sevilla.

Daniel: ¡No! **No creo** que nos ■ (olvidar, ella).

Sofia: ¡Era broma, tontito!

Madre: **Supongo** que vosotros ■ (querer, vosotros) visitarla en Madrid, ¿verdad?

Daniel: ¡Claro que sí! **¡Ojalá** ■ (poder, nosotros) ir un fin de semana!

Zu Seite 118 (Kapitel 6A)

7 **a** Completa las frases con la forma correcta del presente de subjuntivo:

Para las tiendas de moda se buscan personas que (ser) dinámicas y que (querer) conocer las últimas tendencias de la moda.

En el museo Prado se buscan personas a quienes les (gustar) hacer unas prácticas en un museo y que (hablar) inglés, alemán y español.

La *Deutsche Schule Madrid* busca alumnos/as que (tener) alemán como lengua materna y que (querer) hacer prácticas en un jardín de infancia.

Para el Parque Zoológico de Madrid buscan personas que (hablar) o inglés, alemán o italiano.

La oficina de turismo busca personas que (querer) acompañar a turistas de todo el mundo.

En el Fanshop Realmadrid buscan personas que (poder) trabajar durante el verano y que (saber) hablar inglés y alemán.

Zu Seite 120 (Kapitel 6A)

9 **c** Aquí tienes los puntos relevantes:

La secretaria: "Siempre buscamos gente joven y motivada para ampliar nuestro equipo."

La secretaria: "Podría pasar por nuestra oficina el lunes que viene y acompañar a un guía alemán que tenemos y después vamos a ver."

La secretaria: "Debería guiar a los grupos sola lo más pronto posible. Es que buscamos urgentemente a nuevas personas para hacer las excursiones."

Claudia: "Creo que estas prácticas no son para mí. No conozco la ciudad y no me siento lista para tanta responsabilidad."

9 **d** Aquí tienes las preguntas de la secretaria para poder prepararte mejor para la llamada:

– ¡Diga!
– Sí, gracias por llamar. Tenemos muchísimos estudiantes y alumnos interesados así que tenemos que hacer una preselección antes de invitar a una entrevista.
– Este puesto de prácticas es muy popular. ¿Puede usted presentarse brevemente y decir por qué es la persona ideal para estas prácticas?
– ¡Muy bien! ¿Sabe usted hablar otros idiomas además del español y alemán?
– ¿Y un poco de francés?
– Vale, sin embargo nos gustaría mucho conocerla personalmente. ¿Cuándo podría pasar por nuestra oficina?
– ¿Umm, es posible hacer antes una entrevista por skype?
– ¡Perfecto! Gracias por llamar y le contactaremos pronto. Adiós.

Zu Seite 121 (Kapitel 6A)

10 b Hier findest du Satzbausteine für deinen Brief:

1) **Saludo** *Estimado Sr. Martínez / Estimada Sra. Gómez* (si conocemos el nombre del destinatario); *Estimados/as señores/as* (si no lo conocemos).

2) **Introducción** El motivo de la carta.

    2.1. Respuesta a un anuncio de empleo: *Me dirijo a usted para mostrarle mi interés por el puesto de […] que ofrece* [empresa] *y que he conocido por su página web*

    2.2. Candidatura espontánea: *Me pongo en contacto con usted para hacerle llegar mi currículum vitae por si necesita cubrir, ahora o en el futuro, un puesto como* [nombre del puesto que te interesa] *de su empresa*

3) **Núcleo** Tus puntos fuertes (formación, experiencia, competencias personales …) que hacen de ti el mejor candidato para este puesto.

4) **Conclusión** Lo que esperas del destinatario (concertar una entrevista, una respuesta …). *Espero tener una entrevista personal con usted para poder conocerle y …*

5) **Despedida**, **fecha y firma** *En espera de su respuesta, le saludo atentamente. / Sin otro particular, reciba un cordial saludo.*

Zu Seite 128 (Kapitel 6B)

8 b Conjuga los verbos en la forma adecuada (si + presente → futuro simple)

Si (llover)	(entrar) en una cafetería y (tomar) un café.
Si (hacer) buen tiempo	(ir) al Parque del Retiro.
Si (tener) bastante tiempo	(viajar) un poco por España.
Si (gustar) las prácticas	(informarse) más sobre esta profesión.
Si (llevarse bien) con los colegas	(poder) salir con ellos el fin de semana.
Si me (quedar) dinero	(visitar) a mi familia en Sevilla.
Si el jefe (ser) simpático	(preguntarle) si es posible hacer otras prácticas.
Si (aprender) mejor el español	(tener) mejores notas en el cole.
Si (encontrar) nuevos amigos	(invitarlos) a Düsseldorf.
Si (no entender) a las personas	(pedirles) hablar más despacio.

9 Setze nur noch die Verben in die richtige Form!

Mis prácticas en el Museo del Prado de Madrid

El museo del Prado (ser: presente) uno de los museos más conocidos en el mundo. Cada año (ir: presente) allí entre dos y tres millones de turistas y amantes del arte. Yo (tener: ind.) la oportunidad de ser parte de ese equipo que se (dedicar: pres.) con pasión a mostrar la enorme cantidad de arte que (encontrarse: pres.) allí.

El museo normalmente (estar: pres.) abierto desde las diez de la mañana hasta las ocho de la tarde. De hecho, yo (trabajar: ind.) en dos turnos o por la mañana hasta las tres de la tarde o a partir de las tres de la tarde hasta la hora del cierre del museo. Mis prácticas (durar: ind.) tres semanas y cada semana (tener: ind.) otra área de responsabilidad.

Antes de empezar las prácticas (estar: imp.) muy nerviosa. No (saber: imp.) si (ir: imp.) a llevarme bien con los colegas pero en realidad todo (ser: ind.) genial. El primer día un colega, Juan, me (enseñar: ind.) algunas partes del museo pues (ser: pres.) grandísmo así que no (poder: pres.) ver todo en pocas horas. Todos (ser: ind.) muy amables conmigo y (tener: ind.) mucha paciencia aunque yo no (entender: imp.) ni jota. Creo que en general (ser: pres.) más fácil entender a los madrileños porque no se (comer: pres.) las sílabas como los sevillanos.

La primera semana (trabajar: ind.) en el guardarropa. En la segunda semana (tener: ind.) que acompañar a otros guías que (hacer: imp.) una visita guiada por el museo. Yo me (encargar: ind.) de los grupos alemanes. Si alguien (tener: imp.) preguntas (intentar: imp.) ayudarle.

No siempre (ser: ind.) posible con toda la información que (tener que: imp.) recordar.

En la tercera semana (ayudar: ind.) con la venta de los billetes de entrada. Es increíble cuanta gente (venir: pres.) de diferentes países.

Para resumir, se (poder: pres.) decir que mis prácticas en el museo del Prado (ser: ind.) una experiencia extraordinaria. Gracias a los profes del colegio en Düsseldorf que (hacer: ind.) posible esto.

Claudia Dörfler

ideas

Zu Seite 10 (Kapitel 1A)

1 a Busca un/a compañero/a. Imaginaos que sois un periodista y un participante del intercambio del año pasado. Escribid una entrevista sobre las actividades durante el intercambio y los motivos del participante para participar en él.

Zu Seite 12 (Kapitel 1A)

4 e Haz un vídeo según el modelo sobre los esterotipos alemanes.

Zu Seite 20 (Kapitel 1B)

7 ¿Conoces otros gestos? Muéstralos en clase y explícales a los demás lo que significan en español.

9 Imagínate que eres un alumno de Sevilla que participas en el intercambio con Alemania. ¿Qué le vas a regalar a tu familia anfitriona en Alemania? Busca cosas típicas de Sevilla en internet. Elige una de ellas y explica por qué te parece apropiada.

Zu Seite 24 (Kapitel 1B)

14 Formula más frases sobre la Sevilla de antes y de hoy. Busca informaciones en el texto.

Zu Seite 32 (Kapitel 2A)

2 Intenta contestar también estas preguntas:

6. ¿Qué pueblos estaban ya en América cuando llegó Colón?
7. ¿Cómo era el mar en Tulum?
8. Describe el clima que tuvieron durante su viaje.
9. ¿Puedes encontrar las palabras en el texto que se corresponden con estas definiciones?

   1. Comenzar, iniciar, tener principio una cosa: ■
   2. Paso por un lugar; ruta, itinerario: ■
   3. Grandes extensiones de tierra separadas por los océanos: ■
   4. Que no puede olvidarse: ■
   5. Seres vivos parecidos a plantas que viven normalmente en el agua: ■
   6. Tierra rodeada de agua por todas partes excepto por una: ■
   7. Intolerable, que no se puede soportar: ■
   8. Moderado; ni muy frío ni muy caliente: ■

Zu Seite 37 (Kapitel 2A)

9 En parejas, leed el texto de la página 36 de nuevo y pensad en más preguntas que podríais hacer. Escribid al menos 5 preguntas en vuestros cuadernos, sin que las vea vuestro/a compañero/a. Ahora preguntaos el uno al otro. ¿Quién sabe más acerca de los mayas?

Zu Seite 38 (Kapitel 2B)

2 Estas palabras ya las has visto en las páginas 38 y 39. ¿Puedes completar el cuadro con los verbos, substantivos y adjetivos/participios que faltan?

Verbo	Sustantivo (Nombre)	Adjetivo / participio
▪	▪	autorizado/a
▪	▪	descrito/a
▪	la diferencia	▪
▪	la victoria	▪
▪	la protección	▪
▪	el peso	▪
▪	▪	representado/a

Zu Seite 51 (Kapitel 3A)

2 d Inventad un piropo divertido para ligar con un/a chico/a. Escoged el piropo más divertido y creativo de la clase.

3 ¿Amigos o novios? ¿Qué piensas tú? ¿Cómo termina la historia de amor de Daniel y María? Dibuja un cómic.

Zu Seite 53 (Kapitel 3A)

5 d Piensa en otros consejos.

Zu Seite 55 (Kapitel 3A)

6 d ¿Crees en el amor a primera vista o crees que los buenos amigos pueden llegar a ser novios algún día? Busca argumentos y escribe un texto argumentativo.

ideas

7 Investiga sobre Álvaro Soler. ¿Quién es? Escribe en tus propias palabras una corta biografía del cantante.

7 ¿Qué piensas de estos tests? ¿Te pueden ayudar a decidir algo o a encontrar a tu amor? Habla con un/a compañero/a.

Zu Seite 56 (Kapitel 3A)

9 b Redactad el chat de María, Sofia y Claudia y dadle consejos a María. ¡Ojo! Tened en cuenta que Claudia no habla bien el español y necesita que Sofia traduzca lo que María escribe.

Zu Seite 59 (Kapitel 3A)

12 b Busca una canción de amor en español que te guste y preséntala a la clase.

Zu Seite 60 (Kapitel 3A)

14 c Si quieres más informaciones mira estas páginas web: 80023-03

Zu Seite 61 (Kapitel 3B)

1 c Diseña más memes sobre el amor y la amistad.

Zu Seite 76 (Kapitel 4A)

3 c Busca más informaciones sobre cómo la gente se comunicaba antes (en la Edad Media, en la Edad de Piedra, …) y preséntalas en clase.

Zu Seite 86 (Kapitel 4B)

6 También están los hermanos mayores de Pablo, su hermana de 18 y su hermano de 20 años.

Zu Seite 94 (Kapitel 5A)

4 Describe las diferentes rutas del Camino de Santiago en España. Investiga si hay más rutas y por qué países pasan. ¿Cuál es el camino más conocido?

Busca también información sobre los caminos que pasan por Alemania y presenta uno de los trayectos en la clase.

Zu Seite 100 (Kapitel 5A)

11 **b** Responde también estas preguntas:

1. ¿Qué van a recibir en Escalona?
2. ¿Qué monumento visitaron algunos alumnos el día 6 por la tarde, en Escalona?
3. ¿Dónde y cómo llevaron a Sofía después de lo que le pasó?

12 **c** Mira el vídeo `80023-03` y prepara unas Yemas de Santa Teresa.

Zu Seite 104 (Kapitel 5B)

2 Busca en el internet más frases, citas o refranes con el término "soñar" y preséntalos en la clase.

Zu Seite 109 (Kapitel 5B)

7 ¿Cuál ha sido el sueño más bonito/interesante/extraño que has ten do? Escribe un texto y comparte tus sueños con tus compañeros/as.

Zu Seite 124 (Kapitel 6B)

2 **b** Busca más informaciones en la red.

3 **a** Piensa en un lugar que has visitado pero que no te ha gustado nada. Deja un comentario y explica el por qué.

Zu Seite 127 (Kapitel 6B)

5 **e** Busca en el texto más herramientas para describir una pintura y apúntalas en tu cuaderno.

5 **f** Regístrate en el museo del Prado y crea tu propio recorrido. `80023-03`

M Método 80023-02

I. Sprache

II. Lernen

I. Sprache

I 2. Lesen

I 2.4 Wie kann ich mir unbekannte Wörter erschließen?

Um einen spanischen Text zu verstehen, musst du nicht jedes Wort übersetzen können. Du benötigst nicht gleich ein Wörterbuch. Vieles kannst du dir selbst erschließen!

Wie du Wörter aus anderen Sprachen ableiten kannst, weißt du bereits: 80023-02

Vorgehensweise	Beispiele
Überlege, ob du dir ein Wort aus dem Deutschen, Englischen oder einer anderen Sprache herleiten kannst.	el mensaje – message el pantalón – pantalon el amor – l'amour

Vorgehensweise	Beispiele
Wenn du ein Wort der gleichen Wortfamilie kennst, hilft es dir bestimmt das unbekannte Wort zu verstehen.	el/la cantante – la canción – cantar enamorarse – el amor – el/la amante – amoroso/a
Du kannst dir Wörter auch erschließen wenn du weißt, wie die Wortbildung im Spanischen funktioniert. Einige Wörter haben bestimmte Vorsilben, mit denen du das Gegenteil eines Wortes bilden kannst.	posible ≠ imposible (möglich ≠ unmöglich) el amor ≠ el desamor (die Liebe ≠ die Abneigung) justo ≠ injusto (gerecht ≠ ungerecht)
Mit manchen Endungen ändert sich im Spanischen die Wortgruppe. So wird z. B. ein Nomen zu einem Adjektiv oder ein Verb zu einem Nomen. Manchmal haben Vorsilben oder Endungen aber auch eine bestimmte Bedeutung. Wenn du sie kennst, fällt dir die Erschließung von Wörtern mit ihnen leichter.	el deporte → deportista la familia → familiar durar → la duración conocer → el conocimiento conocer – kennen reconocer – wiedererkennen el actor • jugador • bailador → männliche Personen
Wenn du ein Wort trotz der drei Vorgehensweisen nicht verstehst, solltest du versuchen, es durch den Kontext zu erschließen. Unter „Kontext" versteht man die Wörter in der Umgebung des gesuchten Wortes. Lies dir hierzu nochmal den ganzen Satz durch.	Os recomiendo que tengais **un encuentro** romántico en el cine. Pero no puedes ir a ver una peli de acción o de horror. Das Wort encuentro kannst du dir durch den Kontext herleiten! Was macht man im Kino? Hat man ein romantisches Date?

I 2.5 Wie kann ich den Inhalt eines Textes wiedergeben?

Wenn du den Inhalt eines Textes wiedergeben sollst, beschränke dich auf die wichtigsten Informationen. Stelle dir vor, du sollst jemandem, der den Text nicht kennt, kurz erzählen, worum es geht.

1. Wenn du einen neuen Text lesen möchtest, ist es wichtig, sich erst einmal einen Überblick zu verschaffen. Lies die Überschrift und überfliege den Text. Notiere dir in einer Mindmap mit wenigen Stichpunkten, worum es geht. Die deutschen W-Fragen helfen dir dabei! Du kannst sie in eine Tabelle schreiben:

¿Quién(es)?   ¿Cuándo?   ¿Por qué?

¿Dónde?   ¿Cómo?   ¿Qué?

2. Lies den Text nun noch einmal genauer durch. Meistens sind Texte in Sinnabschnitte geteilt, für die du eine Überschrift finden kannst oder die du in einer Aufgabe zuordnen musst.
Wenn du diese Überschriften dann verbindest, hast du eine kleine Zusammenfassung des Textes.

3. Wenn du den groben Inhalt des Textes verstanden hast, sollst du oft Detailfragen zum Text beantworten oder ankreuzen. Lies dir hierfür den Text nochmal durch und suche gezielt nach den Informationen. Überlege dir genau, auf welche Wörter du im Text besonders achten sollst. Sei mit Markierungen aber sparsam!

Wie die Überschriften in Schritt 2 ergeben die Antworten auf Fragen zum Leseverstehen meistens auch eine kurze Zusammenfassung des Textes.

Bevor du zum Wörterbuch greifst, um unbekannte Vokabeln nachzuschlagen, nutze die Techniken zu Worterschließung (vgl. S. 160).

I 4. Sprechen

I 4.2.1 Wie hilft mir der „Kniff mit dem Knick" bei einer Präsentation?

Mache dir einen Stichpunktzettel z. B. mit dem „Kniff mit dem Knick":

1. Nimm ein weißes Blatt und lege es quer vor dich. Falte das rechte Drittel nach hinten.
2. Schreibe deinen kompletten Text auf die linke Seite. **Tipp:** Lasse den Text von deinem Nachbarn korrigieren M II 2.1 .
3. Notiere die wichtigsten Stichwörter auf die rechte Seite.
4. Falte die linke Seite nach hinten und versuche, deinen Text mithilfe der Stichpunkte vorzutragen. Wenn du nicht weiterkommst, knicke die linke Seite wieder vor und lies im Text nach.
5. Übe den Text erst für dich allein. Trage ihn dann deinen Mitschülern vor.

texto		chuleta
Mi pariente favorito es mi tía Julia. Tiene dos hijos, se llaman Max y Emma.	HIER KNICKEN	pariente favorito = tía Julia 2 hijos : Max + Emma
Es muy alta y delgada. Es morena.		alta, delgada, morena

I 4.4 Wie kann ich ein Bild, ein Foto oder eine Karikatur auf Spanisch beschreiben?

Erinnerst du dich noch an die Hinweise zur Bildbeschreibung in Band 2?
Hier kannst du noch einmal nachlesen: 80023-02

So kannst du das Aussehen von Personen auf den Bildern näher beschreiben:

El hombre / La mujer tiene los ojos negros/azules/verdes/castaños/ … y su pelo es rubio/negro/castaño/moreno.

El chico / La chica tiene el pelo largo/corto/rizado/ …

Es gordo/a / delgado/a / grande / pequeño/a / guapo/a / lindo/a / feo/a / joven / viejo/a /…

Lleva	pantalones	azul/es
	vaqueros	rojo/s
	una falda	verde/s
	un vestido	amarillo/s
	un jersey	marrón/es
	una camiseta	gris/es
	una blusa	lila
	una camisa	rosa
	una chaqueta	naranja
	botas / zapatos	negro/s
		blanco/s

Se trata de
- una imagen
- un cuadro (abstracto)
- un retrato (de busto/de cuerpo completo)
- un autorretrato

- una naturaleza muerta
- un paisaje
- un mural
- una pintura al óleo / a la acuarela / al pastel

Justifica tu opinión acerca de la obra. Si no te gusta, di por qué.
(no) me gusta (nada) / (no) me llama mucho la atención por …

los colores, contrastes y la técnica de pintura/dibujo
los colores vivos / más bien oscuros / acuarelas/pinceladas
el juego de luz y sombra

la manera de pintar al / a la protagonista
la expresión de la cara (alegre / triste / gallardo/a / estricto/a …)
la fisionomía / apariencia ((des-) agradable …)
la postura (desgarbado/a / erguido/a …)

la composición

En primer plano
En segundo plano/ al fondo
En el centro/ en el medio
Completamente a la izquierda/derecha

hay
se encuentra(n)
aparece(n)
se puede(n) ver (a)

varias personas
el/la protagonista
edificios/árboles …

Los personajes se agrupan en … • La parte central la ocupa …

Nachdem du ein Bild beschrieben hast, solltest du interpretieren und sagen, wie es auf dich wirkt. Du kannst dir auch überlegen, was Personen auf einem Bild gerade denken oder fühlen.

- La foto muestra • expresa que • se refiere a • …
- La imagen simboliza • representa • …
- El mensaje del cuadro es …
- Quizás … • Es posible que … + **Subj.**
- En mi opinión las personas en el cuadro están tristes • alegres • aburridas • …
- Probablemente piensan en …
- Mirando la foto pienso • creo que …
- La imagen me toca porque …
- (No) Me gusta el cuadro porque …

I 4.5 Wie kann ich ein spanisches Lied beschreiben?

Um ein spanisches Lied zu beschreiben, solltest du zuerst die wichtigsten Informationen wie Titel, Sänger und Thema nennen. Danach beschreibst du den Musikstil, Instrumente und Melodie. Am Schluss kannst du den Text interpretieren und deine Meinung dazu sagen.

1. Información general

- La canción se llama …
- El/la cantante / El grupo es …
- El texto trata el tema del amor / problemas de … •
  la guerra • la vida • la muerte • …

2. Análisis de la música

- El estilo de la canción es pop • rock • hip hop • heavy metal • R&B • rap •
  flamenco • música clásica • salsa • folclórica • tango • …
- Los instrumentos son un piano • una guitarra • una batería • un bajo • una
  trompeta • un saxofón • …
- El rítmo es/parece lento • rápido • regular • vivo • armónico • monótono •
  moderno • …
- La melodía es
  melancólica • triste • alegre • agresiva • romántica • sentimental • tierna • fácil •
  tranquila • …
- La voz del cantante es
  alta • baja • intensa • floja • simpática • melancólica • conmovedora • …
- La canción se compone de … estrofas y un estribillo.

3. Interpretación y opinión personal

- El/La cantante usa metáforas • símbolos para aludir a • criticar • mostrar • … un
  problema • …
- El mensaje de la canción es • puede ser …
- En mi opinión la canción …

- (No) me gusta la canción porque …
- En resumen pienso/creo que …
- Es posible / Puede ser que + Subj. …
- La canción me emociona porque …

I 4.6 Wie kann ich etwas umschreiben?

Wenn du in einer Situation ein Wort auf Spanisch nicht weißt, kannst du es mit deinen eigenen Worten beschreiben.

- Es una persona • un animal • una planta • un aparato • un objeto • un lugar • …
- Es grande • pequeño/a • alto/a • bajo/a • simpático/a • listo/a • pesado/a • aburrido/a • guapo/a …
- Es de metal • madera • plástico • cristal • tela • papel • …
- Es redondo • rectangular • cuadrado • triangular • …
- Es negro • rojo • amarillo • verde • azul • marrón • …
- Se necesita / Se usa para escribir • trabajar • comer • …
- Es algo / Sirve para …
- El contrario / Un sinónimo es …

Es un objeto azul pequeño. Es de plástico y se usa para escribir. ¿Qué es?

I 5 Sprachmittlung – Wie kann ich wichtige Informationen in die andere Sprache übertragen?

1. Das Wesentliche mitteln

Egal ob bei einem Gespräch oder bei einem Text, übersetze nicht Wort für Wort, sondern mittele nur die wesentlichen Informationen in deinen Worten. Details kannst du vernachlässigen. Stelle dir die Frage: Was muss eine Person, die die Sprache nicht versteht, wissen?

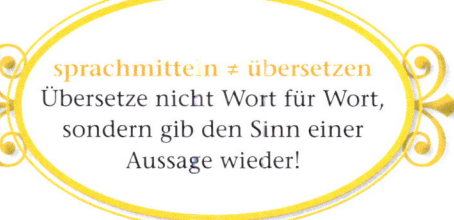

sprachmitteln ≠ übersetzen
Übersetze nicht Wort für Wort, sondern gib den Sinn einer Aussage wieder!

Bei Texten solltest du darauf achten, dass du dich nicht in Details verstrickst. Tipp: Lies dir den Text zwei Mal durch und lege ihn dann zur Seite oder unterstreiche nur die wichtigsten Informationen, die du wiedergeben willst.

2. Kulturelle Unterschiede mitteln

Sprachmittlung bedeutet auch, dass man zwischen zwei Kulturen vermittelt. In Deutschland und Spanien oder Lateinamerika gibt es Gegenstände oder Gewohnheiten, die in dem jeweils anderen Land nicht oder anders existieren und für die es meistens nicht einmal eine Vokabel gibt. Hier solltest du die Wörter umschreiben, wenn sie für das Verstehen des Sachverhalts wichtig sind.

🇪🇸	Wie sieht das genau aus?	🇩🇪	Wie sieht das genau aus?
la cena	Es wird wegen der Wärme meist spät abends gegessen. Es wird warmes Essen serviert.	**das Abendessen**	Die Deutschen essen meist zwischen 18-19 Uhr Brot, Wurst und Käse.
---	Die spanischen Schüler kaufen sich meistens in der Schulkantine oder in einer Bäckerei ein *bocadillo*.	**die Brotdose**	Schüler nehmen ihr Pausenbrot in einer Brotdose mit.

II. Lernen

II 1. Allein lernen

II 1.2 Wie gehe ich mit einem Onlinewörterbuch um?

Wenn du im Onlinewörterbuch ein Wort nachschlägst, findest du oft mehr Informationen und Übersetzungen als in einem normalen Wörterbuch. Um eigene Texte zu schreiben oder unbekannte Wörter bspw. bei der Internetrecherche nachzuschlagen, gibst du ein Wort online ein.

Das funktioniert im Gegensatz zum normalen Wörterbuch auch mit konjugierten Verbformen, Adverbien, Redewendungen und Pluralformen, die du nicht kennst. Außerdem kannst du dir das spanische Wort anhören, um bspw. für eine Präsentation die korrekte spanische Aussprache zu kennen.

Eine Schwierigkeit bleibt jedoch: Du wirst zu einem Wort meistens mehrere Bedeutungen finden. Lies dir deshalb den gesamten Eintrag durch, um die richtige Übersetzung für „deinen" Satz zu finden. Wenn du dir nicht sicher bist, klicke auf das spanische Wort und überprüfe, ob die Übersetzung stimmt.

In einigen Onlinewörterbüchern findest du das gesuchte Wort in Kontext eingebunden. Dies kann hilfreich sein, um zu überprüfen, mit welchen Verben Substantive verwendet werden oder welche Präpositionen Elemente verbinden, da dies oft nicht aus dem Deutschen oder einer anderen Ausgangssprache wörtlich übersetzbar ist (z. B. soñar **con** un chico, enamorarse **de** una chica, **tocar** un instrumento, **poner** la mesa, **prestar** atención, …).

Achtung: Verwende zum Übersetzen von Wörtern oder Texten keine Online-Übersetzungsprogramme (wie z. B. Google Übersetzer). Da sie willkürlich Bedeutungen von Wörtern zusammenpuzzeln, sind die Übersetzungen meistens fehlerhaft und unverständlich. Versuche lieber, dich einfach, aber mit deinen eigenen Worten auszudrücken!

II 2. Gemeinsam lernen

II 2.1 Wie gebe ich anderen ein Feedback für eine Präsentation?

Du kannst deine Klassenkameraden beim Lernen unterstützen, indem du ihnen eine Rückmeldung gibst wenn sie z. B. einen Dialog oder ein Plakat präsentiert haben. Denke daran, dass du immer sachlich und fair bleibst und sowohl positive als auch negative Aspekte nennst. Mit deinem Feedback können sich deine Klassenkameraden beim nächsten Vortrag verbessern, wenn du dein Feedback begründest. Einen Beispielfeedbackbogen findest du hier: `80023-02`

II 2.2.8 Wie führen wir einen Gallery Walk durch?

Ein Gallery Walk eignet sich gut, um mehrere Stationen (Bilder, Plakate, Wandzeitungen, ...), die nicht chronologisch aufeinander folgen (nicht aufeinander aufbauen), hintereinander zu präsentieren. Die einzelnen Stationen werden durchlaufen wie Ausstellungsstücke in einem Museum oder einer Galerie. Unterschiede bestehen hinsichtlich dessen, was wie präsentiert wird:

1. Ist die Station selbsterklärend, d. h. die Informationen können von euch selbstständig entnommen werden, so könnt ihr entscheiden, ob ihr eventuell dennoch eine Person für Rückfragen bereitstellt. Denkt daran, diese regelmäßig auszutauschen, damit jede/r die Möglichkeit erhält, alle Stationen zu durchlaufen.

2. Oft dienen die Bilder oder Plakate der jeweiligen Station nur als Visualisierungshilfe, d.h. wesentliche Informationen werden euch durch einen mündlichen Vortrag vermittelt. Dann müsst ihr natürlich innerhalb der Gruppe, die die Station erstellt hat, den/die Vortragende/n regelmäßig ablösen bzw. gegen ein anderes Gruppenmitglied austauschen, damit alle auch mündlich präsentieren können! Für die Präsentationen könnt ihr natürlich den Kniff mit dem Knick verwenden oder aber auch Stichwortkarten.

Zur Vorbereitung des Gallery Walks hängt ihr eure Produkte mit möglichst viel Abstand an den Wänden des Klassenzimmers auf. Teilt euch nun in so viele Gruppen auf, wie Stationen vorhanden sind. Jede Gruppe beginnt bei einer Station und geht diese gemeinsam durch. Nach einer bestimmten Zeit rotieren alle Gruppen zur jeweils nächsten Station im Uhrzeigersinn. So könnt ihr alle Stationen nacheinander durchlaufen. Danach könnt ihr noch eine Plenumsphase anschließen, während der ihr gemeinsam über bestimmte Fragestellungen diskutiert oder die Ergebnisse konstruktiv bewertet.

1 Hacemos un intercambio

el intercambio	der Schüleraustausch	Este año hacemos un **intercambio** con Francia.
apuntarse	sich eintragen (in eine Liste), sich anmelden	= inscribirse
inolvidable	unvergesslich	olvidar
la posibilidad	die Möglichkeit	posible
el/la participante	der/die Teilnehmer/in	participar
recibir a alg.	jdn. aufnehmen	
el estereotipo	das Vorurteil, das Stereotyp	
(el/la) musulmán, musulmana	muslimisch, der/die Moslem/ Muslimin	
hacerse independiente	sich unabhängig/selbstständig machen	independent
acumular experiencias	Erfahrungen sammeln	

A Los alemanes, ¿raros?

T Av. (la avenida)	die Straße, die Allee	avenue

Una carta (formal)

Estimado(s)/a(s) …	Liebe/r … (Anrede in einem Brief)	
cordial	herzlich	un **cordial** saludo
3 el cuerpo de la carta	der Hauptteil des Briefes	
la firma	die Unterschrift	Ojo: die Firma – la empresa
el remitente	der Absender	
la despedida	die Verabschiedung	
el membrete	der Briefkopf	
el asunto	der Betreff	

desde hace (+ tiempo)	seit (+ Zeitangabe)	
existir	bestehen, existieren	la existencia
escolar	Schul-, schulisch	
la actividad	die Aktivität, die Unternehmung	activity
el desarrollo	die Entwicklung	desarrollar
la estancia	der Aufenthalt	estar
la cultura	die Kultur	culture
la edad	das Alter	
desde … hasta	von … bis	
estar alojado/a	untergebracht sein	alojar
asistir algo	an etwas teilnehmen, bei etwas anwesend sein	

anfitrión/anfitriona	Gastgeber-	
el coste	der Preis, die Gebühr	costar
limitarse a	sich beschränken auf	
el precio	der Preis	
el vuelo	der Flug	volar (o ➞ ue)
los gastos	die Unkosten	el gasto: Ausgabe gastar
la reunión	das Treffen, das Zusammenkommen	
interesado/a; interesar	interessiert; interessieren	interesarse / el interés
responder a	etwas beantworten, auf etwas antworten	to respond
acerca de	bezüglich, zum Thema …	
la dirección	das Direktorat, die Schulleitung	
3 sino	sondern	
el signo	das (An-) Zeichen	sign
T ¡Vaya!	Wow!	
raro/a	seltsam, merkwürdig	
apenas	kaum, höchstens	
el pulpo	der Tintenfisch	
(a la) gallego/a	galizisch, auf galizische Art (mit Öl und Paprikapulver)	
el gazpacho	das Gazpacho (kalte Gemüsesuppe)	
el prejuicio	das Vorurteil	prejudice vgl. el estereotipo
por lo general	üblicherweise, normalerweise	= generalmente
un par de	einige	
fijo/a	fix, fest(gelegt)	
es decir	das heißt (d.h.)	
tan	so	¡Soy **tan** feliz!
el salami	die Salami	
el panecillo	das Brötchen	
los embutidos	der Aufschnitt	
simplemente	nur, bloß	simply
el muesli	das Müsli	
la galleta	der Keks	
varias veces	mehrmals	
el ascensor	der Aufzug	
la tumba	das Grab	
ruidoso/a	laut, lärmend	el ruido
no entender ni torta	überhaupt nichts verstehen	

	interrumpir a alg.	jdn. unterbrechen	🇬🇧 interruption
	sonreír	lächeln	
8	sin embargo	trotzdem, jedoch	
	ya que	da (ja), weil	
10	extranjero/a, el extranjero	ausländisch, der/die Ausländer/in, das Ausland	

B   Vienen los compañeros

T	estar emocionado/a	aufgeregt/gespannt sein	👥 la emoción
	recoger	(ein)sammeln	
	la visita guiada	die Führung	Me encantan las **visitas guiadas** en los museos.
	el principio	der Anfang, der Beginn	
	la llegada	die Ankunft	👥 llegar
	proponer	vorschlagen	👥 la propuesta 🇬🇧 to propose
	dibujar	zeichnen	👥 el dibujo
	cortado/a	verlegen (Adj.)	
	siguiente	folgend/e	👥 seguir
	la empresa	die Firma, der Betrieb	**Ojo:** la firma = die Unterschrift
	enseñar	zeigen	
	por supuesto	selbstverständlich	
3	expresar algo	etwas ausdrücken	👥 la expresión 🇬🇧 to express
	rechazar	ablehnen	
	el paseo	der Spaziergang	Daniel da un **paseo** con Speedy. 👥 pasear
5	la recuperación	die Wiederholungsklausur, die Nachprüfung	
	aunque	obwohl	
	frecuentemente	häufig	🇬🇧 frequently
7	¡Alto!	Halt!	
8	estar a dos velas	arm wie eine Kirchenmaus sein	la vela: Kerze
	partirse de risa	sich krumm und schief lachen	
	ligar	flirten, anbandeln	Ellos se miran y se sonríen mucho, creo que se están **ligando**.
	pillar	checken, kapieren (ugs.)	
9	exacto/a	genau, exakt	
	Es un tipo de …	Es ist eine Art …	
	Es una especie de …	Es ist eine Sorte/Art von …	
	parecido/a a	ähnlich wie	👥 parecer
	conocido/a	bekannt	👥 conocer

10 el poema — das Gedicht

el/la poeta — der/die Dichter/in — 🇬🇧 poet

varios/as — einige, mehrere, verschiedene

T hermoso/a — schön

el/la guía (turístico/a) — der/die Reiseführer/in — El **guía** nos muestra los lugares más preciosos de Alicante. 🇬🇧 guide

la almohada — das Kopfkissen

la alcachofa — die Artischocke

Hablar de la historia (española)

árabe	arabisch, der/die Araber/in	
reinar	herrschen	🇬🇧 to reign
la reconquista	die Rückeroberung	
el legado	das Erbe	
la literatura	die Literatur	
la arquitectura	die Architektur	
la medicina	die Medizin	el médico
(el/la) cristiano/a	christlich; der/die Christ/in	
vencer	besiegen	
los ejércitos	die Streitkräfte	el ejército: das Heer
al mando de	unter der Herrschaft von	
el/la rey/reina; real	der/die König/in; königlich	los Reyes Católicos = rey + reina
gobernar	herrschen, regieren	🇬🇧 to govern
la muralla (de la ciudad)	die Stadtmauer	
defender (e → ie) contra	verteidigen gegen	🇬🇧 to defend
el Alcázar	die Festung, der (maurische) Palast (in Sevilla)	
el ataque	der Angriff	🇬🇧 attack
proteger contra	schützen vor	🇬🇧 to protect
la inundación	die Überschwemmung, das Hochwasser	
el/la constructor/a	der/die Erbauer/in	construi-
la caída	der Untergang; der Fall	caer
el imperio	das Imperium, das Reich	🇬🇧 empire
la fortaleza	die Festungsanlage	
el/la gobernante	der/die Herrscher/in, der/die Machthaber/in	gobernar
la victoria	der Sieg	🇬🇧 victory
la judería	das Judenviertel	
(el/la) judío/a	der/die Jude/Jüdin, jüdisch	
mudéjar	im Mudejarstil (*Architekturstil mit maurischen Elementen, 12.–16.Jh.*)	
la Edad Media	das Mittelalter	
entonces	damals	en aquel **entonces** ≠ hoy en día

---

la Península ibérica — die Iberische Halbinsel

finalizar — enden

a partir de … — von … an — **A partir de** hoy, estudiaré más español.

rodear — umgeben, umringen — Estoy rodeado de buenas personas.

formar parte de algo — zu etwas dazugehören, Teil sein von etwas

el/la habitante	der/die Einwohner/in	habitar
hoy en día	heutzutage	
la atracción turística	die Sehenswürdigkeit	
curiosa/o	ungewöhnlich; sehenswert	
fijarse en algo	aufpassen auf	
a diferencia de	im Gegensatz zu	
el/la arquitecto/a	der/die Architekt/in	
el/la mismo/a	der(selbe)/die(selbe)/das(selbe)	
el edificio	das Bauwerk	
convertirse (e → ie) en	sich verwandeln in, werden zu	
la catedral	die Kathedrale	cathedral
por cierto	übrigens	
vale la pena	es lohnt sich	
espectacular	spektakulär	spectacular
la residencia oficial	der Amtssitz	
la huerta	der Gemüsegarten	
el estanque	der Teich	
el miembro de la familia	das Familienmitglied	member
exótico/a	exotisch	
histórico/a	historisch	
recomendar (e → ie)	empfehlen	to recommend
12 desconocido/a	unbekannt	≠ conocido/a
significar	bedeuten	signification el significado
16 quejarse de algo	sich über etwas beschweren	
tener en cuenta	berücksichtigen	
17 los/las demás	die Anderen, die Übrigen	

2 Recorremos la tierra maya

Hablar de culturas y de la cultura maya

el territorio; la tierra	das Gebiet	
(el/la) maya	Maya-, der/die Maya	
prehispánico/a	vor der Ankunft der ersten Spanier auf dem amerikanischen Kontinent	
avanzado/a	fortschrittlich, (hoch) entwickelt	 advanced
extenderse sobre (e → ie)	sich erstrecken über, sich ausbreiten auf	
la ruina	die Ruine	
el templo	der Tempel	
1T los antepasados	die Vorfahren	
el pueblo	die Kultur, das Volk	
los aztecas	die Azteken	
8 la comunicación	die Verständigung	comunicar(se)
la escritura	die Schrift	
organizarse	sich organisieren	
creer en	glauben an	Me gusta **utilizar** cosas viejas para decorar mis cosas nuevas.
utilizar	benutzen	
cultivar	anbauen, anpflanzen	El agricultor es el que **cultiva** el suelo.
atrasado/a	unterentwickelt; veraltet	≠ avanzado/a
el asentamiento	die Siedlung, die Besiedelung	
la colonia	die Kolonie, die Ansiedlung	
la sociedad	die Gesellschaft	
la clase social	die Gesellschaftsschicht	clase media, alta y baja
la nobleza	der Adel	
el sacerdote	der Priester	
el/la esclavo/a	der/die Sklave/Sklavin	
la cueva	die Höhle	
el techo	das Dach	
la paja	das Ried (eine Art Stroh)	En el norte de Alemania son comunes los techos de **paja**.
decorado/a	geschmückt	
la agricultura	die Landwirtschaft	
el arte	die Kunst	art
la escultura	die Skulptur	
la pintura	die Malerei	pintar
el barco	das Schiff	
la rueda	das Rad	
el carruaje	das Fuhrwerk, der Wagen	
el coche	die Kutsche	
los conocimientos	die Kenntnisse, das Wissen	conocer
la astronomía	die Astronomie	
el calendario	der Kalender	
el monoteísmo	der Monotheismus (Ein-Gott-Glaube)	
el politeísmo	der Polytheismus (Glaube an mehrere Götter)	
T la civilización	die Zivilisation	
desarrollado/a	entwickelt	el desarrollo
el avance	der Fortschritt	avanzado/a advance
transportar	transportieren	el transporte

Hablar de culturas y de la cultura maya (2)

el material	das Material	
la decoración	die Dekoration	
finísimo/a	zierlich, ganz fein	
la población	die Bevölkerung	🇬🇧 population
el período clásico	die klassische Periode	
alcanzar	erreichen, gelangen zu	
la ciudad-estado	der Stadtstaat	
comerciar	Handel treiben	
combatir	(be)kämpfen	
el/la prisionero/a	der/die (Kriegs-)Gefangene	
sacrificar	opfern	🇬🇧 to sacrifice el sacrificio
el progreso	die Fortschrittlichkeit, der Fortschritt	
la lectura	das Lesen, die Lektüre	
conservarse	erhalten bleiben	
el códice	der Kodex, (alte) Handschrift	

recorrer	bereisen	el recorrido Este año me gustaría mucho **recorrer** España en bicicleta.
el problema	das Problem, die Schwierigkeit	**Ojo:** „el" problema
extraordinario/a	hervorragend	Hoy es un día **extraordinario** para tomar el sol.
la ubicación geográfica	die geografische Lage	
estar cubierto/a por	bedeckt sein von	
contar con (o → ue)	haben, verfügen über	
la variedad	die Vielfalt	🇬🇧 variety
caribeño/a	karibisch	

Hablar del clima

la temperatura media	die Durchschnittstemperatur	
el bosque tropical	der (tropische) Regenwald	
húmedo/a	feucht	
anual	jährlich	**anual** – mensual – diario
el clima	das Klima	
cálido/a	warm	el calor
sub-húmedo/a	feuchtwarm	
1T El sol pegaba fuerte.	Es war ganz schön heiß.	
la temperatura máxima	die Höchsttemperatur	
agradable	angenehm	
templado/a	mild	
3 la zona tropical	die Tropen	
lluvioso/a	regnerisch	
seco/a	trocken	
la estación	die Jahreszeit	
aumentar	steigen	
bajar	sinken	
mensual	monatlich	
8T la selva	der Urwald	

Las temperaturas **bajan** hasta los 5°.
anual – **mensual** – diario

A   La tierra de los abuelos

el enano	der Zwerg, der Kleine (nett gemeint)	A mi hermano pequeño le llamamos el **enano**.
fascinar a alg.	jdn. begeistern	🇩🇪 faszinieren fascinante
contar sobre (o → ue)	erzählen über, erzählen von	
T el/la sobrino/a	der Neffe, die Nichte	
¡Qué gusto saber de ti!	Wie schön, von dir zu hören!	
antes que nada	zuallererst	
la época	die Epoche, die Zeit	
el continente	der Kontinent	
de hecho	eigentlich, tatsächlich	
delicioso/a	köstlich	🇬🇧 delicious
la especialidad	die Spezialität	especial La **especialidad** de la casa son las gambas al ajillo.
jade (unveränderlich)	jadegrün	
esmeralda (unveränderlich)	smaragdgrün	
turquesa (unveränderlich)	türkisblau	Mi color favorito es el **turquesa**.
el alga (f.)	die Alge	
molestar	stören	
el/la empleado/a	der/die Angestellte/r	
limpiar	saubermachen	Hoy no puedo salir, tengo que **limpiar** mi cuarto.
imaginarse algo	sich etwas vorstellen	
sudar	schwitzen	
insoportable	unerträglich	
tomarse algo	etwas trinken	= beber
la iguana	der Leguan	
esconderse	sich verstecken	
la piedra	der Stein	
el/la pobre(cito/a)	der/die Arme	
4 el ambiente	die Umgebung	
la repetición	die Wiederholung	🄲
habitualmente	für gewöhnlich, in der Regel	
habitar	(be)wohnen	la habitación, el/la habitante
5 único/a	einzig(artig)	
de pronto	plötzlich, auf einmal	
aparecer	auftauchen	🇬🇧 to appear
7 observar	beobachten	🇬🇧 to observe el observatorio
8 en comparación con	im Vergleich zu/mit	comparar 🇬🇧 comparison

familiar	Familien-
definido/a	festgelegt
el chile	die Chilischote
el frijol	die Bohne
el algodón	die Baumwolle
el cacao	der Kakao
la manzana	der Apfel
T la belleza	die Schönheit
ser considerado/a como …	betrachtet werden als …, gehalten werden für …
el observatorio astronómico	die Sternwarte
el cielo	der Himmel
la precisión	die Genauigkeit
el ciclo	der Zyklus
la luna	der Mond
causar	auslösen
la admiración; admirar	die Bewunderung; bewundern admiration
la mayoría	die Mehrheit
los alrededores (Pl.!)	die Umgebung (gemeint ist hier „außerhalb")
modesto/a	einfach, bescheiden modest
el esplendor	die Pracht, der Glanz
artístico/a	künstlerisch el arte
actual	gegenwärtig, heutig
destacar	herausragen
estar en contacto	in Kontakt stehen
quedarse sorprendido/a con	überrascht sein von
la cal	der Kalk
conectar	verbinden
brillar	(an)strahlen
iluminar	beleuchten
a través de	durch
la jungla	der Dschungel jungle
¡Padrísimo! (mex.)	Wie toll! = ¡Qué guay! / ¡Qué chulo!
inventar	erfinden to invent
la muestra	der Beweis mostrar (o → ue)
complejo/a	komplex
complicar	erschweren complicado/a
la interpretación	die Auslegung, die Interpretation interpretar

pertenecer a	gehören zu	
ser capaz de	fähig sein, etwas zu tun	🇬🇧 capacity
el misterio	das Rätsel, das Geheimnis	🇬🇧 mystery
abandonar	verlassen	
desaparecer	verschwinden	≠ aparecer
brillante	brillant	👥 brillar
detenerse	anhalten, zum Stillstand kommen	
caer en el olvido	in Vergessenheit geraten	👥 olvidar
provocar	hervorrufen, auslösen	
10 la salida	der Ausgang	👥 salir
boxito *(maya)*	freundliche, ugs. Anrede für jemanden aus Yucatán	
pesar	wiegen	

B   Reporteros de la historia

2 el/la jugador/a	der/die Spieler/in	👥 jugar
el anillo	der Ring	
el mono	der Affe	
la serpiente	die Schlange	
la altura	die Höhe	👥 alto/a
la cancha	das Spielfeld, der Sportplatz	
la protección	der Schutz	🇬🇧 protection
el protector de la cadera	der Hüftschutz	
el diámetro	der Durchmesser	
el codo	der Ellbogen	
la batalla	der Kampf	
la mitad	die Hälfte	
representar	darstellen, stehen für	
el pasatiempo	der Zeitvertreib	
el/la ganador/a	der/die Gewinner/in	👥 ganar
5 hacer cálculos	Berechnungen anstellen	
el acontecimiento	das Ereignis	
la ceremonia	die Zeremonie	
7 el/la conquistador/a; la conquista	der Eroberer/in; die Eroberung	
8 la desaparición	das Verschwinden	👥 desaparecer

3 Nos enamoramos

esperar que (+ subjuntivo)	hoffen, dass	**Espero que** él me llame por teléfono.
la amistad	die Freundschaft	el amigo
sincero/a	aufrichtig, ehrlich	
la risa; reírse	das Lachen; lachen	
¡Qué cuerpazo!	Was für ein toller Körper!, Was für eine Traumfigur!	

Hablar del amor y desamor

el cariño	die Liebe, die Zuneigung	cariñoso/a Yo les tengo mucho **cariño** a mis amigos. ♥
el corazón	das Herz	
el flechazo (ugs.)	Liebe auf den ersten Blick	
el sentimiento	das Gefühl	sentir
1 celoso/a	eifersüchtig	
estar enamorado/a de alg.	in jdn. verliebt sein	
2 romántico/a	romantisch	
3 salir con alg.	mit jdm. (aus-) gehen	
abrazar	umarmen	
T la cita	die Verabredung, das Date	
6 la pareja ideal	der/die Traumpartner/in	
fiel	treu	≠ infiel
llevarse bien	gut miteinander auskommen	
sentirse amado/a	sich geliebt fühlen	
respetarse	sich respektieren	el respeto
BT amar(se)	(sich) lieben	
en las buenas y en las malas	in guten wie in schlechten Zeiten	
extrañar	vermissen	
B2 romper con alg.	mit jdm. Schluss machen	
tener su cabeza en las nubes (fig.)	auf Wolke sieben schweben	
la vida amorosa	das Liebesleben	

la muerte	der Tod	morir
acercarse	sich nähern	≠ alejarse cerca
el secreto	das Geheimnis	🇬🇧 secret
el aspecto físico	das Aussehen	
el comportamiento	das Benehmen, das Verhalten	
la red social	das soziale Netz	
dejar un comentario	kommentieren	= comentar Mi mejor amiga siempre me **deja un comentario** en mis fotos.
subir una foto	ein Foto hochladen	
la etiqueta	der Hashtag	poner una etiqueta
contarse secretos	sich Geheimnisse anvertrauen	
resolver (o → ue) (un problema)	(ein Problem) lösen	Si trabajamos juntos, vamos a **resolver** este problema más facilmente.
apoyarse	sich gegenseitig (unter) stützen	

Describir a una persona

abierto/a	offen; aufgeschlossen
cerrado/a	geschlossen; verschlossen
directo/a	direkt
hablador/a	gesprächig, geschwätzig
tranquilo/a	ruhig, still
activo/a	aktiv, hier: (ständig) in Aktion
mentiroso/a	verlogen, hier: unehrlich
tímido/a	schüchtern
seguro/a de sí mismo/a	selbstbewusst
creativo/a	kreativ
independiente	unabhängig, selbstständig
rebelde	rebellisch
comprensivo/a	verständnisvoll
presumido/a	eingebildet
el macho (ugs.)	der Macho
6 atento/a	aufmerksam; freundlich
musculoso/a	muskulös
repipi (ugs.)	eingebildet, affektiert
B3 furioso/a	wütend
B6 honesto/a	ehrlich, aufrichtig
B10 realista (m. + f.)	realistisch

comprender

🇬🇧 furious
= sincero/a

A   ¿Amigos o novios?

la rosa	die Rose	
olvidar	vergessen	inolvidable
el piropo	das Kompliment	
2 llamar la atención a alg.	jds. Aufmerksamkeit erregen, jdn. interessieren	
sostener	halten	
el cartel	das Plakat	
insultar	beleidigen	🇬🇧 to insult el insulto
referirse a	sich beziehen auf	
ofensivo/a	beleidigend	
el acoso; acosar a alg.	das Mobbing, jdn. mobben	
3 ponerse … (+ adjetivo)	… werden	Mi abuela siempre **se pone muy nerviosa** antes de irse de viaje.
T el/la experto/a	der/die Experte/Expertin	
la ayuda	die Hilfe	ayudar
¡Me urge!	Es ist sehr dringend! (für mich)	
peque (ugs.)	Kleiner/Kleine	pequeño/a
¡Felicidades!	herzlichen Glückwunsch!	feliz

¡Ya era hora!	Das wurde aber auch mal Zeit!	
la mariposa	der Schmetterling	
tener confianza en alg.	jdm. vertrauen	🇬🇧 confidence
el payaso	der Spaßvogel, der Hanswurst	
aconsejar algo a alg.	jdm. (zu) etwas raten	el consejo
el desodorante	das Deo	
el perfume	das Parfüm	
oler (o → ue)	riechen, duften	El siempre **huele** bien porque usa perfume.
la acción	die Action (Actionfilm)	
el horror	der Horror	horrible
las palomitas	das Popcorn	
la pajilla	der Strohhalm	
anotar	notieren	
¡Qué papelón! (ugs.)	Wie peinlich!	
te conviene	das ist gut so (für dich)	
disimuladamente	unauffällig, heimlich	
necesario/a	notwendig	
intentar	versuchen	
¡Ánimo!	Kopf hoch!	**¡Ánimo!** Al final uno siempre se da cuenta que las cosas no estaban tan mal.
arriesgarse	etwas riskieren, etwas wagen	Él que no **arriesga**, no gana. = Wer nicht wagt, der nicht gewinnt!
5 puntual	pünktlich	la puntualidad
6 el deseo; desear que	der Wunsch; (sich) wünschen, dass …	el deseo 🇬🇧 to desire
compartir intereses	gemeinsame Interessen/Hobbys haben	
importar a alg.	jdm./für jdn. wichtig sein	
8 indispensable	unumgänglich	
tomar la iniciativa	die Initiative ergreifen	
sorprender	überraschen	la sorpresa
10 la impresión	der Eindruck	impresionar, impresionante 🇬🇧 impression

B ¿Amor o amistad?

T	aparte de	abgesehen von, außer	
	al fin y al cabo	letzten Endes	
	definitivamente	definitiv	🇬🇧 definitely
	relevante	relevant, wichtig	= importante
	verdadero/a	wahr, wahrhaftig	👥 la verdad
	poderoso/o	hier: stärker	= fuerte
	afectar a alg.	jdn. betreffen, jdm. nahegehen	
	traicionar	betrügen	= ser infiel
	a lo largo de tu vida	im Laufe deines Lebens	
	jugar (o → ue) un papel	eine Rolle spielen	
	completamente	völlig, ganz	🇬🇧 completely
2	el punto de vista	der Standpunkt	
	tomar en cuenta	berücksichtigen	= tener en cuenta
T	me da pena que (+ subjuntivo)	es tut mir weh / macht mich traurig, dass	
	¿Es pedir demasiado?	Ist das zu viel verlangt?	
	imposible	unmöglich	≠ posible 🇬🇧 impossible
	dudar que (+ subjuntivo)	bezweifeln, dass	👥 la duda
6	me da rabia que (+ subjuntivo)	es macht mich wütend, dass	la rabia = die Wut
	la conversación personal	das persönliche Gespräch	
7	la voluntad	der Wille	
	seguir un consejo	einen Rat befolgen	
8	el defecto	der Fehler	
	la cualidad	die gute Eigenschaft, Qualität	
	el aspecto	der Aspekt	
	irrelevante	unwichtig	≠ relevante
	la expresión impersonal	der unpersönliche Ausdruck	
9	publicar	herausgeben, publizieren	
	indicar	angeben, (an) zeigen	🇬🇧 to indicate
	mentir (e → ie)	lügen	👥 mentiroso/a, la mentira

4   Resolvemos conflictos

Hablar de conflictos

el conflicto	der Konflikt	
preocuparse de algo	sich um etwas kümmern, sorgen	preocupado/a
ponerse rojo/a	rot werden	
sufrir un ciberacoso	im Netz gemobbt werden	ciberacoso = Cybermobbing
		to suffer
burlarse de alg.	sich über jdn. lustig machen	
T el abuso	der Missbrauch	abuse
8 desesperar(se)	verzweifeln	≠ esperar
10 calmarse	sich beruhigen	la calma to calm down
BT poner verde a alg. (ugs.)	jdn. fertigmachen, wütend machen	
B4 cantar a alg. (ugs.)	über jdn. herziehen	
dejar en paz a alg.	jdn. in Frieden / in Ruhe lassen	
B5 confiar algo a alg.	jdm. etwas anvertrauen	

adicto/a	süchtig	addicted la adicción (a)
el comehoras	der Zeitfresser	
superficial	oberflächlich	A ellos les importa sólo la ropa de las chicas, son muy **superficiales**. superficial

Los medios modernos

en línea	online	
los datos	die Daten	
el bulo	die Falschmeldung	
acceder a algo	auf etwas Zugriff haben	
hacerse viral	sich rasend schnell verbreiten	
T entrar en contacto con	in Kontakt treten mit	
navegar por la red	im Internet surfen	A veces me paso horas en el móvil
2 el nativo digital	Person, die zur digitalen Generation zählt	**navegando** en internet.
la aplicación	die App	
el/la usuario/a	der/die Benutzer/in	user
el/la seguidor/a	der/die Follower/in	seguir
la cuenta	das Konto	account
el servicio (on-line)	der (Online-)Dienst	
los medios	die Medien	
3 el aparato	das Gerät, der Apparat	
4 actualizar	aktualisieren	la actualidad
7 el enlace	der Link	
el archivo	die Datei	
la contraseña	das Passwort	
el buscador	die Suchmaschine	buscar
la memoria	der Speicher	
la batería	die Batterie, *hier:* der Akku	= la pila

el rincón	der Winkel	
facilitar	vereinfachen, erleichtern	fácil
práctico/a	praktisch	
el beneficio	der Vorteil, der Nutzen	benefit
el peligro	die Gefahr	peligroso/a
a propósito de	in Bezug auf	
la interdicción	das Verbot	
darle vergüenza a alg.	jdm. peinlich sein	¡Qué vergüenza!
difundirse	sich verbreiten	

A   ¿Ready para la red?

T enviar	schicken	= mandar
quitarle algo a alg.	jdm. etwas wegnehmen	
wasapear	„whatsappen"	
sobrevivir	überleben, (weiter)leben	
jurar	schwören	
cuidar(se)	Acht geben, aufpassen	= fijarse cuidado
responsable	verantwortungsbewusst; verantwortlich	responsible
la planeta	der Planet	
los calzoncillos (Pl.!)	die Unterhose	
jamás	nie (wieder)	= nunca más
el conejillo	das Häschen	el conejillo de Indias = das Meerschweinchen
2 los adolescentes	die Jugendlichen	= los jóvenes
el entretenimiento	die Unterhaltung, der Zeitvertreib	
la rutina	die Routine	
4 tras	nach(dem)	
contactar	kontaktieren	el contacto
crecer	wachsen, ansteigen	el crecimiento
el riesgo	das Risiko	risk
detectar	aufspüren; bemerken	to detect Detektiv
5 dudoso/a	fragwürdig, suspekt	dudar, la duda
el jefe	der Chef	
listo/a	bereit, fertig	
la exposición	die Ausstellung	exposition
montar	aufbauen	
el atrio	das Atrium	
el ruido	der Lärm	ruidoso/a

el escándalo	der Krach	= el ruido
concentrarse	sich konzentrieren	
ensuciar	schmutzig werden	
8 manejar un coche (am.)	ein Auto fahren	
estar a punto de (+ infinitivo)	kurz davor sein zu (+ Infinitiv)	
agarrar algo	nach etwas greifen, etwas packen	
aventar	werfen	
10 fiable	vertrauenswürdig	
la encuesta	die Nachforschung; die Umfrage	

B   Una foto – muchos problemas

T salvar	retten	🇬🇧 salvation
la secretaria	die Sekretärin	
ahora mismo	auf der Stelle, sofort	
dirigirse a alg.	sich jdm. zuwenden	
el bicho raro (fig.)	der komische Kauz	
injusto/a	ungerecht, unfair	≠ justo/a
infantil	kindisch	≠ adulto/a la infancia
torpe	ungeschickt	
4 útil	nützlich, hilfreich	
5 la pandilla (ugs.)	die Clique	
es broma	*hier:* Es ist nur Spaß	
¡No seas plasta! (ugs.)	Nerv' nicht rum!	la plasta = die Nervensäge
7 la señal	das Zeichen	enseñar
la escena	die Szene	
repetirse (e → i)	sich wiederholen	la repetición
8 juntarse	zusammenkommen; sich zusammentun	junto/a
probable	wahrscheinlich	🇬🇧 probably El cielo tiene muchas nubes muy oscuras, es muy **probable** que llueva.

5 ¡Caminamos!

En el camino de peregrino

el/la peregrino/a; peregrinar;	der/die Pilger/in, pilgern;	Los **peregrinos** peregrinan en el Camino de Santiago.
la peregrinación	die Pilgerfahrt	
el/la mochilero/a	der/die Rucksacktourist/in	la mochila
encontrar alojamiento	eine Unterkunft finden	
el albergue de peregrinos	die Pilgerherberge	
el saco de dormir	der Schlafsack	
el plano	der Plan	
la credencial (de peregrino)	der Pilgerpass	
la concha (de Santiago)	die (Jakobs)muschel	
el bastón del peregrino	der Pilgerstab	
T el Camino de la Plata	*der von Sevilla bis Santiago verlaufende Jakobsweg*	
5 la etapa	die Etappe	
refugiarse en	Zuflucht suchen in	
6 espiritual	spirituell	spiritual
8 el equipaje	das Gepäck	
13 hospedarse en	unterkommen in	

A   ¡A sudar por el camino!

T el entierro	die Bestattung	enterrar
el regreso	die Rückkehr	regresar
el cadáver	der Leichnam	
(Y) colorín colorado este cuento se ha acabado.	*etwa:* Und wenn sie nicht gestorben sind, dann leben sie noch heute.	
la leyenda	die Legende	
el apóstol	der Apostel	
ser más listo/a que el hambre (fig.)	besonders schlau sein	
la Navidad	Weihnachten	¡Feliz **Navidad**!
la solución	die Lösung	solution
el artículo	der (Zeitungs-) Artikel	
el/la ciclista	der/die Radfahrer/in	
llevar (+ tiempo + infinitivo)	*etwa:* (Zeit) benötigen	
3 disponer de algo	über etwas verfügen	**Dispongo** de poco tiempo ahora.
el diploma	die Urkunde	
5 el transcurso	der Verlauf	
el final	das Ende	finalmente
quedar (+ gerundio)	weiterhin etwas tun	

Hablar de la historia (española) #2

3	el período	der Zeitraum	En el **período** de julio hasta septiembre hace calor.
5	romano/a	römisch	🇬🇧 roman
12	gótico/a	gotisch	
	barroco/a	barock	
B2	medieval	mittelalterlich	
B5	el dominio	die Herrschaft	= el gobierno
	griego/a	griechisch, Grieche/in	
	el poder	die Macht, *hier:* die Machthaber	👥 poderoso/a
	hebreo/a	hebräisch	
	(el) latín	das Latein, lateinisch	
	(el) castellano	das Kastilische (~ Spanisch), kastilisch	En España se habla el **castellano**, el vasco, el gallego y el catalán.

	seguir (+ gerundio)	etwas weiterhin tun	
	dejar de hacer algo	aufhören etwas zu tun	
	ponerse a hacer algo	anfangen etwas zu tun	
	el granero	die Scheune	
	el anfiteatro	das Amphitheater	
6	alegrarse de algo / por alg.	sich über etwas / für jdn. freuen	**Me alegro** del buen tiempo durante el viaje. 👥 alegre, la alegría
	la naturaleza	die Natur	
	ecológico/a	ökologisch	
	la búsqueda	die Suche	👥 buscar
	el símbolo	das Symbol	👥 simbolizar
	la fe	der Glaube	
	el patrimonio (cultural)	das (Kultur-) Erbe	
	común	gemeinsam, gewöhnlich	🇬🇧 common
	vivo/a	lebendig, lebend	👥 la vida
	renovado/a	erneuert	👥 nuevo/a 🇩🇪 renoviert
	la tradición	die Tradition	👥 tradicional
	el tema	das Thema	
7	el sombrero	der (Sonnen-) Hut	👥 la sombra
	el pasaporte	der Reisepass	🇬🇧 passport
	la videocámara	die Videokamera	
	el peluche	das Plüschtier, das Kuscheltier	
	el cepillo de dientes	die Zahnbürste	
	la tableta de chocolate	die Tafel Schokolade	**Ojo:** die Tablette = la pastilla
	el maquillaje	die Schminke	👥 maquillarse
	la sandalia	die Sandale	
	el paraguas	der Regenschirm	
	la pasta de dientes	die Zahnpasta	
	el cargador	das Ladegerät	
	la tirita	das Pflaster	

el papel higiénico	das Toilettenpapier	
el botiquín (de primeros auxilios)	der Erste-Hilfe-Kasten	
pesado/a	schwer (Gewicht)	≠ ligero/a pesar, el peso
8 deber	sollen, müssen	
el calcetín (Pl. los calcetines)	die Socke	
sucio/a ≠ limpio/a	schmutzig ≠ sauber	ensuciar
el dinero en efectivo	das Bargeld	
la tarjeta bancaria	die Bankkarte	
9 el castillo	die Burg	castle
el casco antiguo	die Altstadt	
el punto de partida	der Ausgangspunkt	
el ayuntamiento	das Rathaus	
fresco/a	frisch	la frescura, el refresco
la vía	die Straße	la calle
la tesela	das Mosaiksteinchen	
el mármol	der Marmor	
el/la político/a	der/die Politiker/in	
asesinado/a	ermordet	asesinar
10 explorar	erkunden	to explore
11 la tienda de campaña	das Zelt	
llegar a saber	erfahren	
12 la Yema de Santa Teresa	*typischer Nachtisch in Ávila*	
el museo	das Museum	
la estatua	die Statue	
el mirador	der Aussichtspunkt	mirar
estar ubicado/a	liegen, sich befinden	la ubicación El teatro está **ubicado** en el centro.
en las afueras de la ciudad	in der Umgebung / außerhalb der Stadt	
la instalación	die Anlage	Installation
privado/a	privat	≠ público/a
el ocio	die Freizeit	= el tiempo libre
el estilo	der Stil	
medir (e → i)	messen	
el pilar	die Säule	= la columna
13 la distancia	die Entfernung	distance
amplio/a	geräumig	
céntrico/a	zentral gelegen	= central
animado/a	belebt, stark besucht	

la piscina	das Schwimmbad, -becken
la fuente	der (Spring-)Brunnen
el monasterio	das Kloster
formado/a por	geformt/bestehend aus la forma
extraño/a	außergewöhnlich, komisch
la figura	die Figur
el pecho	die Brust
visible	sichtbar ver visible
desmontar	abbauen
trasladar	versetzen
discreto/a	diskret
el peso	das Gewicht pesar, pesado/a
no había manera de …	es war nicht möglich, zu …
reconstruir	wiederaufbauen
milagrosamente	wie durch ein Wunder el milagro
recuperar	wiedererlangen

B   El sueño de Daniel

1	la vista panorámica	der Panoramablick
2	la sinagoga	die Synagoge
4	la zona de estudio	*etwa:* Studienräume
	el olor	der Geruch oler (o → ue)
	la especia oriental	das orientalische Gewürz
	la fachada	die Fassade
	ornamentado/a	verziert Ornament
	estar en obras	im Bau sein
	la mercancía	die Ware
	el/la joyero/a	der/die Juwelier/in
	fabricar	herstellen Fabrik
	el/la sastre/a	der/die Schneider/in
	el fraile	der Mönch
	la escuela de (los) traductores	die Übersetzerschule
	el elemento	das Element, der Bestandteil
5	fundar	gründen to found
	la institución	die Einrichtung, die Institution
	los escritos	die Schriften, Schriftstücke escribir
	convivir, la convivencia	zusammenleben, das Zusammenleben vivir
	pacífico/a	friedlich la paz

floreciente	blühend, florierend	la flor
la tolerancia	die Toleranz	≠ la intolerancia tolerante
filosófico/a	philosophisch	
teológico/a	theologisch	
astronómico/a	astronomisch	la astronomía
médico/a	medizinisch, Mediziner/in, Arzt/ Ärztin	el médico, la medicina
matemático/a	mathematisch, Mathematiker/in	las matemáticas
científico/a	wissenschaftlich, Wissenschaftler/in	la ciencia
sonar (o → ue)	klingen, sich anhören	to sound
la versión	die Version	
lingüístico/a	sprachlich	la lengua
a la perfección	vollkommen, perfekt	perfecto/a
el/la sabio/a	der/die Gelehrte, der/die Weise	saber
apuntar	notieren, aufschreiben	= notar
6 ocupado/a	beschäftigt	occupied
se complace en invitar a alg.	er hat das Vergnügen jdn. einzuladen	
la velada literaria	der literarische Abend	
llevar a cabo	durchführen	= realizar
la reforma	die Reform	
la hacienda	das Finanzwesen, der Staatshaushalt	
profundo/a	tief, *hier:* umfassend	profound
las ciencias jurídicas	die Rechtswissenschaften	
diverso/a	unterschiedlich, verschieden	= vario/a
oficial	offiziell, amtlich	
la colaboración	die Mitarbeit	collaboration

6 Hacemos unas prácticas

las prácticas (Pl.!)	das Praktikum	practicar
el apellido	der Nachname	
la nacionalidad	die Staatsangehörigkeit	nationality
la fecha de nacimiento	das Geburtsdatum	nacer
la educación y formación	die Schulausbildung, der (schulische) Werdegang	
el centro de estudios	*hier:* die Schule	
la capacidad	die Fähigkeit	capaz
la aptitud	die Kompetenz, die Qualifikation	aptitude
la lengua materna	die Muttersprache	
el nivel avanzado	fortgeschritten(es Level)	
obligatorio/a	Pflicht-, obligatorisch	obligatory
el punto débil ≠ fuerte	die Schwäche ≠ Stärke	
el anuncio de trabajo	die Stellenanzeige	
presentarse	*hier:* sich bewerben	= solicitar
la carta de presentación	das Bewerbungsschreiben	

Hablar del trabajo

el/la mecánico/a	der/die Mechaniker/in	mechanic
el/la bombero/a	der/die Feuerwehrmann/-frau	
el/la veterinario/a	der/die Tierarzt/-ärztin	
el/la farmacéutico/a	der/die Apotheker/in	Pharmazeut/in
el/la cocinero/a	der/die Koch/Köchin	cocinar, la cocina
el/la abogado/a	der/die Rechtsanwalt/-anwältin	
el/la músico/a	der/die Musiker/in	la música
el/la ingeniero/a	der/die Ingenieur/in	el ingenio
el/la dentista	der/die Zahnarzt/-ärztin	el diente
el/la artista	der/die Künstler/in	el arte · artist
el taller	die Werkstatt	
la agencia de turismo/ marketing/eventos	das Tourismusbüro, die Marketing-/Event-Agentur	
la oficina	das Büro	
la fábrica	die Fabrik	
5 hacer de canguro (fig.)	babysitten	
pasear perros	Hunde ausführen	
el/la ayudante de cocina	die Küchenhilfe	ayudar, la ayuda
asistir en	helfen bei	to assist · assistieren
redactar	verfassen	Redaktion
diseñar	entwerfen, zeichnen	to design
evaluar	evaluieren, auswerten	to value

A   ¡Unas prácticas en Madrid!

Describir a una persona #2

T ambicioso/a	ehrgeizig	⚑ ambitious
encantador/a	*hier:* bezaubernd, reizend	
cabezota (ugs.)	dickköpfig	la cabeza
impaciente	ungeduldig	≠ paciente ⚑ impatient
extrovertido/a	extrovertiert	A mi mejor amiga, le gusta mucho hablar, ella es muy **extrovertida**.
autónomo/a	selbstständig	🇩🇪 autonom
caprichoso/a	eigensinnig	🇩🇪 kapriziös
la confianza en sí mismo/a	das Selbstvertrauen	
generoso/a	großzügig, großherzig	
educado/a	wohlerzogen	la educación
trabajador/a	fleißig	≠ perezoso/a
flexible	flexibel	
soñador/a	verträumt	soñar, el sueño
estar en las nubes (fig.)	in den Wolken schweben, realitätsfern sein	≠ puntual
1 sentirse más	sich für etwas Besseres / für besser halten	
impuntual	unpünktlich	
fiable	*hier:* zuverlässig	
2 el rasgo de carácter	der Charakterzug	
vago/a	faul	= perezoso/a ≠ ambicioso/a
miedoso/a	ängstlich	≠ valiente el miedo
6 curioso/a	*hier:* neugierig	⚑ curious
nervioso/a	nervös	⚑ nervous

T aprovechar algo	*hier:* etwas nutzen	
de vez en cuando	manchmal	= a veces
confiar en alg.	jdm. vertrauen	= tener confianza en alg.
resultar difícil	schwerfallen	
por (lo) tanto	deshalb	= por eso
apasionarse por algo	sich für etwas begeistern	
1 el pensamiento	der Gedanke	pensar
5 adaptarse a	sich anpassen an, zurechtkommen mit	⚑ to adapt
el/la dueño/a	der/die Besitzer/in, der/die Inhaber/in	
repartir	verteilen, *hier:* austragen	
el periódico	die Zeitung	
6 integrarse	sich integrieren	
suponer que (+ subjuntivo)	vermuten, dass	⚑ to suppose
7 el currículum (vitae)	der Lebenslauf	
convenir a alg.	jdm. zusagen; zu jdm. passen	⚑ convenient
9 mejorar	verbessern	mejor

aceptar	annehmen, nehmen	🇬🇧 to accept
conseguir	erreichen, bekommen	= lograr
el puesto de prácticas	der Praktikumsplatz	
10 el objetivo	das Ziel	
profesional	professionell	👥 la profesión
la forma de operar	die Arbeitsweise, der Arbeitsablauf	operar = vorgehen
la experiencia laboral	die Berufserfahrung, die Arbeitserfahrung	
el campo (laboral)	das (Arbeits-) Gebiet	
el placer	die Freude	¡Fue un **placer** conocerte!
dudar en hacer algo	zögern etwas zu tun	
ponerse en contacto con alg.	sich mit jdm. in Verbindung setzen	
en espera de sus noticias	in Erwartung Ihrer Nachricht/ Antwort	👥 esperar la noticia = die Nachricht
el adjunto	die Anlage, der Anhang	
la referencia de trabajo	das Arbeitszeugnis, das Empfehlungsschreiben	la referencia = die Empfehlung

B   ¡A Madrid!

1 representativo/a	*hier:* wichtig, bedeutend	👥 representar
la campanada	der Glockenschlag	La iglesia de la esquina da las **campanadas** a cada hora.
albergar	beherbergen	👥 el albergue
T imprescindible	unumgänglich, unerlässlich, „ein Muss"	
merecer la pena	sich lohnen, die Mühe wert sein	merecer = verdienen; la pena = die Mühe
el acto oficial	die Amtshandlung	👥 actuar
la cantidad	die Menge, die Anzahl	= el número
la colección	die Sammlung	👥 coleccionar
en pleno centro	ganz im Zentrum	
la taberna	die Kneipe, die Taverne	= el bar
auténtico/a	authentisch	
espléndido/a	großartig, prächtig	= magnífico/a 👥 el esplendor
la vida nocturna	das Nachtleben	
recomendable	empfehlenswert	👥 recomendar
mágico/a	magisch, zauberhaft	🇬🇧 magic
numeroso/a	zahlreich	👥 el número
precioso/a	prächtig, wunderschön	
fuera de	außerhalb	👥 las afueras

la hectárea	der Hektar	
la placa del kilómetro zero	der Null-Kilometerstein	
la carretera nacional	die Nationalstraße (entspricht etwa der dt. Bundesstraße)	
la estrella	der Stern	
el reloj	die Uhr	
la casa de Correos	das Postgebäude	Correos = die Post, das Postamt
el/la madrileño/a	der/die Einwohner/in von Madrid	
(la) Nochevieja	Silvester	El 31 de diciembre es **Nochevieja**.
reunirse	sich versammeln	la reunión
valioso/a	wertvoll, kostbar	
el/la amante	der/die Liebhaber/in, Geliebte/r	
irrenunciable	unverzichtbar	
arrepentirse (de algo) (e → ie)	etwas bereuen	
la Guerra Civil	der spanische Bürgerkrieg (1936–39)	
el bombardeo	der Bombenangriff	la bomba
el saco de arena	der Sandsack	
2 la coronación	die Krönung	
3 mencionar	erwähnen	to ment on
concluir	schlussfolgern	to conclude
4 el cocido madrileño	*Eintopf aus Kichererbsen, Gemüse, Kartoffeln, Speck, Fleisch und Chorizo*	
el billete abono	die Zeitkarte, die Dauerkarte	
5 más bien	eher, ziemlich	
desagradable	unangenehm	≠ agradable
la infanta	die Infantin	
el mastín	der große Haushund	
el espejo	der Spiegel	
la pieza	das Stück, das Teil	piece
clave	Schlüssel-	
7 espontáneamente	spontan	
9 dedicarse a hacer algo	sich damit beschäftigen, etwas zu tun; sich einer Sache widmen	to dedicate
la pasión	die Leidenschaft	pass on
el turno	die Schicht	
o … o	entweder … oder	
el cierre	die Schließung	cerrar
la responsabilidad	die Verantwortung	responsable responsibility

Hablar del arte y describir imágenes

5	la pintura	*hier*: das Gemälde	= el cuadro
el/la pintor/a	der/die Maler/in	la pintura, pintar
la imagen	das Bild	
abstracto/a	abstrakt	
el retrato	das Porträt	
el busto	der Oberkörper	
el autorretrato	das Selbstporträt	
la naturaleza muerta	das Stillleben	
el mural	das Wandbild	la muralla
la pintura al óleo, a la acuarela, al pastel	das Öl-, Aquarell-, Pastellgemälde	
el contraste	der Kontrast	
las acuarelas	die Aquarellfarben	
la pincelada	der Pinselstrich	
gallardo/a	anmutig; stattlich	
la fisionomía	der Gesichtsausdruck, das Aussehen	
la apariencia	die (äußere) Erscheinung	aparecer appearance
la postura	die Haltung	
desgarbado/a	plump, ungelenk	
erguido/a	aufrecht	
la composición	die Komposition	componer, compuesto/a
en primer plano	im Vordergrund	
en segundo plano	im Hintergrund	
al fondo	im Hintergrund	
en el centro	in der Mitte	
en el medio	in der Mitte	
agruparse	sich gruppieren, sich zusammenstellen	el grupo
ocupar	besetzen, einnehmen	to occupy

en realidad	eigentlich, in Wirklichkeit	
no entender ni jota (fig.)	kein Wort / nur Bahnhof verstehen	Cuando mi papá habla chino, **no entiendo ni jota**.
comerse las sílabas	die Silben verschlucken	
el/la sevillano/a	der/die Einwohner/in von Sevilla	
el guardarropa	die Garderobe	
encargarse de	sich kümmern um	cargar
recordar algo	sich an etwas erinnern, etwas (im Gedächtnis) behalten	el recuerdo
la venta	der Verkauf	vender, el/la vendedor/a
resumir	zusammenfassen	el resumen

Diccionario

Diccionario español – alemán

A

abandonar verlassen (III 2.A-8-T)

abierto/a offen; aufgeschlossen (III 3)

el/la abogado/a der/die Rechtsanwalt/-anwältin (III 6)

abrazar umarmen (III 3.A-3)

el abril April (I 6.B 2)

abrir öffnen (I 3.A-T)

en absoluto absolut (II 3.A-4)

abstracto/a abstrakt (III 6.B-5)

el/la abuelo/a Großvater/mutter, Opa/Oma (I 1.B-T)

los abuelos Großeltern (I 1.B-T)

aburrido langweilig, gelangweilt (I 4.B-T)

el abuso der Missbrauch (III 4.A-T)

acabar de hacer algo gerade getan haben (II 5.A-T)

acabarse enden, zur Neige gehen (II 5.B-T)

la academia die Akademie, Schule (II 3.A-6)

acceder a algo auf etwas Zugriff haben (III 4)

el accidente der Unfall (II 4.A)

la acción die Action (Actionfilm) (III 3.A-T)

el aceite de oliva das Olivenöl (I 7.B-T)

la aceituna die Olive (II 6.A-6)

el acento der Akzent (II 1.B)

aceptar annehmen, nehmen (III 6.A-9)

acerca de bezüglich, zum Thema … (III 1.A-1-T)

acercarse sich nähern (III 3)

ácido/a sauer (II 2.B-10)

acompañar a alg. jmdn begleiten (II 5.B-T)

aconsejar algo a alg. jdm. (zu) etwas raten (III 3.A-T)

el acontecimiento das Ereignis (III 2.B-5)

acordarse sich erinnern (II 1.B-3)

acosar a alg. jdn. mobben (III 3.A-2)

el acoso das Mobbing (III 3.A-2)

acostarse sich hinlegen (I 7.A-T)

acostumbrarse a sich gewöhnen an (II 1.B-3)

activar einschalten (II 6.A)

la actividad die Aktivität, die Unternehmung (III 1.A-1-T)

activo/a aktiv, hier: (ständig) in Aktion (III 3)

activo/a aktiv (I 4.A-T)

el acto die Handlung (II 7.B-1)

el acto oficial die Amtshandlung (III 6.B-T)

el/la actor/actriz der/die Schauspieler/in (II 1.A-7)

actual gegenwärtig, heutig (III 2.A-8-T)

actualizar aktualisieren (III 4.A-4)

las acuarelas die Aquarellfarben (III 6.B-5)

acumular experiencias Erfahrungen sammeln (III 1)

adaptarse a sich anpassen an, zurechtkommen mit (III 6.A-5)

adelante vorwärts (II 7.A-6)

además außerdem (I 4.B-T)

el aderezo die Beilage (II 2.B-2)

adicto/a süchtig (III 4)

Adiós Tschüss! (I 1.A-T)

el adjunto die Anlage, der Anhang (III 6.A-10)

la admiración die Bewunderung (III 2.A-8-T)

admirar bewundern (III 2.A-8-T)

los adolescentes die Jugendlichen (III 4.A-2)

Adónde Wohin? (I 7.B 2)

de adulto als Erwachsener (II 4.A-9)

el aeropuerto der Flughafen (II 5.A-7)

afectar a alg. jdn. betreffen, jdm. nahegehen (III 3.B-T)

el/la aficionado/a der Fan (II 3.B-8)

en las afueras de la ciudad in der Umgebung / außerhalb der Stadt (III 5.A-12)

agarrar algo nach etwas greifen, etwas packen (III 4.A-8)

la agencia de turismo/marketing/ eventos das Tourismusbüro, die Marketing-/Event-Agentur (III 6)

la agencia de viajes das Reisebüro (II 5.A-T)

el agosto August (I 6.B 2)

agotador/a anstrengend (II 1.A)

agradable angenehm (III 2.A-1-T)

la agricultura die Landwirtschaft (III 2.A-8)

agruparse sich gruppieren, sich zusammenstellen (III 6.B-5)

el agua das Wasser (I 7.B-T)

el agua mineral con/sin gas Mineralwasser mit/ohne Kohlensäure (II 2.B-T)

el aguacate die Avocado (II 2.A-6)

aguantar algo ertragen, aushalten können; durchhalten (II 5.A-T)

ahora jetzt (I 2.A-T)

ahora mismo auf der Stelle, sofort (III 4.B-T)

al aire libre draußen (II 5.B-T)

el ajo der Knoblauch (II 2.A-6)

al final de am Ende von (I 3.B-T)

al lado de neben (I 3.B-T)

albergar beherbergen (III 6.B1)

el albergue de peregrinos die Pilgerherberge (III 5)

el álbum de fotos das Fotoalbum (II 1)

la alcachofa die Artischocke (III 1.B-11-T)

el alcalde der Bürgermeister (II 6.A)

alcanzar erreichen, gelangen zu (III 2.A-8-T)

el Alcázar die Festung, der (maurische) Palast (in Sevilla) (III 1.B-11-T)

el alcohol der Alkohol (II 6.B)

alegrarse de algo / por alg. sich über etwas / für jdn. freuen (III 5.A-6 / 3.A-7)

alegre fröhlich (I 4.B-T)

alejarse de sich entfernen von (II 6.B)

alemán/alemana deutsch (auch: Sprache) (I 1.A-T)

Alemania Deutschland (I 1.A-T)

ser alérgico/a a algo allergisch sein auf (II 2.B-T)

el alga (f) die Alge (III 2.A-1-T)

algo etwas (I 6.B-T)

el algodón die Baumwolle (III 2.A-8)

el alimento das Lebensmittel (I 7.B 3)

allí dort, da drüben (I 6.A-T)

la almohada das Kopfkissen (III 1.B-11-T)

almorzar Mittag essen (I 7.A-T)

estar alojado/a untergebracht sein (III 1.A-1-T)

alrededor de … um … herum (I 8.A 2)

los alrededores die Umgebung (III 2.A-8-T)

¡Alto! Halt! (III 1.B-7)

alto/a groß (Körpergröße) (I 4.A-T), hoch (II 2.A-2)

la altura die Höhe (III 2.B-2)

alucinante beeindruckend, wahnsinnig (II 2.A-2)

el/la alumno/a der/die Schüler/in (I 3.A-T)

amable freundlich (II 1.A-7)

sentirse amado/a sich geliebt fühlen (III 3.A-6)

el/la amante der/die Liebhaber/in, Geliebte/r (III 6.B-T)

amar(se) (sich) lieben (III 3.B-T)

amargo/a bitter (II 2.B-10)

amarillo/a gelb (I 8.B 4)

ambicioso/a ehrgeizig (III 6.A-T)

el ambiente die Umgebung (III 2.A-4)

ambos/as beide (II 2.A-2)

la ambulancia der Rettungswagen (II 4.B)

el/la amigo/a der/die Freund/in (I 1.A-T)

la amistad die Freundschaft (III 3)

el amor die Liebe (II 3.A-6)

la vida amorosa das Liebesleben (III 3.B-2-T)
amplio/a geräumig (III 5.A-13)
ancho/a weit (I 8.B 9)
andaluz andalusisch (II 6.A-T)
el anfiteatro das Amphitheater (III 5.A-5)
anfitrión/anfitriona Gastgeber- (III 1.A-1-T)
el anillo der Ring (III 2.B-2)
animado/a belebt, stark besucht (5.A-13)
el animal Tier (I 4.B-T)
¡Ánimo! Kopf hoch! (III 3.A-T)
el año das Jahr (I 2.A-T)
anotar notieren (III 3.A-T)
anteayer vorgestern (II 6.A-9)
los antepasados die Vorfahren (III 2.A-1-T)
antes (de) vorher, vor, bevor (I 7.A-T)
antes que nada zuallererst (III 2.A-1-T)
antiguo/a alt, antik (I 8.A-T)
anual jährlich (III 2)
el anuncio de trabajo die Stellenanzeige (III 6)
apagar ausschalten, löschen (II 6.A)
el aparato das Gerät, der Apparat (III 4.A-3)
aparecer auftauchen (III 2.A-5)
la apariencia die (äußere) Erscheinung (III 6.B-5)
el apartamento para las vacaciones Ferienwohnung (II 1)
aparte de abgesehen von, außer (III 3.B-T)
apasionarse por algo sich für etwas begeistern (III 6.A-T)
el apellido der Nachname (III 6)
apenas kaum, höchstens (III 1.A-T)
aplaudir klatschen, applaudieren (II 3.B-8)
la aplicación die App (III 4.A-2)
el apóstol der Apostel (III 5.A-T)
apoyarse sich gegenseitig (unter-) stützen (III 3)
aprender (er)lernen (II 4.A-T)
aprender algo de memoria auswendig lernen (II 7)
aprobar (un examen) (eine Prüfung) bestehen (II 7.A-T)
aprovechar algo hier: etwas nutzen (III 6.A-T)
la aptitud die Kompetenz, die Qualifikation (III 6)
apuntar notieren, aufschreiben (III 5.B-5)
apuntarse sich eintragen (in eine Liste), sich anmelden (III 1)
aquel/aquella jener dort, jene dort (I 8.B-T)
aquí hier (I 1.A-T)

árabe arabisch, der/die Araber/in (III 1.B-11-T)
el árbol der Baum (II 4.A-13)
el archivo die Datei (III 4.A-7)
argentino/a argentinisch, Argentinier/in (II 3.A-6)
el armario der Schrank (I 6.A 2)
el/la arquitecto/a der/die Architekt/in (III 1.B-11-T)
la arquitectura die Architektur (III 1.B-11-T)
arreglar herrichten, herausputzen (III 6.A-T)
arrepentirse (de algo) (e → ie) etwas bereuen (III 6.B-T)
arriesgarse etwas riskieren, etwas wagen (III 3.A-T)
el arroz der Reis (II 2.B-T)
el arte die Kunst (II 2.A-8)
el artículo der (Zeitungs-) Artikel (III 5.A-T)
el/la artista der/die Künstler/in (III 6)
artístico/a künstlerisch (III 2.A-8-T)
el ascensor der Aufzug (III 1.A-T)
el asentamiento die Siedlung, die Besiedelung (III 2.A-8)
asesinado/a ermordet (III 5.A-9)
así so (I 6.A-T)
así así so lala (I 1.A 2)
el asiento der Sitzplatz (II 3.B-T)
la asignatura das Schulfach (II 7)
asistir algo an etwas teilnehmen, bei etwas anwesend sein (III 1.A-1-T)
asistir en helfen bei (III 6.A-5)
el aspecto der Aspekt (III 3.B-8)
el aspecto físico das Aussehen (III 3)
asqueroso/a fies, abstoßend (II 2.B-T)
la astronomía die Astronomie (III 2.A-8)
astronómico/a astronomisch (III 5.B-5)
el asunto der Betreff (III 1.A-3)
asustado/a erschrocken (II 4.A-2)
el ataque der Angriff (III 1.B-11-T)
atento/a aufmerksam; freundlich (III 3.A-6)
la atracción turística die Sehenswürdigkeit (III 1.B-11-T)
atrasado/a unterentwickelt; veraltet (III 2.A-8)
atreverse hacer algo sich trauen, etwas zu tun (II 2.A-2)
el atrio das Atrium (III 4.A-5)
el atún der Thunfisch (II 6.A-6)
el auditorio Zuhörer, Publikum (II 3.B-8)
el aula der Klassenraum (I 3.A-T)
aumentar steigen (III 2.A-3)
aún (immer) noch (II 2.B-T)
aunque obwohl (III 1.B-5)
Austria Österreich (II 1)
auténtico/a authentisch (III 6.B-T)
el autobús der Bus (I 8.A 8)

autónomo/a selbstständig (III 6.A-T)
el autorretrato das Selbstporträt (III 6.B-5)
Av. (la avenida) die Straße, die Allee (III 1.A-1-T)
el avance der Fortschritt (III 2.A-8-T)
avanzado/a fortschrittlich, (hoch) entwickelt (III 2)
aventar werfen (III 4.A-8)
el avión das Flugzeug (I 8.A 10)
ayer gestern (II 2.A-7)
la ayuda die Hilfe (III 3.A-T)
el/la ayudante de cocina die Küchenhilfe (III 6.A-5)
ayudar helfen (I 7.B 11)
el ayuntamiento das Rathaus (III 5.A-9)
los aztecas die Azteken (III 2.A-1-T)
el azúcar Zucker (II 2.A-6)
azul blau (I 8.B 4)

B

el bachillerato ≈ Abitur (II 7.A-2)
bailar tanzen (I 5)
el baile der Tanz (II 1.B-1)
bajar sinken (II 2.A-3)
bajar(se) heruntergehen; aussteigen; hier: rutschen (II 2.A-2)
bajo/a klein (Körpergröße) (I 4.A-T)
el balcón der Balkon (I 6.A 9)
la ballena der Wal (II 5)
el baloncesto Basketball (I 5)
el balonmano Handball (I 5)
bañarse baden (I 7.A 3)
el baño (cuarto de baño) WC, Toilette (I 3.B-T)
el bar die Bar, das Café (I 1.B-T)
barato/a billig, günstig (I 8.B-T)
el barco das Schiff (III 2.A-8)
la barra die Stange (II 2.A-6)
el barrio das Stadtviertel (I 8)
barroco/a barock (III 5.A-12)
basta es reicht (II 2.B-T)
bastante ziemlich (I 5.A-T)
el bastón del peregrino der Pilgerstab (III 5)
la batalla der Kampf (III 2.B-2)
la batería das Schlagzeug (II 3.A-7) ; die Batterie, der Akku (III 4.A-7)
beber trinken (I 3.A-T)
la bebida das Getränk (I 6.B-T)
el beneficio der Vorteil, Nutzen (III 4)
besar küssen (II 1.A)
el beso/besito der Kuss/Küsschen (II 1.A)
la biblioteca die Bibliothek (I 3.B-T)
el bicho raro (fig.) der komische Kauz (III 4.B-T)
la bici(cleta) das Fahrrad (I 8.A 10)
bien gut (I 1.A-T)
Bienvenidos/as Willkommen! (I 3)
el billete das Ticket (II 3.B-T)

el billete abono die Zeitkarte, die Dauerkarte (III 6.B-4)
blanco/a weiß (I 8.B 1)
el blog der Blog (I 3.B-T)
la blusa die Bluse (I 8.B 1)
la boca der Mund (II 4.B-3)
el bocadillo das belegte Brötchen (I 3.B-T)
la boda die Hochzeit (II 6.A-9)
la bola die Kugel (II 2.B-10)
la bolera die Bowlingbahn (I 5)
el bolígrafo (boli) der Kugelschreiber, Kuli (I 3)
el bollo das Gebäckstück (I 3.B-T)
la bolsa die Tasche, Tüte (II 2.A-6)
el bolsillo die Hosen-/Jackentasche (II 6.B)
el bombardeo der Bombenangriff (III 6.B-T)
el/la bombero/a der/die Feuerwehrmann/-frau (III 6)
la bombilla die Glühbirne, Glühlampe (II 6.A)
bonito/a schön, hübsch (I 4.A-T)
el borratintas der Tintenkiller (I 3)
el bosque der Wald (II 1.B-3)
el bosque tropical der (tropische) Regenwald (III 2)
la botella die Flasche (II 2.A-6)
el botiquín (de primeros auxilios) der Erste-Hilfe-Kasten (III 5.A-7)
boxito (maya) freundliche, ugs. Anrede für jemanden aus Yucatán (III 2.A-10)
el brazo der Arm (II 4.B-3)
brillante brillant (III 2.A-8-T)
brillar anstrahlen (III 2.A-8-T)
Es broma es ist nur ein Spaß (III 4.B-5)
bucear tauchen (II 1)
Buenas noches Gute Nacht! (I 2.A 2)
Buenas tardes Guten Abend! (I 2.A 2)
en las buenas y en las malas in guten wie in schlechten Zeiten (III 3.B-T)
bueno also gut, naja (I 5.A-T)
bueno/a gut, nett (I 5.A-T)
Buenos días Guten Tag! (I 1.A-T)
el bulo die Falschmeldung (III 4)
el buñuelo der Windbeutel (I 3.B-T)
burlarse de alg. sich über jdn. lustig machen (III 4)
el buscador die Suchmaschine (III 4.A-7)
buscar algo / a alguien etwas / jemanden suchen (I 3.B-T)
la búsqueda die Suche (III 5.A-6)
el busto der Oberkörper (III 6.B-5)

C

el caballo das Pferd (I 8.A 10)
la cabeza der Kopf (II 4.B-3)
tener su cabeza en las nubes (fig.) auf Wolke sieben schweben (III 3.B-2-T)

cabezota (ugs.) dickköpfig (III 6.A-T)
al fin y al cabo letzten Endes (III 3.B-T)
llevar a cabo durchführen (III 5.B-6)
el cacao der Kakao (III 2.A-8)
cada jede/r (II 1.A)
el cadáver der Leichnam (III 5.A-T)
caer en el olvido in Vergessenheit geraten (III 2.A-8-T)
caerse hinfallen, herunterfallen (II 4.A-T)
el café der Kaffee, das Café (I 1.B-T)
la caída der Untergang; Fall (II 1.B-11-T)
la caja die Kiste, der Karton (I 6)
la cal der Kalk (III 2.A-8-T)
la calabaza der Kürbis (II 2.A-6)
el calcetín die Socke (III 5.A-8)
la calculadora der Taschenrechner (I 3.A 3)
calcular rechnen (II 7)
hacer cálculos Berechnungen anstellen (III 2.B-5)
el calendario der Kalender (III 2.A-8)
cálido/a warm (III 2)
caliente heiß (II 4.B-8)
callarse still sein, den Mund halten (II 4.A-T)
la calle die Straße (I 2.A-T)
la calma die Ruhe (II 6.B)
calmarse sich beruhigen (III 4.A-10)
el calor die Hitze, Wärme (II 1.A)
los calzoncillos (Pl.!) die Unterhose (III 4.A-T)
la cama das Bett (I 5.B 4)
el camarero der Kellner (II 2.B-T)
cambiar sich ändern (II 3.A-6)
en cambio hingegen, im Gegensatz dazu (II 5.B-2)
el camello das Kamel (II 5)
caminar wandern (II 1)
el camino der Weg (II 5)
el Camino de la Plata der von Sevilla bis Santiago verlaufende Jakobsweg (III 5.A-T)
la camisa das Hemd (I 8.B 1)
la camiseta das T-Shirt (I 8.B 1)
la campanada der Glockenschlag (III 6.B-1)
el camping der Campingplatz (II 1)
el campo das Land, Feld (I 4.B-9)
el campo (laboral) das (Arbeits-) Gebiet (III 6.A-10)
el canal der Kanal (II 3.A-10)
la cancha das Spielfeld, der Sportplatz (III 2.B-2)
la canción das Lied (I 5.A-T)
el/la candidato der/die Kandidat/in (II 3.A-2)
hacer de canguro (fig.) babysitten (III 6.B-5)
cansado/a müde (II 1.A-7)
el/la cantante der/die Sänger/in (II 3.A)

cantar singen (I 3.B-T)
cantar a alg. (ugs.) über jdn. herziehen (III 4.B-4)
la cantidad die Menge, die Anzahl (II 6.B-T)
la capacidad die Fähigkeit (III 6)
ser capaz de fähig sein, etwas zu tun (III 2.A-8-T)
caprichoso/a eigensinnig (III 6.A-T)
el carácter Charakter (II 3.A-10)
el cargador das Ladegerät (III 5.A-7)
caribeño/a karibisch (III 2)
el cariño die Liebe, Zuneigung (III 3)
cariñoso/a herzlich, liebevoll (I 4.A-T)
la carne Fleisch (I 1.B-3)
caro/a teuer (II 2.A)
la carpeta der Schnellhefter (I 3.A 3)
la carretera nacional die Nationalstraße (entspricht etwa der dt. Bundesstraße) (II 6.B-T)
el carruaje das Fuhrwerk, der Wagen (III 2.A-8)
la carta der Brief (I 6.B T), die Speisekarte (II 2.B-2)
la carta de presentación das Bewerbungsschreiben (III 6)
el cartel das Plakat (III 3.A-2)
la casa Haus (I 2.A-T)
en casa zu Hause (I 2.A-T)
la casa de Correos das Postgebäude (III 6.B-T)
casarse heiraten (II 4.A-9)
el casco antiguo die Altstadt (III 5.A-9)
casi fast (I 7.A-T)
castaño/a braun (Haare) (I 4.A 6)
el castellano das Kastilische (~ Spanisch) (III 5.B-5)
el castillo die Burg (III 5.A-9)
la catedral die Kathedrale (III 1.B-11-T)
causar auslösen (III 2.A-8-T)
la cebolla die Zwiebel (I 7.B-T)
la cebra das Zebra (II 5)
celebrar feiern (I 6.B 1)
celoso/a eifersüchtig (III 3.A-1)
la cena das Abendessen (II 6.A)
cenar zu Abend essen (I 2.A-T)
el céntimo der (Euro-)Cent (II 2.A-7)
céntrico/a zentral gelegen (III 5.A-13)
en el centro in der Mitte (III 6.B-5)
el centro das Zentrum (I 1.B-T)
el centro comercial das Einkaufszentrum (II 1)
el centro de estudios hier: die Schule (III 6)
el centro histórico die Altstadt (II 6.A-9)
cepillarse los dientes Zähne putzen (I 7.A-T)
el cepillo de dientes die Zahnbürste (III 5.A-7)
cerca nah (I 6.A-T)
el cerdo das Schwein (II 2.B-2)

la ceremonia die Zeremonie (III 2.B-5)

la cereza die Kirsche (II 2.A-6)

cerrado/a geschlossen; verschlossen (III 3)

cerrar schließen (II 6.B)

el cerro der Hügel (II 1.B-3)

el champiñón der Champignon (II 2.B-2)

las chanclas die Flipflops, Gummisandalen (II 5.A-4)

la chaqueta die Jacke (I 8.B 1)

charlar reden, sich unterhalten (I 5.A-T)

chatear chatten (I 5)

checo/a tschechisch (I 2.A 6)

el/la chico/a Junge/Mädchen (I 1.A-T)

el chile die Chilischote (III 2.A-8)

chistoso/a witzig (II 1.B-3)

chocar con zusammenstoßen mit (II 4.A-13)

el chocolate die Schokolade, der Kakao (I 7.A-T)

la chuleta der Spickzettel (II 7.A-T)

chulo/a cool, toll (I 2.A-T)

los churros frittiertes Spritzgebäck (I 7.B-T)

sufrir un ciberacoso im Netz gemobbt werden (II 4)

el ciclismo der Radsport (I 5)

el/la ciclista der/die Radfahrer/in (III 5.A-T)

el ciclo der Zyklus (III 2.A-8-T)

el cielo der Himmel (III 2.A-8-T)

las ciencias jurídicas die Rechtswissenschaften (III 5.B-6)

las ciencias naturales die Naturwissenschaften (II 7.A-T)

científico/a wissenschaftlich, Wissenschaftler/in (III 5.B-5)

el cierre die Schließung (III 6.B-9)

por cierto übrigens (III 1.B-11-T)

cierto/a sicher (II 2.B-T)

cinco fünf (I 2.A-T)

el cine das Kino (I 5)

la cita die Verabredung, das Date (III 3.A-T)

la ciudad die Stadt (I 4.B-T)

la ciudad-estado der Stadtstaat (III 2.A-8-T)

la civilización die Zivilisation (III 2.A-8-T)

el clarinete die Klarinette (II 3.A-7)

claro na klar (I 1.A-T)

claro/a hell (I 8.B 4)

la clase die Klasse, der Unterricht (I 3.A-T)

la clase social die Gesellschaftsschicht (III 2.A-8)

clave Schlüssel- (III 6.B-5)

el/la cliente der/die Kunde/in (I 8.B 8)

el clima das Klima (III 2)

el club der Club, die Disco (I 5.B-T)

el coche die Kutsche (III 2.A-8)

el coche das Auto (I 8.A 8)

el coche de caballo die Pferdekutsche (II 6.A-T)

el cocido madrileño Eintopf aus Kichererbsen, Gemüse, Kartoffeln, Speck, Fleisch und Chorizo (III 6.B-4)

cocinar kochen (I 7.B-T)

el/la cocinero/a der/die Koch/Köchin (III 6)

el códice Kodex, (alte) Handschrift (III 2.A-8-T)

el codo der Ellbogen (III 2.B-2)

la colaboración die Mitarbeit (III 5.B-6)

el cole(gio) die Schule (I 2.A-T)

la colección die Sammlung (III 6.B-T)

la colonia die Kolonie, die Ansiedlung (III 2.A-8)

el color die Farbe (I 8.A-T)

(Y) colorín colorado este cuento se ha acabado. etwa: Und wenn sie nicht gestorben sind, dann leben sie noch heute. (III 5.A-T)

combatir (be)kämpfen (III 2.A-8-T)

el comedor die Schulcafeteria (I 3.B-T)

el comehoras der Zeitfresser (III 4)

comer essen (I 3.B-T)

comerciar Handel treiben (III 2.A-8-T)

la comida das Essen (I 6.B-T)

como wie (I 4.A-T)

Cómo Wie? (I 1.A-T)

Cómo se dice … Wie sagt man …? Was bedeutet …? (I 3.A-T)

cómodo/a bequem (I 8.B 3)

el/la compañero/a der/die Mitschüler/in (I 3.B-T)

en comparación con im Vergleich zu/mit (II 2.A-8)

compartir teilen (II 1.A)

compartir intereses gemeinsame Interessen/Hobbys haben (III 3.A-6)

competir konkurrieren, zu Wettkämpfen antreten (II 4.A)

complejo/a komplex (III 2.A-8-T)

completamente völlig, ganz (III 3.B-T)

complicado/a schwierig, kompliziert (I 4.B-T)

complicar erschweren (III 2.A-8-T)

componer algo bilden, zusammen darstellen (II 6.A)

el comportamiento das Benehmen, das Verhalten (III 3)

la composición die Komposition (III 6.B-5)

comprar kaufen (I 7.B 7)

comprensivo/a verständnisvoll (III 3)

compuesto/a por bestehend aus (II 6.A)

común gemeinsam (III 5.A-6)

la comunicación die Verständigung (III 2.A-8)

con mit (I 1.B-T)

concentrarse sich konzentrieren (III 4.A-5)

la concha (de Santiago) die (Jakobs)muschel (III 5)

el concierto das Konzert (I 5.B 4)

concluir schlussfolgern (III 6.B-3)

el concurso der Contest, Wettbewerb (II 3.A)

el cóndor der Kondor (II 5)

conectar verbinden (III 2.A-8-T)

el conejillo das Häschen (III 4.A-T)

la confianza en sí mismo/a das Selbstvertrauen (III 6.A-T)

confiar algo a alg. / en alg. (sich) jdm. (an) vertrauen (III 4.B-5; 6.A-T)

el conflicto der Konflikt (III 4)

conmigo mit mir (I 5.B-T)

conocer kennen(lernen) (I 8.A-T)

conocido/a bekannt (III 1.B-9)

los conocimientos die Kenntnisse, das Wissen (III 2.A-8)

el/la conquistador/a; la conquista der Eroberer/in; die Eroberung (III 2.B-7)

conseguir erreichen, bekommen (III 6.A-9)

seguir un consejo einen Rat befolgen (III 3.B-7)

conservarse erhalten bleiben (III 2.A-8-T)

ser considerado/a como … betrachtet werden als …, gehalten werden für … (III 2.A-8-T)

la consola die Spielkonsole (I 5)

consolar trösten (II 4.B-12)

el/la constructor/a der/die Erbauer/in (III 1.B-11-T)

construir bauen, errichten (II 5.B-6)

contactar kontaktieren (III 4.A-4)

estar en contacto in Kontakt stehen (III 2.A-8-T)

entrar en contacto con in Kontakt treten mit (III 4.A-T)

ponerse en contacto con alg. sich mit jdm. in Verbindung setzen (III 6.A-10)

contar con haben, verfügen über (III 2)

contar sobre erzählen über, erzählen von (III 2.A)

contarse secretos sich Geheimnisse anvertrauen (III 3)

contento/a zufrieden (II 7.A-T)

contigo mit dir (I 5.B-T)

el continente der Kontinent (III 2.A-1-T)

a continuación im weiteren Verlauf (II 1.A-11)

en contra dagegen (II 3.A-3)

la contraseña das Passwort (III 4.A-7)

el contraste der Kontrast (III 6.B-5)

convencer a algn. jmd. überzeugen (II 5.B-T)

convenir a alg. jdm. zusagen; zu jdm. passen (III 6.A-7)

la conversación personal das persönliche Gespräch (III 3.B-6)

convertirse en sich verwandeln in, werden zu (III 1.B-11-T)

te conviene das ist gut (für dich) (III 3.A-T)

convivir, la convivencia das Zusammenleben (III 5.B-5)

copiar kopieren, abschreiben (II 7.A-T)

el corazón das Herz (III 3)

cordial herzlich (III 1.A-1-T)

la coronación die Krönung (III 6.B-2)

el correo (electrónico) die E-Mail (I 4.A 4)

correr rennen, laufen (II 4.A-T)

la corrida de toros Stierhatz/ Stierkampf (II 6.A-9)

cortado/a verlegen (Adj.) (III 1.B-T)

cortar schneiden (I 7.B 11)

se nos cortó el rollo das hat unsere Stimmung heruntergezogen (II 4.A-13)

corto/a kurz (I 4.A 6)

la cosa die Sache (I 3)

la costa die Küste (II 1.A)

costar kosten (I 8.B-T)

costarle a algn eine Weile dauern, schwer fallen (II 1.B-3)

el coste der Preis, die Gebühr (III 1.A-1-T)

la costumbre der Brauch (II 2)

creativo/a kreativ (III 3)

crecer wachsen, ansteigen (III 4.A-4)

la credencial (de peregrino) der Pilgerpass (III 5)

creer en glauben an (III 2.A-8)

creer que glauben, dass (I 6.B 9)

la crema solar Sonnencreme (II 5.A-4)

cremoso/a cremig (II 2.B-5)

(el/la) cristiano/a christlich, der/die Christ/in (III 1.B-11-T)

cruzar überqueren (II 4.A-13)

el cuaderno das Heft (I 3)

el cuadro das Bild (I 6.A 2)

la cualidad die gute Eigenschaft (III 3.B-8)

cualquier/a irgendein/e, egal welche/r (II 2.A-T)

cuando wenn (temporal) (II 1.A-11)

Cuándo? Wann? (I 5.B-T)

Cuánto cuesta Wieviel kostet das? (II 2.A-7)

Cuántos/as Wie viele? (I 2.A-T)

el cuarto das Zimmer, der Raum (I 6.A-T)

cuatro vier (I 2.A-T)

estar cubierto/a por bedeckt sein von (III 2)

tomar en cuenta berücksichtigen (III 3.B-2)

la cuenta das Konto (III 4.A-2)

el cuerpo de la carta der Hauptteil des Briefes (III 1.A-3)

la cueva die Höhle (III 2.A-8)

¡Cuidado! Achtung! Vorsicht! (I 5.A-T)

cuidar(se) Acht geben, aufpassen (III 4.A-T)

la culpa die Schuld (II 4.B)

cultivar anbauen, anpflanzen (III 2.A-8)

la cultura die Kultur (III 1.A-1-T)

el cumple(años) der Geburtstag (I 4.A-T)

cumplir (los) … años … Jahre alt werden (II 2.A-3)

curiosa/o ungewöhnlich; neugierig (III 1.B-11-T; 6.A-6)

el currículum (vitae) der Lebenslauf (III 6.A-7)

el curso die Klasse, der Kurs (II 2.A-T)

D

dar geben (II 2.A-7)

los datos die Daten (III 4)

de von, aus (I 1.B-T)

¿De dónde? Woher? (I 1.A 3)

de manera … auf … Weise (II 6.A)

de nada bitte sehr!, gern geschehen! (I 8.A 8)

De parte de quién Wer spricht? (I 5.B-T)

de primero als Vorspeise (II 2.B-T)

de segundo als Hauptgang (II 2.B-T)

de todos modos in jedem Fall (II 4.A-13)

de una vez auf einmal (II 2.B-T)

debajo de unter (I 6)

deber sollen, müssen (III 5.A-3)

los deberes Hausaufgaben (I 3.A-T)

el punto débil die Schwäche (III 6)

decidir entscheiden (II 5.B-1)

es decir das heißt (d.h.) (III 1.A-T)

decir sagen (I 7.B 11)

la decoración die Dekoration (III 2.A-8-T)

decorado/a geschmückt (III 2.A-8)

dedicarse a hacer algo sich damit beschäftigen, etwas zu tun, sich einer Sache widmen (III 6.B-9)

el dedo der Finger (II 4.B-3)

el defecto der Fehler (III 3.B-8)

defender contra verteidigen gegen (II 1.B-11-T)

definido/a festgelegt (III 2.A-8)

definitivamente definitiv (III 3.B-T)

dejar (hinter)lassen (II 3.A-10)

dejar de hacer algo aufhören etwas zu tun (III 5.A-5)

dejar un comentario kommentieren (III 3)

delante de vor (I 6)

delgado/a schlank (I 4.A-T)

delicioso/a köstlich (III 2.A-1-T)

los/las demás die Anderen, die Übrigen (III 1.B-17)

demasiado zu, zu viel, zu sehr (I 8.B-T)

el/la dentista der/die Zahnarzt/-ärztin (II 6)

por dentro von innen (I 8.A-T)

dentro de in, innerhalb, drinnen (I 8.A-T)

depende de es kommt darauf an, ob … /es kommt auf … an (II 6.A-9)

el deporte der Sport (I 5)

el deporte de canoa Kanu fahren (II 4.A)

el/la deportista der/die Sportler/in (II 4.A)

deportivo/a sportlich (I 8.B 3)

deprimido/a deprimiert (II 4.A-2)

a la derecha rechts (I 3.B-T)

la derecha die rechte Seite (I 3.B-T)

desafortunadamente leider (II 1.A)

desagradable unangenehm (III 6.B-5)

desaparecer verschwinden (III 2.A-8-T)

la desaparición das Verschwinden (III 2.B-8)

desaprobar algo nicht bestehen, durchfallen (II 7)

desarreglado/a unordentlich, unaufgeräumt, durcheinander (II 6.B-3)

desarrollado/a entwickelt (III 2.A-8-T)

el desarrollo die Entwicklung (III 1.A-1-T)

desayunar frühstücken (I 6.A-T)

el desayuno das Frühstück (I 7.A-T)

descansar sich ausruhen (I 5)

desconocido/a unbekannt (III 1.B-12)

descubrir entdecken (II 5)

desde seit, von … aus (II 1.A)

desde … hasta von … bis (III 1.A-1-T)

desde hace (+ tiempo) seit (+ Zeitangabe) (III 1.A-1-T)

el deseo; desear que der Wunsch; (sich) wünschen, dass … (III 3.A-6)

desesperar(se) verzweifeln (III 4.A-8)

el desfile (de caballos) der Umzug, die Parade (II 6)

desgarbado/a plump, ungelenk (III 6.B-5)

el desierto die Wüste (II 5)

desmontar abbauen (III 5.A-13)

el desodorante das Deo (III 3.A-T)

la despedida die Verabschiedung (III 1.A-3)

despertarse aufwachen (I 7.A 3)

despistado/a unaufmerksam, chaotisch (II 6.B)

después (de) danach nachdem (I 3.A-T)

destacar herausragen (III 2.A-8-T)

el destino das Ziel (II 5.A-T)

detectar aufspüren; bemerken (III 4.A-4)

detenerse anhalten, zum Stillstand kommen (III 2.A-8-T)

detenido/a gründlich, genau (II 6.B)
detrás de hinter (I 6)
el día der Tag (I 3)
el diámetro der Durchmesser (III 2.B-2)
dibujar zeichnen (III 1.B-T)
el diciembre Dezember (I 6.B 2)
el diente der Zahn (I 7.A-T)
diferente anders, verschieden (I 4.B-T)
a diferencia de im Gegensatz
    zu (III 1.B-11-T)
difícil schwierig (II 1.B-2)
difundirse sich verbreiten (III 4)
Diga Ja, bitte? (I 5.B-T)
Dinamarca Dänemark (II 1)
el dinero das Geld (II 5.A-8)
el dinero en efectivo das
    Bargeld (III 5.A-8)
el/la dios, diosa Gott, Göttin (II 1.B-3)
el diploma die Urkunde (III 5.A-3)
la dirección das Direktorat, die
    Schulleitung (III 1.A-1-T);
    die Adresse (I 6.B 1)
directo/a direkt (III 3)
dirigirse a alg. sich jdm.
    zuwenden (III 4.B-T)
discreto/a diskret (III 5.A-13)
diseñar entwerfen, zeichnen (III 6.A-5)
disfrutar de algo genießen (II 1.B-3)
disimuladamente unauffällig,
    heimlich (III 3.A-T)
disponer de algo über etwas
    verfügen (III 5.A-3)
la distancia die Entfernung (III 5.A-13)
diverso/a unterschiedlich,
    verschieden (III 5.B-6)
divertido/a lustig (I 4.A-T)
divertirse Spaß haben (II 4.A)
doce zwölf (I 2.A-T)
el doctor Doktor (II 4.B-4)
el dolor Schmerz (II 4.B-3)
el domingo Sonntag (I 5.B-T)
el dominio die Herrschaft (III 5.B-5)
donde wo (Relativpronomen) (II 1.A-7)
Dónde Wo? (I 3.A-T)
dormir(se) (ein)schlafen (I 7.A-T)
ducharse duschen (I 7.A-T)
la duda der Zweifel (II 3.A-4)
dudar en hacer algo zögern etwas zu
    tun (III 6.A-10)
dudar que (+ subjuntivo) bezweifeln,
    dass (III 3.B-2-T)
dudoso/a fragwürdig, suspekt (III 4.A-5)
el/la dueño/a der/die Besitzer/in,
    der/die Inhaber/in (III 6.A-5)
dulce süß (I 4.A-T)
durante während (I 7.A 6)
durar dauern (II 5.B-T)

E

echar hinzufügen, hineintun,
    dazugeben (II 2.B-9)

echar de menos a alg. jmd.
    vermissen (II 1.A)
echarle bronca a alguien böse mit
    jemandem sein (I 8.B-T)
ecológico/a ökologisch (III 5.A-6)
la edad das Alter (III 1.A-1-T)
la Edad Media das
    Mittelalter (III 1.B-11)
el edificio das Bauwerk (III 1.B-11-T)
la educación die Bildung (II 4.A-9)
la educación y formación die
    Schulausbildung, der (schulische)
    Werdegang (II 6)
educado/a wohlerzogen (III 6.A-T)
los ejércitos die Streitkräfte (III 1.B-11-T)
el elefante der Elefant (II 5)
elegante elegant (I 8.B 3)
elegir auswählen, aussuchen (II 5.B-T)
el elemento das Element, der
    Bestandteil (I 5.B-4)
los embutidos der Aufschnitt (III 1.A-T)
estar emocionado/a aufgeregt/
    gespannt sein (III 1.B-T)
empezar anfangen, beginnen (I 3.A-T)
el/la empleado/a der/die
    Angestellte/r (III 2.A-1-T)
la empresa die Firma, der
    Betrieb (III 1.B-T)
en in (I 1.A-T)
estar enamorado/a de alg. in jdn.
    verliebt sein (III 3.A-1)
enamorarse de verlieben in (II 4.A-9)
el enano der Zwerg, der Kleine (nett
    gemeint) (III 2.A)
encantador/a hier: bezaubernd,
    reizend (III 6.A-T)
encantador/a entzückend,
    wunderschön (I 8.A-T)
me encantaría es würde mir
    gefallen (II 5.A-T)
encantarle a alguien jemanden
    entzücken, jemandem sehr
    gefallen (I 5.A-T)
encargarse de sich kümmern
    um (III 6.B-9)
encender anzünden,
    anschalten (II 6.A)
encima de über, auf (I 6)
encontrar finden (I 5.B-T)
encontrar alojamiento eine
    Unterkunft finden (III 5)
encontrarse (en) sein (in), sich
    befinden (in) (I 8.A-T)
la encuesta die Nachforschung; die
    Umfrage (III 4.A-10)
el enero Januar (I 6.B 2)
enfadado/a verärgert (II 4.A-2)
la enfermedad Krankheit (II 4.B-8)
el/la enfermera/o der/die
    Krankenschwester,
    -pfleger (II 4.B-4)
enfermo/a krank (II 4.B-8)

enfrente de gegenüber (I 6)
el enlace der Link (III 4.A-7)
enorme riesig, sehr groß (II 6.A-T)
la ensalada Salatmischung (II 2.A-6)
enseñar zeigen (III 1.B-T)
ensuciar schmutzig werden (III 4.A-5)
entender verstehen (I 5.B-T)
el entierro die Bestattung (III 5.A-T)
entonces damals (III 1.B-11)
entonces also, dann (I 2.A-T)
la entrada der Eintrag, Eingang, die
    Eintrittskarte (I 7), Vorspeise (II 2.B-2)
entrar eintreten, betreten (I 3.A-T)
entre zwischen (I 6)
entrenar para una carrera
    professionell trainieren (II 4.A)
el entretenimiento die Unterhaltung,
    der Zeitvertreib (III 4.A-2)
enviar schicken (III 4.A-T)
la época die Epoche, Zeit (III 2.A-T)
el equipaje das Gepäck (III 5.A-8)
el equipo Team, Mannschaft (I 7.A-T)
la equitación das Reiten (II 4.A)
erguido/a aufrecht (III 6.B-5)
Es que … Es ist so, dass … (I 2.A-T)
es todo das ist alles (II 2.A-7)
escalar klettern (II 4.A-3)
el escándalo der Krach (III 4.A-5)
la escena die Szene (III 4.B-7)
el escenario die Bühne (II 3.B-T)
el/la esclavo/a der/die Sklave,
    Sklavin (III 2.A-8)
escolar Schul-, schulisch (III 1.A-1-T)
esconderse sich verstecken (III 2.A-1-T)
escribir schreiben (I 3.A-T)
el escritorio Schreibtisch (I 6.A-T)
los escritos die Schriften,
    Schriftstücke (III 5.B-5)
la escritura die Schrift (III 2.A-8)
escuchar hören, zuhören (I 3.A 4)
la escuela Schule (II 7)
la escuela de (los) traductores die
    Übersetzerschule (III 5.B-4)
la escultura die Skulptur (III 2.A-8)
ese/esa diese/r da (I 8.B-T)
esforzarse sich anstrengen (II 7.A-T)
esmeralda smaragdgrün (III 2.A-1-T)
los espaguetis Spagettis (II 2)
la espalda Rücken (II 4.B-3)
España Spanien (I 1.A-T)
el español/a Spanier/in,
    spanisch (I 2.A-T)
la especia oriental das orientalische
    Gewürz (III 5.B-4)
especial speziell, besonders (II 1.B-3)
la especialidad die
    Spezialität (III 2.A-1-T)
Es una especie de … Es ist eine
    Sorte/Art von … (III 1.B-9)
espectacular spektakulär (III 1.B-11-T)
el espejo der Spiegel (III 6.B-5)

en espera de sus noticias in Erwartung Ihrer Nachricht/Antwort (III 6.A-10)

esperar a warten auf (I 3.B-T)

esperar que (+ subjuntivo) hoffen, dass (III 3)

Espero que estéis bien. Ich hoffe, es geht euch gut. (II 1.A)

las espinacas der Spinat (II 2.A-6)

espiritual spirituell (III 5.A-6)

espléndido/a großartig, prächtig (III 6.B-T)

el esplendor die Pracht, der Glanz (III 2.A-8-T)

la esponja Schwamm (I 3.A 3)

espontáneamente spontan (III 6.B-7)

el esquí alpino Skialpin (II 4.A)

la esquina die Ecke (II 6.B)

la estación die Jahreszeit (III 2.A-3), der Bahnhof (I 8.A 9)

la estancia der Aufenthalt (III 1.A-1-T)

el estanque der Teich (III 1.B-11-T)

la estantería das Regal (I 6.A-T)

estar sein, sich befinden (I 3.B-T)

estar a unos (XX) kilómetros de ... einige (ca. XX) Kilometer entfernt sein von ... (II 1.B-3)

estar de acuerdo einverstanden sein (II 2.A-9)

estar de visita zu Besuch sein (I 5.B-T)

la estatua die Statue (III 5.A-12)

este/a diese/r (I 1.B-T)

el estereotipo das Vorurteil, Stereotyp (III 1)

el estilo der Stil (III 5.A-12)

el estilo musical die Musikrichtung (II 3.A-7)

Estimado(s)/a(s) ... Liebe/r/s ... (Anrede in einem Brief) (III 1.A-1-T)

el estómago der Bauch, Magen (II 4.B-3)

estrecho/a eng, schmal (I 8.A-T)

la estrella der Stern (III 6.B-T)

la estrofa die Strophe (III 3.A-7)

el estuche das Mäppchen (I 3)

el estuco der Putz (III 2.A-8-T)

estudiar lernen, studieren (I 4.B 11)

Estupendo. Super! (II 7.A-T)

la etapa die Etappe (III 5.A-5)

la etiqueta der Hashtag (III 3)

europeo/a Europäer/in; europäisch (II 5.A-T)

evaluar evaluieren, auswerten (III 6.A-5)

el evento die Veranstaltung (II 3.B)

exacto/a genau, exakt (III 1.B-9)

exagerar übertreiben (II 2.B-T)

el examen die Prüfung (II 3.A-T)

excitante aufregend, spannend (II 2.A)

la excursión Ausflug, Exkursion (I 5.B 4)

existir bestehen, existieren (III 1.A-1-T)

el éxito Erfolg (II 3.A-6)

exótico/a exotisch (III 1.B-11-T)

la experiencia die Erfahrung (II 1)

la experiencia laboral die Berufserfahrung, die Arbeitserfahrung (III 6.A-10)

los experimentos die Experimente (II 7)

el/la experto/a der/die Experte/Expertin (III 3.A-T)

explicar erklären (II 4.A-2)

explorar erkunden (III 5.A-10)

la exposición die Ausstellung (III 4.A-5)

expresar algo etwas ausdrücken (III 1.B-3)

la expresión impersonal der unpersönliche Ausdruck (III 3.B-8)

extenderse sobre sich erstrecken über, sich ausbreiten auf (III 2)

extrañar vermissen (III 3.B-2-T)

extranjero/a, el extranjero ausländisch, der/die Ausländer/in, das Ausland (III 1.A-11)

extraño/a außergewöhnlich, komisch (III 5.A-13)

extraordinario/a hervorragend (III 2)

extrovertido/a extrovertiert (III 6.A-T)

F

la fábrica die Fabrik (III 6)

fabricar herstellen (III 5.B-4)

la fachada die Fassade (III 5.B-4)

fácil einfach, leicht (II 3.A-10)

facilitar vereinfachen, erleichtern (III 4)

la falda der Rock (I 8.B 1)

fallar misslingen (II 7.A-T)

faltar fehlen (I 6.B-T)

la familia die Familie (I 1.A-T)

familiar Familien- (III 2.A-8)

el/la farmacéutico/a der/die Apotheker/in (III 6)

fascinar a alg. jdn. begeistern (III 2.A)

a favor dafür (II 3.A-3)

favorito/a Lieblings- (I 4.A-T)

la fe der Glaube (III 5.A-6)

el febrero Februar (I 6.B 2)

la fecha Datum (I 6.B 2)

¡Felicidades! herzlichen Glückwunsch! (III 3.A-T)

las felicitaciones Glückwünsche (II 7.A-T)

feliz glücklich (II 1.A)

fenomenal toll (II 1.A)

feo/a hässlich (I 8.B 3)

fiable vertrauenswürdig; zuverlässig (III 4.A-10)

la fiebre das Fieber (II 4.B-8)

fiel treu (III 3.A-6)

la fiesta das Fest, die Feier (I 4.A-T)

la figura die Figur (III 5.A-13)

fijarse en algo aufpassen auf (III 1.B-11-T)

fijo/a fix, fest(gelegt) (III 1.A-T)

filosófico/a philosophisch (III 5.B-5)

el fin de curso das Kursende, Schuljahresende (II 7.A-T)

el fin de semana das Wochenende (I 7.A-T)

el final das Ende (III 5.A-5)

la final das Finale (II 3.A-2)

finalizar enden (III 1.B-T)

finísimo/a zierlich ganz fein (II 2.A-8-T)

la firma die Unterschrift (III 1.A-3)

la fisionomía der Gesichtsausdruck, das Aussehen (III 6.B-5)

el flamenco der Flamenco (I 1.A-T)

el flechazo (ugs.) Liebe auf den ersten Blick (III 3)

flexible flexibel (III 6.A-T)

flipar ausflippen, ganz begeistert sein (II 2.A-T)

la flor die Blume (I 8.A-T)

floreciente blühend, florierend (III 5.B-5)

el folleto die Broschüre, der Informationsflyer (II 6.A-T)

al fondo im Hintergrund (III 6.B-5)

estar en forma in Form sein, Kondition haben (III 3)

la forma de operar die Arbeitsweise, der Arbeitsablauf (III 6.A-10)

formado/a por geformt/bestehend aus (III 5.A-13)

formal schick, formell (I 8.B 3)

formar parte de algo zu etwas dazugehören, Teil sein von etwas (III 1.B-11-T)

el foro das Forum (I 7)

la fortaleza die Festungsanlage (III 1.B-11-T)

la foto(grafía) das Foto (I 4.A-T)

el fraile der Mönch (III 5.B-4)

la frambuesa die Himbeere (II 2.A-6)

francés französisch (I 2.A 6)

Francia Frankreich (II 1)

frecuentemente häufig (III 1.B-5)

la fresa die Erdbeere (II 2.A-6)

fresco/a frisch (III 5.A-9)

el frijol die Bohne (III 2.A-8)

el frío die Kälte (II 1.A)

la fruta das Obst (I 8.A-T)

los fuegos artificiales das Feuerwerk (III 6.A)

la fuente der (Spring-)Brunnen (III 5.A-13)

fuera de außerhalb (III 6.B-T)

el punto fuerte die Stärke (III 6)

fuerte stark, laut (II 1.B-3)

fundar gründen (III 5.B-5)

furioso/a wütend (III 3.B-3)

el fútbol Fußball (I 1.A-T)

el futuro die Zukunft (II 3.A)

G

las gafas del sol die Sonnenbrille (II 5.A-4)
gallardo/a anmutig; stattlich (III 6.B-5)
(a la) gallego/a galizisch, auf galizische Art (mit Öl und Paprikapulver) (III 1.A-T)
la galleta der Keks (III 1.A-T)
el/la ganador/a der/die Gewinner/in (III 2.B-2)
ganarse etwas gewinnen (II 3.A-T)
tener ganas de hacer algo Lust haben, etwas zu tun (I 5.A-T)
el garaje die Garage (I 6.A 9)
los gastos die Unkosten (III 1.A-1-T)
el/la gato/a Kater/Katze (I 2.B-T)
el gazpacho das Gazpacho (kalte Gemüsesuppe) (III 1.A-T)
las/los gemelas/os (eineiige) Zwillinge (II 1.B-3)
generoso/a großzügig, großherzig (II 6.A-T)
genial genial, toll (I 4.A-T)
la gente die Leute (I 4.A-T)
la gimnasia das Turnen (II 4.A)
el gimnasio die Sporthalle, das Fitnessstudio (I 3.B-T)
girar abbiegen (I 5.A-7)
el/la gobernante der/die Herrscher/in, der/die Machthaber/in (III 1.B-11-T)
gobernar herrschen, regieren (III 1.B-11-T)
la goma de borrar der Radiergummi (I 3)
gordito/a mollig (I 4.A-T)
el/la gorro/a die Mütze; Kappe (I 8.B 1) (II 5.A-4)
gótico/a gotisch (III 5.A-12)
gracias danke (I 2.A-T)
gracioso/a lustig (I 4.B-T)
Gran Bretaña Großbritannien (II 1)
grande groß (I 4.A-T)
el granero die Scheune (III 5.A-5)
la granja der Bauernhof (I 4.B-T)
grasoso/a fettig, fetthaltig (II 2.B-T)
grave schlimm, ernst (II 4.B)
griego/a griechisch, Grieche/in (III 5.B-5)
la gripe die Grippe (II 4.B-8)
gris grau (I 8.B 4)
gritar como loco/a schreien wie verrückt (II 3.B-T)
el grupo (musical) die Gruppe, Musikgruppe (I 3.B-T)
guapo/a hübsch, gutaussehend (I 4.A-T)
el guardarropa die Garderobe (III 6.B-9)
guay toll, super (I 2.A-T)
la Guerra Civil der spanische Bürgerkrieg (1936–39) (III 6.B-T)

el/la guía (turístico/a) der/die Reiseführer/in (III 1.B-11-T)
los guisantes die Erbsen (II 2.A-6)
la guitarra die Gitarre (I 5)
gustarle a alguien jemandem gefallen (I 5)
el gusto Vorliebe, Geschmack (II 2.B-10)
¡Qué gusto saber de ti! Wie schön, von dir zu hören! (III 2.A-1-T)

H

la habitación das Zimmer, der Raum (I 4.A-T)
el/la habitante der/die Einwohner/in (III 1.B-11-T)
habitar (be)wohnen (III 2.A-4)
habitualmente für gewöhnlich, in der Regel (III 2.A-4)
hablador/a gesprächig, geschwätzig (III 3)
hablar sprechen, reden (I 2.A-T)
hablar por teléfono telefonieren (I 5)
Hace (mucho) calor. Es ist (sehr) heiß. (II 1.A)
Hace calor. Es ist heiß. (II 1.A)
Hace frío. Es ist kalt. (II 1.A)
Hace mal tiempo. Es ist schlechtes Wetter. (II 1.A)
hace rato erst neulich, vor kurzem (II 3.B-T)
Hace sol. Die Sonne scheint. (II 1.A)
Hace viento. Es ist windig. (II 1.A)
Hace/No hace buen tiempo. Es ist (kein) gutes Wetter. (II 1.A)
Hace/Tenemos … grados (sobre/bajo cero). Es ist … Grad (über/unter Null)./ Wir haben … Grad. (II 1.A)
hacer machen, tun (I 5)
hacer la(s) compra(s) einkaufen gehen (I 7.B-T)
hacer una barbacoa grillen (II 1.B-3)
hacerle un mal juego a algn jemandem übel mitspielen (II 3.A-6)
hacerse etwas werden (II 4.A-10)
la hacienda das Finanzwesen, der Staatshaushalt (III 5.B-6)
tener hambre Hunger haben (I 7.B-T)
el hambre der Hunger (I 7.B-T)
la hamburguesa der Hamburger (II 2)
la harina das Mehl (II 2.A-6)
estar harto/a de etw. satt haben (II 6.A-6)
hasta bis (I 6.A-T), sogar (II 1.B-3)
Hasta la vista Auf Wiedersehen! (I 1.A-T)
Hasta luego Bis später! (I 1.A 9)
Hasta mañana Bis morgen! (I 2.A-T)
Hasta pronto Bis bald! (I 3)
hay es gibt, es befindet/n sich (I 3.A-T)
hay lugar da ist Platz (I 6.A-T)
Hay nubes. Es ist bewölkt. (II 1.A)
hay que man muss (I 7.B-T)

Hay una tormenta. Es ist stürmisch / Es gibt ein Gewitter. (II 1.A)
hebreo/a hebräisch (III 5.B-5)
de hecho eigentlich (III 2.A-1-T)
la hectárea der Hektar (III 6.B-T)
la heladería das Eiscafé (I 1.B-T)
el helado das Eis (I 1.A-T)
la herida die Wunde, Verletzung (II 4.B-3)
el/la hermano/a Bruder/Schwester (I 2.A-T)
los hermanos die Geschwister (I 2.A-T)
hermoso/a schön (III 1.B-11-T)
el hielo Eis, Glätte (II 1.A)
el/la hijo/a der Sohn (I 4)
histórico/a historisch (III 1.B-11-T)
Hola Hallo! (I 1.A-T)
hombre der Mensch, Mann (II 3.B-T)
honesto/a ehrlich, aufrichtig (III 3.B-6)
la hora die Uhrzeit, Stunde (I 5.B-T)
¿A qué hora? Um wie viel Uhr? (I 5.B-T)
el horno der Ofen (II 2.B-10)
horrible schrecklich (I 8.B 9)
el horror der Horror (III 3.A-T)
hospedarse en unterkommen in (II 5.A-13)
el hospital das Krankenhaus (II 4.A-13)
el hostal das Hostel (II 1)
el hotel das Hotel (II 1)
hoy heute (I 3.A-T)
hoy en día heutzutage (III 1.B-11-T)
la huerta der Gemüsegarten (III 1.B-11-T)
el hueso der Knochen (II 5.B-6)
el huevo das Ei (I 7.B-T)
húmedo/a feucht (III 2)

I

la idea die Idee (I 4.B-T)
el idioma die Sprache (I 2.A 6)
la iglesia die Kirche (I 8)
igual gleich, egal (II 6.B-10)
la iguana der Leguan (III 2.A-1-T)
iluminar beleuchten (III 2.A-8-T)
la imagen das Bild (III 6.B-5)
imaginarse algo sich etwas vorstellen (III 2.A-1-T)
impaciente ungeduldig (III 6.A-T)
el imperio das Imperium, das Reich (III 1.B-11-T)
importante wichtig (I 7.A-T)
importar a alg. jdm./für jdn. wichtig sein (III 3.A-6)
imposible unmöglich (III 3.B-2-T)
imprescindible unumgänglich, unerlässlich, „ein Muss" (III 6.B-T)
la impresión der Eindruck (III 3.A-10)
impresionante beeindruckend (I 8.A-T)
impuntual unpünktlich (III 6.A-1)
incluir beinhalten (II 2.A-T)
increíble unglaublich (II 4.A-T)

hacerse independiente sich unabhängig/selbstständig machen (III 1)

independiente unabhängig, selbstständig (III 3)

indicar angeben, (an) zeigen (III 3.B-9)

indispensable unumgänglich (III 3.A-8)

la infanta die Infantin (III 6.B-5)

infantil kindisch (III 4.B-T)

la influencia der Einfluss (II 3.A-8)

informarse sich informieren (II 3.A-T)

la informática Informatik (I 3.B-T)

el/la ingeniero/a der/die Ingenieur/in (III 6)

inglés englisch (I 2.A 6)

injusto/a ungerecht, unfair (III 4.B-T)

el inmigrante der/die Einwanderer/in (II 5.B-6)

inolvidable unvergesslich (III 1)

inscribirse sich einschreiben (II 3.A-T)

insoportable unerträglich (III 2.A-1-T)

la instalación die Anlage (III 5.A-12)

el insti(tuto) (weiterführende) Schule (I 3.B-T)

la institución die Einrichtung, die Institution (III 5.B-5)

el instrumento das Instrument (I 5)

insultar beleidigen (III 3.A-2)

integrarse sich integrieren (III 6.A-6)

la inteligencia die Intelligenz (II 3.A-6)

intentar versuchen (III 3.A-T)

el intercambio der Schüleraustausch (III 1)

la interdicción das Verbot (III 4)

el interés das Interesse, Hobby (II 4.A-9)

interesado/a; interesar interessiert; interessieren (III 1.A-1-T)

interesante interessant (I 4.B-T)

interpretación die Auslegung, die Interpretation (III 2.A-8-T)

interrumpir a alg. jdn. unterbrechen (III 1.A-T)

la inundación die Überschwemmung, das Hochwasser (III 1.B-11-T)

inventar erfinden (III 2.A-8-T)

el invierno Winter (II 1.A-2)

la invitación die Einladung (I 6.B 1)

el/la invitado/a der Gast (I 6.B 1)

invitar einladen (I 6.B 1)

ir gehen (I 5)

ir bien con gut passen zu (I 8.B-T)

ir de compras shoppen, einkaufen gehen (I 5)

ir en monopatín/montar skateboard Skateboard fahren (I 5)

irrelevante unwichtig (III 3.B-8)

irrenunciable unverzichtbar (III 6.B-T)

Italia Italien (II 1)

italiano/a italienisch (I 2.A 6)

a la izquierda links (I 3.B-T)

la izquierda linke Seite (I 3.B-T))

J

jade jadegrün (III 2.A-1-T)

jamás nie (wieder) (III 4.A-T)

el jamón der Schinken (I 7.B-T)

el jardín der Garten (I 6.A 9)

la jaula der Käfig (I 4.B-T)

el jefe der Chef (III 4.A-5)

el jersey der Pullover, das Sweatshirt (I 8.B 1)

el/la joven, los jóvenes Jugendliche/r (II 1)

el/la joyero/a der/die Juwelier/in (III 5.B-4)

la judería das Judenviertel (III 1.B-11-T)

(el/la) judío/a der/die Jude/Jüdin, jüdisch (III 1.B-11-T)

los juegos de pelota Ballsportarten (II 4.A)

el jueves der Donnerstag (I 5.B-T)

el/la jugador/a der/die Spieler/in (III 2.B-2)

jugar spielen (Sport und Spiel) (I 5)

el julio Juli (I 6.B 2)

la jungla der Dschungel (III 2.A-8-T)

el junio Juni (I 6.B 2)

juntarse zusammenkommen; sich zusammentun (III 4.B-8)

juntarse con sich anschließen, treffen (II 6.B)

juntos/as zusammen, gemeinsam (I 7.A-T)

jurar schwören (III 4.A-T)

justo/a gerecht (II 6.B)

K

el kilómetro der Kilometer (II 1.B-3)

el kinder der Kindergarten (II 4.A-9)

L

el laboratorio das Labor (I 3.B-T)

el lago der See (II 5)

la lámpara die Lampe (I 6.A-T)

lanzar werfen (II 4.A-3)

el lápiz der Bleistift (I 3)

a lo largo de tu vida im Laufe deines Lebens (III 3.B-T)

largo/a lang (I 4.A 6)

la lástima das Mitleid (I 7.A-T)

lastimarse sich verletzen (II 4.A-T)

la lata die Dose (II 2.A-6)

el latín das Latein (III 5.B-5)

latinoamericano/-a lateinamerikanisch, aus Lateinamerika (II 3.A)

la leche die Milch (I 7.A-T)

la lechuga der Salatkopf (II 2.A-6)

la lectura das Lesen, die Lektüre (III 2.A-8-T)

leer lesen (I 3.A-T)

el legado das Erbe (III 1.B-11-T)

lejos (de) weit weg (von) (I 7.A-T)

la lengua die Sprache (II 1.A-12)

la lengua materna die Muttersprache (III 6)

lento/a langsam (II 2.A-2)

el león der Löwe (II 5)

levantarse aufstehen (I 7.A-T)

la leyenda die Legende (III 5.A-T)

libre frei (I 7.B-T)

el libro das Buch (I 3)

ligar flirten, anbandeln (III 1.B-8)

ligero/a leicht (Speise) (II 2.B-T)

lila lila (I 8.B 4)

limitar con angrenzen an (II 5)

limitarse a sich beschränken auf (II 1.A-1-T)

el limón die Zitrone (II 2.B-2)

limpiar saubermachen (III 2.A-1-T)

limpio/a sauber (III 5.A-8)

lindo/a schön (II 1.B-3)

en línea online (III 4)

lingüístico/a sprachlich (III 5.B-5)

el lío das Durcheinander (I 6)

el pelo liso glattes Haar (I 4.A 6)

la lista die Liste (I 3)

la lista de la compra die Einkaufsliste (I 6.B-T)

listo/a bereit, fertig (III 4.A-5)

listo/a schlau, klug (I 4.A-T)

ser más listo/a que el hambre (fig.) besonders schlau sein (III 5.A-T)

la literatura die Literatur (III 1.B-11-T)

el litro der Liter (II 2.A-6)

la llama das Lama (II 5)

llamar rufen (I 5.B-T)

llamar la atención a alg. jds. Aufmerksamkeit erregen, jdn. interessieren (III 3.A-2)

llamar por teléfono anrufen (I 5.B-T)

llamarse heißen (I 2.B-T)

la llegada die Ankunft (III 1.B-T)

llegar ankommen (I 6.A-T)

llegar a saber erfahren (III 5.A-11)

lleno/a voll (II 2.B-5)

llevar tragen, anhaben (I 8.B 1), mitbringen, mitnehmen (II 2.A-3)

llevar (+ tiempo + infinitivo) etwa: (Zeit) benötigen (III 5.A-T)

llevarse bien gut miteinander auskommen (III 3.A-6)

llorar weinen (II 7.A-T)

llover regnen (II 1.A)

la lluvia der Regen (II 1.A-2)

lluvioso/a regnerisch (III 2.A-3)

Lo siento. Tut mir leid. (I 5.A-T)

loco/a verrückt (I 4.B-T)

lograr erreichen (II 4.A-10)

el logro die Errungenschaft (II 4.A-9), der Erfolg (III 2.A-8-T)

el lugar der Ort, Platz (I 6.A-T)

la luna der Mond (III 2.A-8-T)

el lunes der Montag (I 5.B-T)

la luz das Licht (II 6.A)

M

el macho (ugs.) der Macho (III 3.A)
la madera das Holz (II 6.A-T)
la madre/mamá Mutter, Mama (I 2.A-T)
el/la madrileño/a der/die Einwohner/in von Madrid (III 6.B-T)
mágico/a magisch, zauberhaft (III 6.B-T)
el maíz der Mais (II 2.A-6)
majo/a nett (II 2.A-T)
mal schlecht (I 1.A 2)
el mal humor die schlechte Laune (II 6.B)
la maleta der Koffer (I 8.B 2)
malo/a schlecht (II 1.A-7)
mañana morgen (I 2.A-T)
la mañana der Morgen (I 5.B 4)
mandar senden, schicken (II 1.A)
al mando de unter der Herrschaft von (III 1.B-11-T)
manejar un coche (am.) ein Auto fahren (III 4.A-8)
el mango die Mango (II 2.A-6)
la mano die Hand (II 3.B-T)
la manzana der Apfel (II 2.A-8)
el mapa die (Land-)Karte (I 3.A 3)
el maquillaje die Schminke (III 5.A-7)
maquillarse sich schminken (II 1.A)
el mar das Meer (I 1.A-T)
la maravilla das Wunder (II 1.B-3)
la marcha das Nachtleben (I 8.A-T)
estar mareado schwindelig sein (II 4.B-3)
la mariposa der Schmetterling (III 3.A-T)
el mármol der Marmor (III 5.A-9)
marrón braun (I 8.B 4)
el martes der Dienstag (I 5.B-T)
el marzo März (I 6.B 2)
más mehr, plus (II 2.A)
más bien eher, ziemlich (III 6.B-5)
más despacio langsamer (I 3.A-T)
la mascota das Haustier (I 2.B-T)
el mastín der große Haushund (III 6.B-5)
las matemáticas die Mathematik (II 7.A-T)
matemático/a mathematisch, Mathematiker/in (III 5.B-5)
el material das Material (III 2.A-8-T)
máximo/a maximal, Höchst- (III 2.A-1-T)
(el/la) maya Maya-, der/die Maya (III 2)
el mayo Mai (I 6.B 2)
la mayoría die Mehrheit (III 2.A-8-T)
Me puede poner con … Könnte ich mit … sprechen? (I 5.B-T)
el/la mecánico/a der/die Mechaniker/in (III 6)
media noche Mitternacht (II 6.A)

la medicina die Medizin (III 1.B-11-T)
el médico der Arzt (II 4.B)
médico/a medizinisch, Mediziner/in, Arzt/Ärztin (III 5.B-5)
medieval mittelalterlich (III 5.B-2)
en el medio in der Mitte (III 6.B-5)
medio kilo de … ein halbes Kilo … (II 2.A-6)
el mediodía der Mittag (I 7.A 1)
a/al mediodía mittags (I 7.A 1)
los medios die Medien (III 4.A-2)
medir (e → i) messen (III 5.A-12)
mejorar verbessern (III 6.A-9)
el/la mellizo/a Zwilling, Zwillings- (I 2.A-T)
el melocotón der Pfirsich (II 2.A-6)
la melodía die Melodie (II 3.A-7)
el melón die Melone (II 2.A-6)
el membrete der Briefkopf (III 1.A-3)
la memoria der Speicher (III 4.A-7)
aprender algo de memoria etwas auswendig lernen (II 7)
mencionar erwähnen (III 6.B-3)
menos weniger, außer (II 2.A)
menos cuarto viertel vor (I 5.B-T)
el mensaje die Nachricht (I 5.B 2)
mensual monatlich (III 2.A-3)
mentir (e → ie) lügen (III 3.B-9)
mentiroso/a verlogen, hier: unehrlich (III 3)
a menudo oft (I 5.A-T)
el mercadillo der Flohmarkt (I 8.B-T)
el mercado der Markt (I 8)
la mercancía die Ware (III 5.B-4)
merecer la pena sich lohnen, die Mühe wert sein (III 6.B-T)
la mermelada die Marmelade (I 7.A-T)
el mes der Monat (I 6.B 2)
la mesa der Tisch (I 3.A 3)
la mesilla de noche der Nachttisch (I 6.A 2)
el metro die U-Bahn (I 8.A 10)
mexicano/a mexikanisch, Mexikaner/in (II 1.B-3)
mi mein/e (I 2.A-T)
el miedo die Angst (II 2.A-2)
miedoso/a ängstlich (III 6.A-2)
el miembro de la familia das Familienmitglied (III 1.B11-T)
mientras während, währenddessen (I 8.A-T)
mientras que während (II 5.B-1)
mientras tanto inzwischen, derweil (II 5.B-1)
el miércoles Mittwoch (I 5.B-T)
milagrosamente wie durch ein Wunder (III 5.A-13)
el mirador der Aussichtspunkt (III 5.A-12)
mirar schauen, sehen (I 3)
al mismo tiempo gleichzeitig (II 4.A-T)

el/la mismo/a der(selbe)/die(selbe)/ das(selbe) (III 1.B-11-T)
el misterio das Rätsel, das Geheimnis (III 2.A-8-T)
la mitad die Hälfte (III 2.B-2)
la mochila der Rucksack, Schulranzen (I 3)
el/la mochilero/a der/die Rucksacktourist/in (III 5)
moderado/a gemäßigt, mittelmäßig, moderat (II 2.A-2)
moderno/a modern (I 8.B 3)
modesto/a einfach, bescheiden (II 2.A-8-T)
a mi modo de ver aus meiner Sicht (II 3.A-4)
molar mucho total toll/super sein (I 8.A-T)
molestar stören (III 2.A-1-T)
el momento der Moment (I 2.A-T)
el monasterio das Kloster (III 5.A-13)
el mono der Affe (III 2.B-2)
el monoteísmo der Monotheismus (Ein-Gott-Glaube) (III 2.A-8)
la montaña der Berg, das Gebirge (II 5)
montar aufbauen (III 4.A-5)
montar a caballo reiten (I 5)
un montón (de) viele, eine Menge (von) (I 8.B 4)
el monumento das Denkmal (I 8)
moreno/a braun, dunkel (Haare oder Haut) (I 4.A-T) (II 1.B)
morir sterben (II 4.A-9)
mostrar zeigen, deuten auf (II 4.B-3)
moverse sich bewegen (II 3.B-8)
el móvil das Handy (I 3.B-T)
mucho/a/os/as viel/e, sehr (I 4.A-T)
mudéjar im Mudejarstil (Architekturstil mit maurischen Elementen 12.–16.Jh.) (III 1.B-11-T)
el mueble das Möbelstück (I 6.A-T)
la muerte der Tod (III 3)
el muesli das Müsli (III 1.A-T)
la muestra der Beweis (III 2.A-8-T)
la mujer die Frau (I 4.A-T)
el mundo die Welt (I 7)
el mural das Wandbild (III 6.B-5)
la muralla (de la ciudad) die Stadtmauer (III 1.B-11-T)
musculoso/a muskulös (III 3.A-6)
el museo das Museum (III 5.A-12)
la música die Musik (I 1.A-T)
el/la músico/a der/die Musiker/in (III 6)
(el/la) musulmán, musulmana muslimisch, der/die Moslem/ Muslimin (III 1)
muy sehr (I 1.A-T)

N

nacer geboren werden (II 4.A-9)
la fecha de nacimiento das Geburtsdatum (III 6)
la nacionalidad die Staatsangehörigkeit (III 6)
nada nichts, gar nicht (I 5.A-T)
Nada de eso Auf keinen Fall!, Nichts da! (II 2.A-T)
nadar schwimmen (I 5)
nadie niemand (II 2.A-T)
la naranja die Orange, Apfelsine (I 7.A-T)
la nariz die Nase (II 4.B-3)
la natación Schwimmen (II 4.A)
el nativo digital Person, die zur digitalen Generation zählt (III 4.A-2)
la naturaleza die Natur (III 5.A-6)
la naturaleza muerta das Stillleben (III 6.B-5)
navegar por la red im Internet surfen (II 4.A-T)
la Navidad Weihnachten (III 5.A-T)
necesario/a notwendig (III 3.A-T)
necesitar benötigen, tun müssen, brauchen (I 3)
negar verneinen (II 3.A)
negro/a schwarz (I 8.B 1)
nervioso/a nervös (III 6.A-6)
nevar schneien (II 1.A)
Ni idea. Keine Ahnung. (II 2.B-T)
Ni modo. Macht nichts!, Halb so schlimm! (II 2.A-10)
la niebla der Nebel (II 1.A)
el/la nieto/a Enkel/in (I 4)
la nieve der Schnee (II 1.A)
ningún, ninguno/a kein/e/r (II 3.A-T)
el/la niño/a das Kind (II 2.B-10)
el nivel avanzado fortgeschritten(es Level) (III 6)
no nein, nicht, kein/e (I 2.A-T)
no … ni … weder … noch … (II 2.B-T)
no entender ni jota (fig.) kein Wort / nur Bahnhof verstehen (III 6.B-9)
no entender ni torta überhaupt nichts verstehen (III 1.A-T)
no es para tanto Halb so schlimm (II 4.B)
no había manera de … es war nicht möglich, zu … (III 5.A-13)
No pasa nada. Macht doch nichts. (I 5.A-T)
¡No seas plasta! (ugs.) Nerv' nicht rum! (III 4.B-5)
No te preocupes. Mach dir keine Sorgen. (II 7.A-T)
la nobleza der Adel (III 2.A-8)
la noche die Nacht (I 5.B 4)
(la) Nochevieja Silvester (III 6.B-T)
la vida nocturna das Nachtleben (III 6.B-T)

el nombre der Name (I 5.B-T)
normal normal (I 7.A-T)
normalmente normalerweise (I 5.A 7)
el noroeste der Nordwesten (II 5.A-4)
el norte Norden (II 1.A)
Nos vemos Wir sehen uns! (I 5.B-T)
nosotros/as wir (I 2.A 5)
la nota die Note (II 1.A)
el noviembre November (I 6.B 2)
el/la novio/a feste Freunde (I 4)
la nube die Wolke (II 1.A)
estar en las nubes (fig.) in den Wolken schweben, realitätsfern sein (III 6.A-T)
nuestro/a unser/e (I 3.B-T)
nuevo/a neu (I 4.A 4)
numeroso/a zahlreich (III 6.B-T)
nunca nie (I 5.A-T)

O

o (u) oder (I 7.A 9)
o … o entweder … oder (III 6.B-9)
el objetivo das Ziel (I 6.A-10)
obligatorio/a Pflicht-, obligatorisch (III 6)
estar en obras im Bau sein (III 5.B-4)
observar beobachten (III 2.A-7)
el observatorio astronómico die Sternwarte (III 2.A-8-T)
el obstáculo das Hindernis (II 4.A-3)
la ocasión die Gelegenheit, der Anlass (II 7.A-9)
ocho acht (I 2.A-T)
el ocio die Freizeit (II 5.A-12)
el octubre Oktober (I 6.B 2)
ocupado/a beschäftigt (III 5.B-6)
ocupar besetzen, einnehmen (III 6.B-5)
ocuparse de sich kümmern um (II 5.B-T)
odiar algo hassen (II 2.B-T)
ofensivo/a beleidigend (III 3.A-2)
oficial offiziell, amtlich (III 5.B-6)
la oficina das Büro (III 6)
ofrecer anbieten (II 2.A-T)
oír hören (II 4.A-T)
ojalá hoffentlich, schön wär's (II 7.A-T)
el ojo das Auge (II 4.A-T)
oler (o → ue) riechen, duften (III 3.A-T)
el olor der Geruch (III 5.B-4)
olvidar vergessen (III 3.A)
once elf (I 2.A-T)
opinar Meinung äußern, meinen (II 5.A-1)
la opinión die Meinung (II 2.A-1)
la oportunidad Chance, Gelegenheit (II 3.A-T)
ordenado/a aufgeräumt (I 6.A 7)
el ordenador der Computer (I 3.B-T)
ordenar aufräumen, ordnen (I 6.A-T)
la oreja das Ohr (II 2.B-T)
la organización de jóvenes die Jugendorganisation (II 1)

organizar organisieren, einrichten (I 6.A-T)
organizarse sich organisieren (III 2.A-8)
el origen die Herkunft, der Ursprung (II 3.A-6)
ornamentado/a verziert (III 5.B-4)
oscuro/a dunkel (I 8.B 4)
el otoño der Herbst (II 1.A-2)
otra vez noch einmal (I 3.A-T)
otro/a ein anderer/anderes / eine andere (I 4.A-T)
Oye Hör mal! (I 3.B-T)

P

pacífico/a friedlich (III 5.B-5)
el padre/papá Vater, Papa (I 2.A-T)
¡Padrísimo! (mex.) wie toll! (III 2.A-8-T)
pagar bezahlen (II 2.B-11)
la página die Seite (I 3.A-T)
el país das Land (II 1.A-10)
el paisaje die Landschaft (II 5)
la paja das Ried (eine Art Stroh) (III 2.A-8)
la pajilla der Strohhalm (III 3.A-T)
la palabra das Wort (I 3.A-T)
el palacio der Palast (II 1.B)
pálido/a bleich (II 4.B-4)
las palomitas das Popcorn (III 3.A-T)
la pampa Pampa (argentinisches Grasland) (II 5)
el pan das Brot (I 7.A-T)
la pandilla (ugs.) die Clique (III 4.B-5)
el panecillo das Brötchen (III 1.A-T)
los pantalones die Hose (I 8.B 1)
el papagayo der Papagei (II 5)
jugar un papel eine Rolle spielen (III 3.B-T)
el papel higiénico das Toilettenpapier (III 5.A-7)
la papelera der Papierkorb (I 3.A 3)
el paquete das Paket (II 2.A-T)
un par de einige (III 1.A-T)
para für (I 1.A-T)
para nada überhaupt nicht (II 2.B-T)
la parada die Haltestelle (I 8.A 8)
el paraguas der Regenschirm (III 5.A-7)
parar Halt machen (II 1.B), aufhören (II 5.B-T)
pararse sich hinstellen, stehen bleiben (II 3.B-T)
parecido/a a ähnlich (III 1.B-9)
la pared die Wand (I 3.A 3)
la pareja ideal der/die Traummann/ Traumfrau (III 3.A-6)
el parque der Park (I 1.B-T)
el parque acuático das Erlebnisbad (II 2.A)
el parque de ocio der Freizeitpark (II 2)
la parte der/das Teil (II 1.B-3)
el/la participante der/die Teilnehmer/in (III 1)

participar teilnehmen (II 3.A)

el partido das Spiel, Match (I 7.A-T)

a partir de … von … an (III 1.B-11-T)

partirse de risa sich krumm und schief lachen (III 1.B-8)

la pasada der Hit, Wahnsinn (I 5.A-T)

pasado/a vergangen, vorherig (II 2.A-T)

el pasaporte der Reisepass (III 5.A-7)

pasar los sein, passieren, verbringen (I 4.B-T)

pasar por vorbeischauen in, vorbeigehen an (I 8.A-T)

pasarlo bomba eine tolle Zeit haben (II 5.B-T)

pasárselo genial viel Spaß haben, tolle Zeit haben (II 1.B)

el pasatiempo der Zeitvertreib (III 2.B-2)

pasear herumlaufen, spazieren (II 6.A-T)

llevar de paseo ausführen (III 6.A-5)

el paseo der Spaziergang (III 1.B-3)

la pasión die Leidenschaft (III 6.B-9)

la pasta de dientes die Zahnpasta (III 5.A-7)

la pastilla die Pille, Tablette (II 4.B-4)

la patata die Kartoffel (I 7.B-T)

patinar Schlittschuh fahren (II 4.A-3)

el patio der Schulhof, Innenhof (I 3.B-T)

el patrimonio (cultural) das (Kultur-)Erbe (III 5.A-6)

el payaso der Spaßvogel, der Hanswurst (III 3.A-T)

dejar en paz a alg. jdn. in Frieden / in Ruhe lassen (II 4.B-4)

el pecho die Brust (III 5.A-13)

pedir bestellen, bitten (I 7.B 2)

¿Es pedir demasiado? Ist das zu viel verlangt? (III 3.B-2-T)

el peinado die Frisur (II 5.B-T)

peinarse kämmen (I 7.A-T)

pelearse streiten (I 7.A-T)

la película (peli) der Film (I 5.A 2)

el peligro die Gefahr (III 4)

peligroso/a gefährlich (II 4.A-T)

el pelo Haar/e, Fell (I 4.A-T)

la pelota der Ball (II 4.A-T)

el peluche das Plüschtier, das Kuscheltier (III 5.A-7)

me da pena que (+ subjuntivo) es tut mir weh / macht mich traurig, dass (III 3.B-2-T)

la península ibérica die Iberische Halbinsel (III 1.B-11-T)

el pensamiento der Gedanke (III 6.A-1)

pensar denken, vorhaben (II 2.A-1)

el pepino die Gurke (II 2.A-6)

peque (ugs.) Kleiner/Kleine (III 3.A-T)

pequeño/a klein (I 4.A-T)

la pera die Birne (II 2.A-6)

perder verlieren (II 3.A-6)

---

perderse sich verlaufen (II 6.B-5)

perdérselo todo alles verpassen (II 3.B-T)

Perdón Entschuldigung! (I 3.A-T)

el/la peregrino/a; peregrinar; la peregrinación der/die Pilger/in; pilgern; die Pilgerfahrt (III 5)

perezoso/a faul (II 6.A-6)

a la perfección vollkommen, perfekt (III 5.B-5)

perfecto/a perfekt (I 8.A 8)

el perfume das Parfüm (III 3.A-T)

el periódico die Zeitung (III 6.A-5)

el período der Zeitraum (III 5.A-3)

el período clásico die klassische Periode (III 2.A-8-T)

el periquito der Wellensittich (I 2.B-T)

pero aber (I 2.A-T)

la perra die Hündin (I 2.B-T)

el perro der Hund (I 2.B-T)

pasear perros Hunde ausführen (III 6.B-5)

la persona die Person (I 4.A-T)

personal persönlich (II 3.A-7)

pertenecer a gehören zu (III 2.A-8-T)

la pesadilla der Albtraum (II 7.A-T)

pesado/a schwer (III 5.A-7), nervig (I 4.A 4)

pesar wiegen (III 2.A-10)

el pescado Fisch (I 8.A-T)

el pescaíto frito frittierter Fisch (II 6.A-6)

el peso das Gewicht (III 5.A-13)

el pez der Fisch (I 2.B-T)

el piano das Klavier (III 3.A-7)

picante scharf (I 1.B-3)

picar scharf sein, auf der Zunge brennen (II 1.B-3)

el pícnic das Picknick (II 2.A-T)

el pie der Fuß (I 8.A 10)

a pie zu Fuß (I 8.A 10)

la piedra der Stein (III 2.A-1-T)

la piel die Haut(-farbe) (II 1.B)

la pierna das Bein (II 4.B-3)

la pieza das Stück, das Teil (III 6.B-5)

el pilar die Säule (III 5.A-12)

pillar checken, kapieren (ugs.) (III 1.B-8)

el/la piloto/a der/die Pilot/in (I 2.A-T)

el pimiento die Paprika (II 2.A-6)

la piña die Ananas (II 2.A-6)

la piñata die Piñata (II 1.B-3)

la pincelada der Pinselstrich (III 6.B-5)

el pingüino der Pinguin (II 5)

pintar anmalen (II 5.B-6)

el/la pintor/a der/die Maler/in (III 6.B-5)

la pintura die Malerei (III 2.A-8)

la pintura al óleo, a la acuarela, al pastel das Öl-, Aquarell-, Pastellgemälde (III 6.B-5)

la pirámide die Pyramide (II 1.B-3)

---

el piropo das Kompliment (III 3.A)

la piscina das Schwimmbad, -becken (III 5.A-13)

la pizarra die Tafel (I 3.A-T)

la placa del kilómetro zero der Null-Kilometerstein (III 6.B-T)

el placer die Freude (III 6.A-10)

el plan der Plan (II 3.B-2)

planear algo planen (II 2.A-T)

la planeta der Planet (III 4.A-T)

el plano der Plan (II 5)

la planta die Pflanze (II 5.A-T)

el plátano die Banane (I 7.A-T)

el plato das Gericht (II 2)

el plato fuerte das Hauptgericht (II 2.B-2)

la playa der Strand (I 1.A-T)

la plaza der Platz (I 1.B-T)

en pleno centro ganz im Zentrum (III 6.B-T)

la pluma der Füller (I 3)

la población die Bevölkerung (III 2.A-8-T)

pobre arm (I 4.B-T)

el/la pobre(cito/a) der/die Arme (III 2.A-1-T)

un poco (de) ein bisschen (von) (I 2.A-T)

poco/a/os/as wenig/e, kaum (I 4.A-T)

a pocos metros de … ein paar Meter entfernt von … (I 8.A 2)

el poder die Macht (III 5.B-5)

poder können (I 5.B-T)

poderoso/o mächtig (III 3.B-T)

el poema das Gedicht (III 1.B-10)

el/la poeta der/die Dichter/in (III 1.B-10)

polaco polnisch (I 2.A 6)

el/la policía der/die Polizist/in (II 6.B-6)

el polideportivo die Sportanlage (I 5.A-T)

el politeísmo der Polytheismus (Glaube an mehrere Götter) (III 2.A-8)

el/la político/a der/die Politiker/in (III 5.A-9)

poner verbinden, zeigen, setzen, stellen, legen (I 5.B-T)

poner la mesa den Tisch decken (I 6.B 9)

poner verde a alg. (ugs.) jdn. fertigmachen, wütend machen (III 4.B-T)

ponerse … (+ adjetivo) … werden (III 3.A-3)

ponerse a hacer algo anfangen etwas zu tun (III 5.A-5)

ponerse la ropa anziehen (I 7.A 3)

popular beliebt, berühmt (II 6.A)

por wegen (II 2.A-T)

por (lo) tanto deshalb (III 6.A-T)

por ejemplo zum Beispiel (I 8.B 3)

por eso daher (II 1.A)
por favor bitte (I 1.B-T)
por fin endlich (I 3.B-T)
por internet im Internet, über Internet (I 4.A-T)
por lo general üblicherweise, normalerweise (III 1.A-T)
por otro lado auf der anderen Seite (II 2.A)
¿Por qué? Warum?, Weshalb? (I 4.B-T)
por supuesto selbstverständlich (III 1.B-T)
por todas partes überall (II 5.B-6)
Por un lado … por otro lado … Auf der einen Seite … auf der anderen Seite … (II 3.A-4)
porque weil (I 4.B-T)
portugués portugiesisch (I 2.A 6)
la posibilidad die Möglichkeit (III 1)
posible möglich (II 2.A-3)
el póster das Poster (I 6.A 4)
el postre der Nachtisch (II 2.B-T)
la postura die Haltung (III 6.B-5)
practicar deporte Sport treiben (II 4.A)
practicar/hacer atletismo Leichtathletik machen (II 4.A)
las prácticas das Praktikum (III 6)
práctico/a praktisch (III 4)
el precio der Preis (II 1.A-1-T)
precioso/a prächtig, wunderschön (III 6.B-T)
la precisión die Genauigkeit (III 2.A-8-T)
preferir lieber mögen, bevorzugen (I 7.A-T)
preguntar fragen (I 3.A 4)
prehispánico/a vor der Ankunft der ersten Spanier auf dem amerikanischen Kontinent (III 2)
el prejuicio das Vorurteil (III 1.A-T)
el premio der Preis (II 3.A-2)
las prendas de ropa die Kleidungsstücke (II 5)
preocupado/a por besorgt um (II 4.A-2)
preocuparse de algo sich um etwas kümmern, sorgen (III 4)
preparar vorbereiten (I 6.B-T)
presentar präsentieren, vorstellen (I 6.B 1)
presentarse hier: sich bewerben (III 6)
prestar (aus)leihen (II 2.A)
prestar atención aufpassen (II 4.B)
presumido/a eingebildet (III 3)
presumir de algo angeben mit (II 3.B-T)
la primaria die Grundschule (II 7.A-2)
la primavera der Frühling (II 1.A-2)
en primer plano im Vordergrund (III 6.B-5)
primero zuerst, als erstes (I 7.A-T)
el/la primo/a der/die Cousin/e (I 4)
la princesa die Prinzessin (II 5.B-T)

principalmente vor allem (II 6.A)
el principio der Anfang, der Beginn (III 1.B-T)
el/la prisionero/a der/die (Kriegs-)Gefangene (III 2.A-8-T)
privado/a privat (III 5.A-12)
probable wahrscheinlich (II 4.B-8)
el probador die Umkleidekabine (I 8.B-T)
probar probieren, versuchen (I 7.B-T)
probarse anprobieren (I 8.B-T)
el problema das Problem, die Schwierigkeit (III 2)
la profesión der Beruf (II 4.A-9)
profesional professionell (III 6.A-10)
el/la profesor/a (profe) der/de Lehrer/in (I 3.A-T)
profundo/a tief, umfassend (III 5.B-6)
el programa das Programm (II 3.A)
el progreso der Fortschritt (III 2.A-8-T)
prometer versprechen (II 2.A-12)
el pronóstico (del tiempo) die Wettervorhersage (II 1.A-2)
de pronto plötzlich, auf einmal (III 2.A-5)
pronto bald, schnell (I 3)
proponer vorschlagen (III 1.B-T)
a propósito de in Bezug auf (III 4)
el/la protagonista die Hauptperson, der/die Hauptdarsteller/in (II 3.A-6)
la protección der Schutz (III 2.B-2)
el protector de la cadera der Hüftschutz (III 2.B-2)
proteger contra schützen vor (II 1.B-11-T)
provocar hervorrufen, auslösen (III 2.A-8-T)
la próxima vez nächstes Mal (II 1.B-3)
publicar herausgeben (III 3.B-9)
en público öffentlich, vor Publikum (II 3.A-T)
el pueblo die Kultur, das Volk (III 2.A-1-T)
el pueblo das Dorf (I 8.A-T)
el puente die Brücke (I 8)
la puerta die Tür (I 3.A 3)
el puerto der Hafen (II 5.B-6)
pues also, nun ja (I 2.A-T)
el puesto der Stand (I 8.A-T)
el puesto de prácticas der Praktikumsplatz (III 6.A-9)
el pulpo der Tintenfisch (III 1.A-T)
el puma der Puma (II 5)
el punto der Punkt (I 3.A-T)
estar a punto de (+ infinitivo) kurz davor sein zu (+ Infinitiv) (III 4.A-8)
el punto de encuentro der Treffpunkt (I 6.B)
el punto de partida der Ausgangspunkt (III 5.A-9)
el punto de vista der Standpunkt (III 3.B-2)

puntual pünktlich (III 3.A-5)

Q

¿Qué? Was?, Welche/r/s? (I 1.A-T)
¡Qué … ! Wie …!, Was für ein/e…! (I 2.A-T)
¡Qué alegría! Ich freue mich! (II 5.B-T)
¡Qué casualidad! Was für ein Zufall! (I 6.B-T)
¡Qué chulada! Wie toll! (II 1.B)
¡Qué cuerpazo! Was für ein toller Körper , Was für eine Traumfigur! (II 3)
¡Qué emoción! Wie aufregend! (I 6.B-T)
¡Qué envidia! Ich beneide dich! (II 1.B-3)
¡Qué lástima! Wie schade! (II 1.B-3)
¡Qué palo! Wie schrecklich! (II 6.B)
¡Qué papelón! (ugs.) wie peinlich! (III 3.A-T)
¡Qué pena! Wie schade! (II 2.A-T)
¡Qué rabia! Wie ärgerlich! (II 6.B)
¡Qué rollo! Wie langweilig! (II 1.A)
¿Qué tal? Wie geht's? (I 1.A-T)
quedar (+ gerundio) weiterhin etw. tun (III 5.A-5)
quedar (con alguien) sich (mit jemandem) verabreden, treffen (I 5), übrig bleiben, übrig sein (II 2.A-T)
quedarle bien a alguien jemandem gut stehen (I 8.B-T)
quedarse borracho betrunken werden (II 5.A-T)
quedarse sorprendido/a con überrascht sein von (III 2.A-8-T)
quejarse de algo sich über etwas beschweren (III 1.B-16)
quemado/a verbrannt, verkohlt, mit Sonnenbrand (II 2.B-T)
querer wollen, lieben (I 5.B-T)
querido/a liebe/r (I 7.B-T)
el queso der Käse (I 7.B-T)
¿Quién(es)? Wer? (I 4.A-T)
la química die Chemie (II 7.A-6)
quince fünfzehn (I 2.A-T)
el quiosco der Kiosk (I 8)
quitarle algo a alg. jdm. etwas wegnehmen (III 4.A-T)
quizás vielleicht (II 5.B-T)

R

me da rabia que (+ subjuntivo) es macht mich wütend, dass (III 3.B-6)
la ración die Portion (II 2.B-T)
rápido/a schnell (II 2.A-2)
raro/a seltsam, merkwürdig (III 1.A-T)
el rasgo de carácter der Charakterzug (III 6.A-2)
el rato die Weile (I 6.A-T)
tener razón Recht haben (I 4.B-T)

la reacción die Reaktion (II 4.A-2)
reaccionar reagieren (II 4.B)
en realidad eigentlich, in
    Wirklichkeit (III 6.B-9)
realista realistisch (III 3.B-10)
rebelde rebellisch (III 3)
rechazar ablehnen (III 1.B-3)
recibir erhalten, bekommen (II 3.A-2)
recibir a alg. jdn. aufnehmen (III 1)
el recinto der Bereich, das
    Gelände (II 6.A)
recoger (ein)sammeln (III 1.B-T)
recomendable
    empfehlenswert (III 6.B-T)
recomendar empfehlen (III 1.B-11-T)
reconocer wiedererkennen (II 5.B-6)
la reconquista die
    Rückeroberung (III 1.B-11-T)
reconstruir wieder aufbauen (III 5.A-13)
recordar algo sich an etwas erinnern,
    etwas (im Gedächtnis)
    behalten (III 6.B-9)
recorrer bereisen (III 2)
el recorrido die Tour (II 5.A-T)
el recreo die Pause (I 3.B-T)
el recuerdo die Erinnerung (II 1.A)
Recuerdos a todos. Grüße an
    alle! (II 1.A)
la recuperación die
    Wiederholungsklausur, die
    Nachprüfung (III 1.B-5)
recuperar wiedererlangen (III 5.A-13)
la red social das soziale Netz (III 3)
redactar verfassen (III 6.A-5)
redactar textos Texte verfassen (II 7)
la referencia de trabajo das
    Arbeitszeugnis, das
    Empfehlungsschreiben (III 6.A-10)
la reforma die Reform (III 5.B-6)
refrescante erfrischend (II 2.A-2)
el refresco die Erfrischung (II 6.B)
refugiarse en Zuflucht suchen
    in (III 5.A-5)
regalar schenken (II 2.A-9)
regresar zurückkehren (II 3.A-6)
el regreso die Rückkehr (III 5.A-T)
regular mittelmäßig (I 1.A 2)
reinar herrschen (III 1.B-11-T)
reírse lachen (III 3)
la relación die Beziehung (II 4.A-9)
relajado/a entspannt (II 2.A-2)
relajarse sich entspannen (II 7.A-T)
relevante relevant, wichtig (III 3.B-T)
el reloj die Uhr (III 6.B-T)
el remitente der Absender (III 1.A-3)
renovado/a erneuert (III 5.A-6)
rentar un coche ein Auto
    mieten (II 5.A-7)
repartir verteilen, hier:
    austragen (III 6.A-5)
de repente plötzlich (II 4.A-13)

la repetición die
    Wiederholung (III 2.A-4)
repetirse (e à i) sich
    wiederholen (III 4.B-7)
repipi (ugs.) eingebildet,
    affektiert (III 3.A-6)
representar darstellen, stehen
    für (III 2.B-2)
representativo/a hier: wichtig,
    bedeutend (III 6.B-1)
reservar reservieren,
    vormerken (II 5.A-7)
el resfriado die Erkältung (II 4.B-8)
la residencia oficial der
    Amtssitz (III 1.B-11-T)
resolver (un problema) (ein Problem)
    lösen (III 3)
respetarse sich respektieren (III 3.A-6)
responder a etwas beantworten, auf
    etwas antworten (III 1.A-1-T)
la responsabilidad die
    Verantwortung (III 6.B-9)
responsable verantwortungsbewusst;
    verantwortlich (III 4.A-T)
el restaurante das Restaurant (I 1.B-T)
el resultado das Ergebnis (II 7.A-T)
resultar gelingen, sich
    herausstellen (II 3.B-T)
resultar difícil schwerfallen (II 6.A-T)
resumir zusammenfassen (III 6.B-9)
el retrato das Porträt (III 6.B-5)
la reunión das Treffen, das
    Zusammenkommen (III 1.A-1-T)
reunirse sich versammeln (III 6.B-T)
revisar überprüfen, nachsehen (I 3.A-T)
la revista die Zeitschrift (I 6.A 4)
el/la rey/reina; real der/die König/in;
    königlich (III 1.B-11-T)
rico/a lecker (I 7.B T), reich (II 4.A-9)
el riesgo das Risiko (III 4.A-4)
el rincón der Winkel (III 4)
el rinoceronte das Nashorn (II 5)
el río der Fluss (I 1.B-T)
la risa das Lachen (III 3)
el ritmo der Rhythmus (II 3.A-7)
el pelo rizado krauses Haar, lockiges
    Haar (I 4.A 6)
robar klauen (I 6.B)
rodear umgeben,
    umringen (III 1.B-11-T)
la rodilla das Knie (II 4.B-3)
rojo/a rot (I 8.B 1)
ponerse rojo/a rot werden (III 4)
Roma Rom (II 5.B-6)
romano/a römisch (III 5.A-5)
romántico/a romantisch (III 3.A-2)
romper kaputt machen,
    zerschlagen (II 1.B-3)
romper con alg. mit jdm. Schluss
    machen (III 3.B-2-T)
romperse algo sich etwas
    brechen (II 4.A-T)

la ropa (ligera/gruesa) die Kleidung
    (I 7.A 3) (leicht/warm) (II 5.A-4)
la rosa die Rose (III 3.A)
rosa rosa (I 8.B 4)
rubio/a blond (I 4.A-T)
la rueda das Rad (III 2.A-8)
el ruido der Lärm (III 4.A-5)
ruidoso/a laut, lärmend (III 1.A-T)
la ruina die Ruine (III 2)
ruso russisch (I 2.A 6)
la rutina die Routine (III 4.A-2)

S

el sábado der Samstag (I 5.B-T)
saber wissen, können (II 2.A-T)
el/la sabio/a der/die Gelehrte, der/
    die Weise (III 5.B-5)
el sabor der Geschmack, die
    Sorte (II 2.B-T)
el sacapuntas der Anspitzer (I 3.A 3)
sacar herausholen,
    herausnehmen (I 6.B 9)
sacar fotos Fotos machen (II 3.B-T)
sacar una nota eine Note
    bekommen (II 7.A-5)
el sacerdote der Priester (III 2.A-8)
el saco de arena der
    Sandsack (III 6.B-T)
el saco de dormir der Schlafsack (III 5)
sacrificar opfern (III 2.A-8-T)
la sal das Salz (I 7.B-T)
salado/a salzig (II 2.B-10)
el salami die Salami (III 1.A-T)
la salchicha die Wurst (II 1.B)
la salida der Ausgang (II 2.A-10)
salir ausgehen,
    herauskommen (I 7.A-T)
salir con alg. mit jdm. (aus-)
    gehen (III 3.A-3)
saltar springen (II 4.A-T)
el saludo der Gruß (II 1.A)
salvar retten (III 4.B-T)
la sandalia die Sandale (III 5.A-7)
la sandía die Wassermelone (II 2.A-6)
sangrar bluten (II 4.B)
el/la sastre/a der/die
    Schneider/in (III 5.B-4)
el saxofón das Saxophon (II 3.A-7)
se complace en invitar a alg. er hat
    das Vergnügen jdn.
    einzuladen (III 5.B-6)
se ve ... es sieht ... aus (II 4.A-T)
seco/a trocken (II 2.A-3)
la secretaria die Sekretärin (III 4.B-T)
el secreto das Geheimnis (III 3)
secreto/a geheim (II 5.A-7)
la secundaria die weiterführende
    Schule (II 7.A-2)
en seguida sofort (II 2.B-T)
el/la seguidor/a der/die
    Follower/in (III 4.A-2)
seguir weitergehen,
    weitermachen (II 5.A-T)

seguir (+ gerundio) etwas weiterhin tun (III 5.A-5)

según laut, nach, ... zufolge (II 5.B-6)

en segundo plano im Hintergrund (III 6.B-5)

seguro/a sicher (II 2.A-2)

seguro/a de sí mismo/a selbstbewusst (III 3)

seis sechs (I 2.A-T)

la selva der Urwald (III 2.A-8-T)

la semana die Woche (II 2.A-T)

la señal das Zeichen (III 4.B-7)

sencillo/a einfach, schlicht (I 8.B 3)

el señor der Herr (II 5.B-6)

la señora die Dame, Frau (II 5.B-6)

sentarse hinsetzen (I 7.B-T)

el sentimiento das Gefühl (III 3)

sentirse sich fühlen (II 4.B-4)

sentirse más sich für etwas Besseres / für besser halten (III 6.A-1)

separado/a getrennt (II 7.A-2)

el septiembre September (I 6.B 2)

ser sein (I 2.B-T)

en serio ernsthaft, wirklich (II 1.B-3)

la serpiente die Schlange (III 2.B-2)

el servicio (on-line) der (Online-) Dienst (III 4.A-2)

la Sevillana typischer Tanz aus Sevilla (II 6)

el/la sevillano/a der/die Einwohner/in von Sevilla (III 6.B-9)

el show die Show (II 3.A)

si wenn, ob, falls (I 5.B-T)

sí ja (I 1.A-T)

siempre immer (I 5.A-T)

la sierra das Gebirge (II 5.A-T)

el siglo das Jahrhundert (II 1.B-3)

significar bedeuten (III 1.B-12)

el signo das (An-)Zeichen (III 1.A-3)

siguiente folgend (III 1.B-T)

comerse las sílabas die Silben verschlucken (III 6.B-9)

el silencio die Stille, Ruhe (I 3.A-T)

la silla der Stuhl (I 3.A 3)

el sillón der Sessel (I 6.A 2)

el símbolo das Symbol (III 5.A-6)

simpático/a sympathisch, nett (I 4.A-T)

simplemente nur, bloß (III 1.A-T)

sin ohne; ~frei (II 2.B-T)

sin embargo trotzdem, jedoch (III 1.A-8)

la sinagoga die Synagoge (III 5.B-2)

sincero/a aufrichtig, ehrlich (III 3)

sino sondern (III 1.A-3)

el síntoma das Symptom, Krankheitsanzeichen (II 4.B-8)

el sitio der Ort (II 5.B-T)

estar situado/a en ... / al ... sich befinden (II 5)

sobre las 00.00 gegen 00.00 Uhr (II 6.A)

sobre todo vor allem (I 5.A-T)

sobrevivir überleben, (weiter)leben (III 4.A-T)

el/la sobrino/a der Neffe, die Nichte (III 2.A-1-T)

la sociedad die Gesellschaft (III 2.A-8)

¡Socorro! Hilfe! (II 4.A-13)

el sofá das Sofa (I 6.A 2)

el sol die Sonne (I 1.A-T)

El sol pegaba fuerte. Es war ganz schön heiß. (III 2.A-1-T)

soler hacer algo normalerweise tun, pflegen (II 5.B-6)

solicitar algo sich um etwas bewerben (II 3.A)

sólo nur (I 4.A-T)

solo/a allein, einsam (I 4.B-T)

soltarse sich losreißen (II 4.A-13)

la solución die Lösung (III 5.A-T)

el sombrero der (Sonnen-) Hut (III 5.A-7)

soñador/a verträumt (III 6.A-T)

sonar (o → ue) klingen, sich anhören (III 5.B-5)

sonreír lächeln (III 1.A-T)

la sopa die Suppe (II 2.B-2)

sorprender überraschen (III 3.A-8)

la sorpresa die Überraschung (II 3.A-10)

soso/a fad, geschmacklos, langweilig (II 2.B-T)

sostener halten (III 3.A-2)

su sein/e, ihr/e (I 3.A 3)

sub-húmedo/a feuchtwarm (III 2)

subir hinaufsteigen (II 1.B-3)

subir una foto ein Foto hochladen (III 3)

sucio/a schmutzig (III 5.A-8)

sudar schwitzen (III 2.A-1-T)

Suecia Schweden (II 1)

el suelo der Boden (I 3.A 3)

el sueño der Traum (II 5.B-T)

la suerte das Glück (I 6.B-T)

por suerte zum Glück (I 6.B-T)

la mala suerte das Pech (II 4.B-6)

el suficiente ausreichend (Note) (II 7.A-T)

Suiza die Schweiz (II 1)

súper sehr, total (I 8.B-T)

superar algo überwinden (II 4.A-3)

superficial oberflächlich (III 4)

el supermercado, el súper der Supermarkt (I 7.B-T)

suponer que (+ subjuntivo) vermuten, dass (III 6.A-6)

el susto der Schreck (II 4.A)

T

la taberna die Kneipe, die Taverne (III 6.B-T)

el tablet der Tablet-PC (II 2.A)

la tableta de chocolate die Tafel Schokolade (III 5.A-7)

los tacones (altos) (hohe) Absätze (II 5.B-1)

tal vez vielleicht (I 4 B-T)

el talento das Talent (Person und Fähigkeit) (II 3.A-2)

la talla die Kleidergröße (I 8.B-T)

el taller die Werkstatt (III 6)

también auch (I 1.A-T)

tampoco auch nicht (I 4.B-T)

tan so (I 1.A-T)

tanto/a so sehr, so viel (II 1.B-3)

las tapas die Häppchen, Tapas (I 1.A-T)

ir de tapas Tapas essen gehen (I 7.B-T)

el tapir der Tapir (II 5)

la tarde der Nachmittag (I 5.B-T)

por la tarde nachmittags (I 5.B-T)

tarde spät (II 2.A-10)

la tarea die Aufgabe (II 7.A-T)

la tarjeta bancaria die Bankkarte (II 5.A-8)

la tarta con velas Geburtstagskuchen mit Kerzen darauf (II 2)

el taxi das Taxi (I 1.A-T)

el té der Tee (II 5.B-6)

el teatro das Theater (I 8.A-T)

el techo das Dach (III 2.A-8)

la tela der Stoff (I 6.A-T)

la tele(visión) das Fernsehen (I 5)

el teléfono das Telefon (I 5)

el televisor der Fernseher (I 6.A 2)

el tema das Thema (II 5.A-6)

la temperatura media die Durchschnittstemperatur (III 2)

templado/a mild (III 2.A-1-T)

el templo der Tempel (III 2)

la temporada die Staffel (III 3.A-6)

temprano früh (I 7.A 4)

tener haben (I 2.A-T)

tener confianza en alg. jdm. vertrauen (III 3.A-T)

tener en cuenta etw. berücksichtigen (III 1.B-16)

tener lugar stattfinden (II 3.B)

tener que müssen (I 6.A-T)

tener que ir al baño auf Toilette müssen (I 3.B-T)

tener razón Recht haben (II 5.A-T)

tener un/a hijo/a ein Kind bekommen (II 4.A-9)

teológico/a theologisch (III 5.B-5)

terminar aufhören, beenden (I 7.A-T)

terminar la relación die Beziehung beenden (II 4.A-9)

la terraza die Terrasse (I 6.A 9)

el territorio das Gebiet (III 2)

la tesela das Mosaiksteinchen (III 5.A-9)

el texto der Text (I 3.A-T)

a tiempo pünktlich (II 2.A-10)

el tiempo die Zeit; das Wetter (I 4.B 11)

la tienda das Geschäft, der Laden (I 6.A-T)

la tienda de campaña das
  Zelt (III 5.A-11)
la tierra das Land (III 2)
tímido/a schüchtern (III 3)
el/la tío/a Onkel, Tante (I 4)
típico/a typisch (II 1.A)
Es un tipo de … Es ist eine Art
  … (III 1.B-9)
el tipo de música die
  Musikrichtung (II 3.A)
tirar ziehen (II 2.B-T), werfen (II 4.A-3)
la tirita das Pflaster (III 5.A-7)
la tiza die Kreide (I 3.A 3)
la toalla das Handtuch (II 5.A-4)
el tobillo der Knöchel (II 4.B-3)
tocar spielen (Instrument),
  anfassen (I 5)
de todas maneras auf jeden
  Fall (II 7.A-T)
todavía (immer) noch (I 6.B 9)
todo alles (I 6.A-T)
(haber) de todo alle Mögliche
  (geben) (I 8.A-T)
todo el/toda la der/die/den
  ganze/n (I 6.A-T)
todo recto geradeaus (II 5.A-7)
todo(s/as) alle(s) (I 4.A-T)
todos los días jeden Tag (I 5.A 7)
la tolerancia die Toleranz (III 5.B-5)
tomar bestellen, nehmen (I 7.B-T)
tomar el sol sich sonnen (II 1.A)
tomar la iniciativa die Initiative
  ergreifen (III 3.A-8)
tomarse algo etwas trinken (III 2.A-1-T)
el tomate die Tomate (I 7.B 11)
tonto/a dumm (II 4.B)
torpe ungeschickt (III 4.B-T)
la torre der Turm (I 1.B-T)
las torrijas arme Ritter (II 2.A-10)
la tortilla die Tortilla (I 3.B-T)
la tortuga die Schildkröte (II 5)
trabajador/a fleißig (III 6.A-T)
trabajar arbeiten (I 2.A-T)
el trabajo die Arbeit (I 4.B-T)
la tradición die Tradition (III 5.A-6)
tradicional traditionell (II 5.B-6)
traer bringen (I 7.B-T)
traicionar betrügen (III 3.B-T)
el traje die Tracht (II 6)
tranquilo/a ruhig (I 4.A-T), still (III 3)
el transcurso der Verlauf (III 5.A-5)
transportar transportieren (III 2.A-8-T)
tras nach(dem) (III 4.A-4)
trasladar versetzen (III 5.A-13)
tratar de algo handeln von (III 3.A-7)
tratar de hacer algo versuchen, zu
  tun (II 4.B-4)
a través de durch (II 2.A-8-T)
el tren der Zug (I 8.A 10)
el trimestre das Trimester (II 7.A-2)
triste traurig (I 4.B-T)
la trompeta die Trompete (II 3.A-7)

tropezar con stolpern (II 4.A-T)
tu dein/e (I 3.A-T)
tú du (I 1.A-T)
el tucán der Tukan (II 5)
la tumba das Grab (III 1.A-T)
turco türkisch (I 2.A 6)
el/la turista der/die Tourist/in (I 1.A-T)
el turno die Schicht (II 6.B-9)
turquesa türkisblau (III 2.A-1-T)
Turquía Türkei (II 1)

U

la ubicación geográfica die
  geografische Lage (III 2)
estar ubicado/a liegen, sich
  befinden (III 5.A-12)
último/a letzte/r/s (II 2.A-11)
un/una ein/e (I 2.A-T)
único/a einzig(artig) (III 2.A-5)
¡Me urge! Es ist sehr dringend! (für
  mich) (III 3.A-T)
usar benutzen (I 3.B-T)
usted/es Sie (I 2.A 5)
el/la usuario/a der/die
  Benutzer/in (III 4.A-2)
útil nützlich, hilfreich (III 4.B-4)
utilizar benutzen (III 2.A-8)
la uva die Traube (II 2.A-6)

V

¡Qué va! Ach was ! (I 3.B-T)
la vaca die Kuh (II 5.B-6)
las vacaciones die Ferien (I 7.A 6)
vago/a faul (II 6.A-2)
vale okay, einverstanden (I 1.A-T)
vale la pena es lohnt sich (III 1.B-11-T)
valiente mutig (II 2.A-2)
valioso/a wertvoll, kostbar (II 6.B-T)
Vamos Los geht's! (I 1.B-T)
los vaqueros die Jeans (I 8.B 1)
varias veces mehrmals (III 1.A-T)
la variedad die Vielfalt (III 2)
varios/as einige, mehrere,
  verschiedene (III 1.B-10)
el vaso das Glas (II 6.A-6)
¡Vaya! Wow! (I 1.A-T)
a veces manchmal (I 4.B-T)
el/la vecino/a der/die
  Nachbar/in (I 8.A 7)
ser vegetariano/a Vegetarier/in
  sein (II 2.B-T)
la velada literaria der literarische
  Abend (III 5.B-6)
estar a dos velas arm wie eine
  Kirchenmaus sein (III 1.B-8)
vencer besiegen (III 1.B-11-T)
el vendaje die Bandage (II 4.B-3)
el/la vendedor/a der/die
  Verkäufer/in (I 8.B-T)
vender verkaufen (II 6.B-7)
venir kommen (I 6.B 1)
la venta der Verkauf (III 6.B-9)

la ventana das Fenster (I 3.A-T)
a ver mal sehen (I 3)
ver sehen (I 5)
el verano der Sommer (II 1.A-2)
la verdad die Wahrheit (I 8.A-T)
verdadero/a wahr,
  wahrhaftig (III 3.B-T)
verde grün (I 8.B 4)
la verdura das Gemüse (I 8.A-T)
darle vergüenza a alg. jdm. peinlich
  sein (III 4)
la versión die Version (III 5.B-5)
el vestido das Kleid (I 8.B 1)
el/la veterinario/a der/die Tierarzt/-
  ärztin (III 6)
de vez en cuando manchmal (III 6.A-T)
la vez/primera vez (erstes) Mal (II 2.A)
la vía die Straße (III 5.A-9)
viajar reisen (II 1.B)
el viaje die Reise (II 1.B)
la victoria der Sieg (III 1.B-11-T)
la vida das Leben (I 7.A)
el vídeo das Video (I 3.B-T)
el vídeo de solicitud das
  Bewerbungsvideo (II 3.A)
la videocámara die
  Videokamera (III 5.A-7)
el videojuego das Videospiel (I 6.A-T)
viejo/a alt (II 1.B-6)
el viento der Wind (II 1.A)
el viernes der Freitag (I 5.B-T)
el vinagre der Essig (II 2.B-2)
violeta violett (I 8.B 4)
el violín die Geige (II 3.A-7)
hacerse viral sich rasend schnell
  verbreiten (III 4)
visible sichtbar (III 5.A-13)
la visita der Besuch (I 5.B-T)
la visita guiada die Führung (III 1.B-T)
visitar besuchen (I 7)
la vista der Ausblick, die
  Aussicht (II 1.B)
la vista panorámica der
  Panoramablick (III 5.B-1)
la vitrina die Vitrine, der
  Glasschrank (I 6.A 2)
vivir leben, wohnen (I 3.A-T)
vivo/a lebendig, lebend (III 5.A-6)
el volcán der Vulkan (II 1.B-3)
el voleibol Volleyball (I 5)
la voluntad der Wille (III 3.B-7)
volver zurückkehren (II 1)
volver a hacer algo wieder
  tun (II 7.A-T)
la voz die Stimme (II 3)
el vuelo der Flug (III 1.A-1-T)

W

wasapear sich über WhatsApp
  schreiben („whatsappen")
  (III 4.A-T)

Y

y (e) und (I 1.A-T)

y cuarto viertel nach (I 5.B-T)

y eso que und das,
  obwohl … (II 7.A-T)

y media halb (I 5.B-T)

ya schon, gleich (I 3.A-T)

¡Ya era hora! Das wurde aber auch
  mal Zeit! (III 3.A-T)

ya no nicht mehr (II 2.A)

ya que da (ja), weil (III 1.A-8)

la Yema de Santa Teresa typischer
  Nachtisch in Ávila (III 5.A-12)

yo ich (I 1.A-T)

Z

las zapatillas die Turnschuhe (I 8.B 1)

los zapatos die Schuhe (II 5.B-T)

la zona arqueológica die
  archäologische Zone (III 2.A-1-T)

la zona de estudio etwa:
  Studienräume (III 5.B-4)

la zona general die allgemeine Zone,
  Bereich im Stadion ohne
  Sitzplätze (II 3.B-T)

la zona trop cal die Tropen (III 2.A-3)

el zumo de˜ Saft (I 6.B-T)

Diccionario alemán – español

A

abbiegen girar (II 5.A-7)
zu Abend essen cenar (I 2.A T)
das Abendessen la cena (I 6.A)
aber pero (I 2.A T)
≈ Abitur el bachillerato (II 7.A-2)
ablehnen rechazar (III 1.B-3)
(hohe) Absätze los tacones
        (altos) (II 5.B-1)
abschreiben copiar (II 7.A-T)
absolut en absoluto (II 3.A-4)
abstoßend asqueroso/a (II 2.B-T)
Acht geben, aufpassen
        cuidar(se) (III 4.A-T)
der Adel la nobleza (III 2.A-8)
die Adresse la dirección (I 6.B 1)
ähnlich parecido/a a (III 1.B-9)
aktiv activo/a (I 4.A T)
aktiv, (ständig) in Aktion
        activo/a (III 3)
der Akzent el acento (II 1.B)
der Albtraum la pesadilla (II 7.A-T)
der Alkohol el alcohol (II 6.B)
alle(s) todo(s/as) (I 4.A T)
allergisch sein ser alérgico/a a
        algo (II 2.B-T)
alles todo (I 6.A T)
das ist alles es todo (II 2.A-7)
alt viejo/a (II 1.B-6)
alt, antik antiguo/a (I 8.A T)
das Alter la edad (III 1.A-1-T)
die Altstadt el centro histórico (II 6.A-9),
        el casco antiguo (III 5.A-9)
die Ananas la piña (II 2.A-6)
anbauen, anpflanzen cultivar (III 2.A-8)
anbieten ofrecer (II 2.A-T)
andalusisch andaluz, Pl :
        andaluces (II 6.A-T)
die Anderen, die Übrigen los/las
        demás (III 1.B-17)
ein anderer/anderes / eine andere
        otro/a (I 4.A T)
ändern cambiar (II 3.A-6)
der Anfang, der Beginn el
        principio (III 1.B-T)
anfangen etwas zu tun ponerse a
        hacer algo (III 5.A-5)
anfassen tocar (I 5)
angeben mit presumir de algo (III 3.B-7)
Du Angeber! ¡Qué presumido! (II 3.B-8)
angenehm agradable (III 2.A-1-T)
der/die Angestellte/r el/la
        empleado/a (III 2.A-1-T)
angrenzen an limitar con (II 5)
der Angriff el ataque (III 1.B-11-T)
die Angst el miedo (II 2.A-2)
ängstlich miedoso/a (III 6.A-2)
anhalten, zum Stillstand kommen
        detenerse (III 2.A-8-T)

ankommen llegar (I 6.A T)
die Ankunft la llegada (III 1.B-T)
anmalen pintar (II 5.B-6)
annehmen, nehmen aceptar (III 6.A-9)
sich anpassen an, zurechtkommen
        mit adaptarse a (III 6.A-5)
anprobieren probarse (I 8.B T)
anrufen llamar por teléfono (I 5.B T)
anschließen, treffen juntarse
        con (II 6.B)
der Anspitzer el sacapuntas (I 3.A 3)
anstrahlen brillar (III 2.A-8-T)
anstrengen esforzarse (II 7.A-T)
anstrengend agotador/a (II 1.A)
sich anziehen ponerse la ropa (I 7.A 3)
anzünden, anschalten
        encender (II 6.A)
der Apfel la manzana (III 2.A-8)
der Apostel el apóstol (III 5.A-T)
April el abril (I 6.B 2)
arabisch, der/die Araber/in
        árabe (III 1.B-11-T)
die Arbeit el trabajo (I 4.B T)
arbeiten trabajar (I 2.A T)
der/die Architekt/in el/la
        arquitecto/a (III 1.B-11-T)
die Architektur la
        arquitectura (III 1.B-11-T)
argentinisch, Argentinier/in
        argentino/a (II 3.A-6)
Wie ärgerlich! ¡Qué rabia! (II 6.B)
der Arm el brazo (II 4.B-3)
arm pobre (I 4.B T)
arme Ritter las torrijas (II 2.A-10)
Es ist eine Art … Es un tipo de
        … (III 1.B-9)
Es ist eine Sorte/ Art von … Es una
        especie de … (III 1.B-9)
der (Zeitungs-) Artikel el
        artículo (III 5.A-T)
der Arzt el médico (II 4.B)
der Aspekt el aspecto (III 3.B-8)
auch también (I 1.A T)
auch nicht tampoco (I 4.B T)
auf encima de (I 6)
aufbauen montar (III 4.A-5)
die Aufgabe la tarea (II 7.A-T)
aufgeräumt ordenado/a (I 6.A 7)
aufgeregt/gespannt sein estar
        emocionado/a (III 1.B-T)
aufhören parar (II 5.B-T)
aufhören etwas zu tun dejar de hacer
        algo (III 5.A-5)
aufhören, beenden terminar (I 7.A T)
aufmerksam; freundlich
        atento/a (III 3.A-6)
jds. Aufmerksamkeit erregen, jdn.
        interessieren llamar la atención a
        alg. (III 3.A-2)
jdn. aufnehmen recibir a alg. (III 1)

aufpassen prestar atención (II 4.B),
        fijarse en algo (III 1.B-11-T)
aufrichtig, ehrlich sincero/a (III 3)
aufstehen levantarse (I 7.A T)
aufwachen despertarse (I 7.A 3)
der Aufzug el ascensor (III 1.A-T)
das Auge el ojo (II 4.A-T)
August el agosto (I 6.B 2)
aus de (I 1.B T)
es sieht … aus se ve … (II 4.A-T)
etwas ausdrücken expresar
        algo (III 1.B-3)
ausflippen, ganz begeistert sein
        flipar (II 2.A-T)
der Ausgang la salida (III 2.A-10)
ausgehen, herauskommen
        salir (I 7.A T)
aushalten aguantar (II 5.A-T)
gut miteinander auskommen llevarse
        bien (III 3.A-6)
ausländisch, der/die Ausländer/in, das
        Ausland extranjero/a, el
        extranjero (III 1.A-11)
ausreichend (Note) el
        suficiente (II 7.A-T)
ausruhen descansar (I 5)
ausschalten, löschen apagar (II 6.A)
außer menos (II 2.A)
außer, abgesehen von aparte
        de (III 3.B-T)
außerdem además (I 4.B T)
außerhalb fuera de (III 6.B-T)
die Aussicht la vista (II 1.B)
die Ausstellung la exposición (III 4.A-5)
auswählen, aussuchen elegir (II 5.B-T)
auswendig lernen aprender algo de
        memoria (II 7)
authentisch auténtico/a (III 6.B-T)
das Auto el coche (I 8.A 8)
ein Auto mieten rentar un
        coche (II 5.A-7)
die Avocado el aguacate (II 2.A-6)
die Azteken los aztecas (III 2.A-1-T)

B

baden bañarse (I 7.A 3)
der Bahnhof la estación (I 8.A 9)
der Balkon el balcón (I 6.A 9)
der Ball la pelota (II 4.A-T)
die Ballsportarten los juegos de
        pelota (II 4.A)
die Banane el plátano (I 7.A T)
die Bankkarte la tarjeta
        bancaria (III 5.A-8)
das Bargeld el dinero en
        efectivo (III 5.A-8)
Basketball el baloncesto (I 5)
die Batterie, der Akku la
        batería (III 4.A-7)
der Bauernhof la granja (I 4.B T)

der Baum el árbol (II 4.A-13)
das Bauwerk el edificio (III 1.B-11-T)
etwas beantworten, auf etwas antworten responder a (III 1.A-1-T)
bedeuten significar (III 1.B-12)
beeindruckend impresionante (I 8.A T)
befinden estar situado/a en … / al … (II 5)
sich befinden estar (I 3.B T)
sich befinden (in) encontrarse (en) (I 8.A T)
es befindet/-n sich hay (I 3.A T)
sich für etwas begeistern apasionarse por algo (III 6.A-T)
jdn. begeistern fascinar a alg. (III 2.A)
beginnen empezar (I 3.A T)
begleiten acompañar (II 5.B-T)
beide ambos/as (II 2.A-2)
die Beilage el aderezo (II 2.B-2)
das Bein la pierna (II 4.B-3)
beinhalten incluir (II 2.A-T)
zum Beispiel por ejemplo (I 8.B 3)
bekannt conocido/a (III 1.B-9)
bekommen recibir (II 3.A-2)
beleidigen insultar (III 3.A-2)
beleidigend ofensivo/a (III 3.A-2)
beleuchten iluminar (III 2.A-8-T)
beliebt, berühmt popular (II 6.A)
Ich beneide dich! ¡Qué envidia! (II 1.B-3)
(Zeit) benötigen llevar (+ tiempo + infinitivo) (III 5.A-T)
benutzen usar (I 3.B T), utilizar (III 2.A-8)
beobachten observar (III 2.A-7)
bequem cómodo/a (I 8.B 3)
bereisen recorrer (III 2)
bereit, fertig listo/a (III 4.A-5)
der Berg, das Gebirge la montaña (II 5)
berücksichtigen tomar en cuenta (III 3.B-2), tener en cuenta (III 1.B-16)
der Beruf la profesión (II 4.A-9)
die Berufserfahrung, die Arbeitserfahrung la experiencia laboral (III 6.A-10)
sich beruhigen calmarse (III 4.A-10)
berühmt famoso/a (I 8.A T)
sich damit beschäftigen, etwas zu tun; sich einer Sache widmen dedicarse a hacer algo (III 6.B-9)
sich beschränken auf limitarse a (III 1.A-1-T)
sich über etwas beschweren quejarse de algo (III 1.B-16)
besetzen, einnehmen ocupar (III 6.B-5)
besiegen vencer (III 1.B-11-T)
besonders especial (II 1.B-3)
besorgt um preocupado/a por (II 4.A-2)
(eine Prüfung) bestehen aprobar (un examen) (II 7.A-T)
bestehen, existieren existir (III 1.A-1-T)

bestehend aus compuesto/a por (II 6.A)
der Besuch la visita (I 5.B T)
zu Besuch sein estar de visita (I 5.B T)
besuchen visitar (I 7)
betrachtet werden als …, gehalten werden für … ser considerado/a como … (III 2.A-8-T)
jdn. betreffen, jdm. nahegehen afectar a alg. (III 3.B-T)
betreten entrar (I 3.A T)
betrügen traicionar (III 3.B-T)
betrunken werden quedarse borracho (II 5.A-T)
das Bett la cama (I 5.B 4)
die Bevölkerung la población (III 2.A-8-T)
bevor antes (de) (I 7.A T)
bevorzugen preferir (I 7.A T)
sich bewegen moverse (III 3.B-8)
sich bewerben solicitar algo (II 3.A), presentarse (III 6)
das Bewerbungsschreiben la carta de presentación (III 6)
das Bewerbungsvideo el vídeo de solicitud (II 3.A)
Es ist bewölkt. Hay nubes. (II 1.A)
bewundern admirar (III 2.A-8-T)
die Bewunderung la admiración (III 2.A-8-T)
bezahlen pagar (II 2.B-11)
bezaubernd, reizend encantador/a (III 6.A-T)
Beziehung la relación (II 4.A-9)
eine Beziehung beenden terminar la relación (II 4.A-9)
bezüglich, zum Thema … acerca de (III 1.A-1-T)
bezweifeln, dass dudar que (+ subjuntivo) (III 3.B-2-T)
die Bibliothek la biblioteca (I 3.B T)
das Bild el cuadro (I 6.A 2), la imagen (III 6.B-5)
bilden, zusammen darstellen componer algo (II 6.A)
die Bildung la educación (II 4.A-9)
billig, günstig barato/a (I 8.B T)
die Birne la pera (II 2.A-6)
Bis bald! Hasta pronto (I 3)
Bis morgen! Hasta mañana (I 2.A T)
Bis später! Hasta luego (I 1.A 9)
ein bisschen (von) un poco (de) (I 2.A T)
bitte por favor (I 1.B T)
bitten pedir (I 7.B 2)
bitter amargo/a (II 2.B-10)
blau azul (I 8.B 4)
bleich pálido/a (II 4.B-4)
der Bleistift el lápiz (I 3)
Blödsinn! ¡Qué va! (I 3.B T)
der Blog el blog (I 3.B T)
blond rubio/a (I 4.A T)

die Blume la flor (I 8.A T)
die Bluse la blusa (I 8.B 1)
bluten sangrar (II 4.B)
der Boden el suelo (I 3.A 3)
die Bohne el frijol (III 2.A-8)
der Bombenangriff el bombardeo (III 6.B-T)
böse mit jemandem sein echarle bronca a alguien (I 8.B T)
die Bowlingbahn la bolera (I 5)
der Brauch la costumbre (II 1.A-12) (II 2)
brauchen necesitar (I 3)
braun marrón (I 8.B 4)
braun (Haare) castaño/a (I 4.A 6)
brechen (Knochen) romperse algo (II 4.A-T)
bringen traer (I 7.B T)
die Broschüre, der Informationsflyer el folleto (II 6.A-T)
das Brot el pan (I 7.A T)
belegtes Brötchen el bocadillo (I 3.B T)
die Brücke el puente (I 8)
Bruder/Schwester el/la hermano/a (I 2.A T)
die Brust el pecho (III 5.A-13)
das Buch el libro (I 3)
die Bühne el escenario (II 3.B-T)
die Burg el castillo (III 5.A-9)
der spanische Bürgerkrieg (1936–39) la Guerra Civil (III 6.B-T)
Bürgermeister el alcalde (II 6.A)
das Büro la oficina (III 6)
der Bus el autobús (I 8.A 8)

C

das Café el bar, el café (I 1.B T)
der Campingplatz el camping (II 1)
der (Euro-) Cent el céntimo (II 2.A-7)
der Champignon el champiñón (II 2.B-2)
chaotisch despistado/a (II 6.B)
der Charakter el carácter (II 3.A-10)
chatten chatear (I 5)
der Chef el jefe (III 4.A-5)
die Chemie la Química (II 7.A-6)
die Chilischote el chile (III 2.A-8)
christlich, der/die Christ/in (el/la) cristiano/a (III 1.B-11-T)
die Clique la pandilla (ugs.) (III 4.B-5)
der Computer el ordenador (I 3.B T)
der/die Cousin/e el/la primo/a (I 4)
cremig cremoso/a (II 2.B-5)

D

da (ja), weil ya que (III 1.A-8)
dafür a favor (II 3.A-3)
dagegen en contra (II 3.A-3)
daher por eso (II 1.A)
damals entonces (III 1.B-11)
die Dame, Frau la señora (II 5.B-6)
Dänemark Dinamarca (II 1)
danke gracias (I 2.A T)

dann entonces (I 2.A T)
darstellen, stehen für
    representar (III 2.B-2)
das heißt (d.h.) es decir (III 1.A-T)
die Datei el archivo (III 4.A-7)
die Daten los datos (III 4)
das Datum la fecha (I 6.B 2)
dauern durar (II 5.B-T)
dazugeben echar (II 2.B-9)
zu etwas dazugehören, Teil sein von
    etwas formar parte de
    algo (II 1.B-11-T)
definitiv definitivamente (III 3.B-T)
dein/e tu (I 3.A T)
denken, vorhaben pensar (II 2.A-1)
das Denkmal el monumento (I 8)
deprimiert deprimido/a (II 4.A-2)
der(selbe)/die(selbe)/das(selbe) el/la
    mismo/a (III 1.B-11-T)
deshalb por (lo) tanto (III 6.A-T)
deuten auf mostrar (II 4.B-3)
deutsch (auch Sprache) alemán/
    alemana (I 1.A T)
Deutschland Alemania (I 1.A T)
Dezember el diciembre (I 6.B 2)
der/die Dichter/in el/la
    poeta (II 1.B-10)
Dienstag el martes (I 5.B T)
diese/r este/a (I 1.B T)
diese/r da ese/esa (I 8.B T)
direkt directo/a (III 3)
das Direktorat, die Schulleitung la
    dirección (III 1.A-1-T)
die Disco el club (II 5.B-T)
der Doktor el doctor (II 4.B-4)
Donnerstag el jueves (I 5.B T)
das Dorf el pueblo (I 8.A T)
die Dose la lata (II 2.A-6)
draußen al aire libre (II 5.B-T)
drinnen dentro (I 8.A T)
da drüben allí (I 6.A T)
der Dschungel la jungla (III 2.A-8-T)
du tú (I 1.A T)
dumm tonto/a (II 4.B)
dunkel oscuro/a (I 8.B 4)
dunkel (Haare oder Haut)
    moreno/a (I 4.A T) (II 1.B)
durch a través de (III 2.A-8-T)
das Durcheinander el lío (I 6)
durcheinander desarreglado/a (II 6.B-3)
durchfallen desaprobar algo (II 7)
durchhalten aguantar algo (II 5.A-T)
die Durchschnittstemperatur la
    temperatura media (III 2)
duschen ducharse (I 7.A T)

E

die Ecke la esquina (II 6.B)
egal igual (II 6.B-10)
egal welche/r cualquier/a (II 2.A-T)
eher, ziemlich más bien (III 6.B-5)
ehrgeizig ambicioso/a (III 6.A-T)

ehrlich, aufrichtig honesto/a (III 3.B-6)
das Ei el huevo (I 7.B T)
eifersüchtig celoso/a (III 3.A-1)
die gute Eigenschaft la
    cualidad (III 3.B-8)
eigensinnig caprichoso/a (III 6.A-T)
eigentlich de hecho (III 2.A-1-T), en
    realidad (III 6.B-9)
ein/e un/una (I 2.A T)
der Eindruck la impresión (III 3.A-10)
einfach, bescheiden
    modesto/a (II 2.A-8-T)
einfach, leicht fácil (II 3.A-10)
einfach, schlicht sencillo/a (I 8.B 3)
der Einfluss la influencia (II 3.A-8)
eingebildet presumido/a (III 3)
einige un par de (III 1.A-T)
einige, mehrere, verschiedene varios/
    as (III 1.B-10)
einkaufen gehen hacer la(s)
    compra(s), ir de compras (I 7.B T)
die Einkaufsliste la lista de la
    compra (I 6.B T)
das Einkaufszentrum el centro
    comercial (II 1)
einladen invitar (I 6.B 1)
die Einladung la invitación (I 6.B 1)
auf einmal, am Stück de una
    vez (II 2.B-T)
einrichten organizar (I 6.A T)
die Einrichtung, die Institution la
    institución (III 5.B-5)
einsam solo/a (I 4.B T)
einschalten activar (II 6.A)
einschreiben inscribirse (II 3.A-T)
sich eintragen (in eine Liste), sich
    anmelden apuntarse (III 1)
einverstanden sein estar de
    acuerdo (II 2.A-9)
Einverstanden! vale (I 1.A T)
der/die Einwanderer/in el/la
    inmigrante (II 5.B-6)
der/die Einwohner/in el/la
    habitante (III 1.B-11-T)
der/die Einwohner/in von Madrid
    el/la madrileño/a (II 6.B-T)
der/die Einwohner/in von Sevilla
    el/la sevillano/a (III 6.B-9)
einzig(artig) único/a (II 2.A-5)
das Eis (Speiseeis) el helado (I 1.A T)
das Eis, die Glätte el hielo (II 1.A)
das Eiscafé la heladería (I 1.B T)
der Elefant el elefante (II 5)
elegant elegante (I 8.B 3)
das Element, der Bestandteil el
    elemento (III 5.B-4)
die E-Mail el correo
    (electrónico) (I 4.A 4)
empfehlen recomendar (II 1.B-11-T)
empfehlenswert
    recomendable (III 6.B-T)

das Ende el final (III 5.A-5)
am Ende von al final de (I 3.B T)
enden finalizar (III 1.B-T)
endlich por fin (I 3.B T)
Englisch inglés (I 2.A 6)
der/die Enkel/in el/la nieto/a (I 4)
entdecken descubrir (II 5)
sich entfernen von alejarse de (II 6.B)
die Entfernung la distancia (III 5.A-13)
entscheiden decidir (II 5.B-1)
Entschuldigung! Perdón (I 3.A T)
entspannen relajarse (II 7.A-T)
entspannt relajado/a (II 2.A-2)
entweder … oder o … o (III 6.B-9)
entwickelt desarrollado/a (III 2.A-8-T)
die Entwicklung el
    desarrollo (III 1.A-1-T)
die Epoche, Zeit la época (III 2.A-T)
die Erbsen los guisantes (II 2.A-6)
die Erdbeere la fresa (II 2.A-6)
erfahren llegar a saber (III 5.A-11)
Erfahrung la experiencia (II 1)
Erfahrungen sammeln acumular
    experiencias (III 1)
erfinden inventar (III 2.A-8-T)
der Erfolg el éxito (II 3.A-6)
erfrischend refrescante (II 2.A-2)
die Erfrischung el refresco (II 6.B)
das Ergebnis el resultado (II 7.A-T)
erinnern acordarse (II 1.B-3)
sich an etwas erinnern, etwas (im
    Gedächtnis) behalten recordar
    algo (III 6.B-9)
die Erinnerung el recuerdo (II 1.A)
die Erkältung el resfriado (II 4.B-8)
erklären explicar (II 4.A-2)
erkunden explorar (III 5.A-10)
das Erlebnisbad el parque
    acuático (II 2.A)
ermordet asesinado/a (III 5.A-9)
der/die Eroberer/in; die Eroberung
    el/la conquistador/a; la
    conquista (III 2.B-7)
erreichen lograr (II 4.A-10)
erreichen, bekommen
    conseguir (III 6.A-9)
erreichen, gelangen zu
    alcanzar (III 2.A-8-T)
errichten construir (II 5.B-6)
die Errungenschaft el logro (II 4.A-9)
die (äußere) Erscheinung la
    apariencia (III 6.B-5)
erschrocken asustado/a (II 4.A-2)
erschweren complicar (III 2.A-8-T)
erst neulich, vor kurzem hace
    rato (II 3.B-T)
sich erstrecken über, sich ausbreiten
    auf extenderse sobre (III 2)
als Erwachsener de adulto (II 4.A-9)
erwähnen mencionar (II 6.B-3)
erzählen über, erzählen von contar
    sobre (III 2.A)

es kommt darauf an, ob ... /es kommt auf ... an depende de (II 6.A-9)

essen comer (I 3.B T)

das Essen la comida (I 6.B T)

der Essig el vinagre (II 2.B-2)

die Etappe la etapa (III 5.A-5)

etwas algo (I 6.B T)

der/die Europäer/in; europäisch europeo/a (II 5.A-T)

die Exkursion la excursión (I 5.B 4)

exotisch exótico/a (III 1.B-11-T)

die Experimente los experimentos (II 7)

extrovertiert extrovertido/a (III 6.A-T)

F

die Fabrik la fábrica (III 6)

fade, langweilig soso/a (II 2.B-T)

fähig sein, etwas zu tun ser capaz de (III 2.A-8-T)

das Fahrrad la bici(cleta) (I 8.A 10)

auf jeden Fall de todas maneras (II 7.A-T)

in jedem Fall de todos modos (II 4.A-13)

falls si (I 5.B T)

die Familie la familia (I 1.A T)

das Familienmitglied el miembro de la familia (III 1.B11-T)

der Fan el/la aficionado/a (II 3.B-8)

die Farbe el color (I 8.A T)

fast casi (I 7.A T)

faul perezoso/a (II 6.A-6), vago/a (III 6.A-2)

Februar el febrero (I 6.B 2)

fehlen faltar (I 6.B T)

der Fehler el defecto (III 3.B-8)

die Feier la fiesta (I 4.A T)

feiern celebrar (I 6.B 1)

das Feld el campo (I 4.B T)

das Fell el pelo (I 4.A T)

das Fenster la ventana (I 3.A T)

die Ferien las vacaciones (I 7.A 6)

die Ferienwohnung el apartamento para las vacaciones (II 1)

das Fernsehen la tele(visión) (I 5)

der Fernseher el televisor (I 6.A 2)

die Festungsanlage la fortaleza (III 1.B-11-T)

fettig, fetthaltig grasoso/a (II 2.B-T)

feucht húmedo/a (III 2)

feuchtwarm sub-húmedo/a (III 2)

das Feuerwerk los fuegos artificiales (II 6.A)

das Fieber la fiebre (II 4.B-8)

der Film la película (peli) (I 5.A 2)

das Finale la final (II 3.A-2)

finden encontrar (I 5.B T)

der Finger el dedo (II 4.B-3)

die Firma, der Betrieb la empresa (III 1.B-T)

Fisch (Speise) el pescado (I 8.A T)

der Fisch (Tier) el pez (I 2.B T)

das Fitnessstudio el gimnasio (I 3.B T)

fix, fest(gelegt) fijo/a (III 1.A-T)

der Flamenco el flamenco (I 1.A T)

die Flasche la botella (II 2.A-6)

das Fleisch la carne (II 1.B-3)

fleißig trabajador/a (III 6.A-T)

flexibel flexible (III 6.A-T)

die Flipflops, Gummisandalen las chanclas (II 5.A-4)

flirten, anbandeln ligar (III 1.B-8)

der Flohmarkt el mercadillo (I 8.B T)

der Flug el vuelo (II 1.A-1-T)

der Flughafen el aeropuerto (II 5.A-7)

das Flugzeug el avión (I 8.A 10)

der Fluss el río (I 1.B T)

folgend siguiente (III 1.B-T)

der/die Follower/in el/la seguidor/a (III 4.A-2)

formell formal (I 8.B-3)

fortschrittlich, (hoch) entwickelt avanzado/a (III 2)

das Forum el foro (I 7)

das Foto la foto(grafía) (I 4.A T)

das Fotoalbum el álbum de fotos (II 1)

Fotos machen sacar fotos (I 3.B-T)

fragen preguntar (I 3.A 4)

Frankreich Francia (II 1)

französisch francés (I 2.A 6)

die Frau la mujer (I 4.A T)

frei libre (I 7.B T)

Freitag el viernes (I 5.B T)

die Freizeit el ocio (III 5.A-12)

der Freizeitpark el parque de ocio (II 2)

Ich freue mich! ¡Qué alegría! (II 5.B-T)

sich über etwas / für jdn. freuen alegrarse de algo / por alg. (II 5.A-6 / 3.A-7)

der/die feste/r Freund/in el/la novio/a (I 4)

der/die Freund/in el/la amigo/a (I 1.A T)

freundlich amable (II 1.A-7)

die Freundschaft la amistad (III 3)

friedlich pacífico/a (III 5.B-5)

frisch fresco/a (III 5.A-9)

die Frisur el peinado (II 5.B-T)

frittierter Fisch el pescaíto frito (II 6.A-6)

frittiertes Spritzgebäck los churros (II 4.B-T)

fröhlich alegre (I 4.B T)

früh temprano (I 7.A 4)

Frühling la primavera (II 1.A-2)

das Frühstück el desayuno (I 7.A T)

frühstücken desayunar (I 6.A T)

sich fühlen sentirse (II 4.B-4)

die Führung la visita guiada (III 1.B-T)

der Füller la pluma (I 3)

für para (I 1.A T)

der Fuß el pie (I 8.A 10)

zu Fuß a pie (I 8.A 10)

Fußball el fútbol (I 1.A T)

G

galizisch gallego/a (II 1.A-T)

ganze/r/s todo el/toda la (I 6.A T)

gar nicht nada (I 5.A T)

die Garage el garaje (I 6.A 9)

die Garderobe el guardarropa (III 6.B-9)

der Garten el jardín (I 6.A 9)

der Gast el/ la invitado/a (I 6.B 1)

das Gebäckstück el bollo (I 3.B T)

geben dar (I 2.A-7)

das Gebiet el territorio (III 2)

das Gebirge la sierra, la montaña (II 5.A-T)

geboren werden nacer (II 4.A-9)

das Geburtsdatum la fecha de nacimiento (III 6)

der Geburtstag el cumple(años) (I 4.A T)

der Geburtstagskuchen mit Kerzen darauf la tarta con velas (II 2)

der Gedanke el pensamiento (III 6.A-1)

das Gedicht el poema (III 1.B-10)

die Gefahr el peligro (III 4)

gefährlich peligroso/a (III 4.A-T)

jdm gefallen gustarle a algn. (I 5)

jdm sehr gefallen encantarle a algn. (I 5.A-T)

es würde mir gefallen me encantaría (I 5.A-T)

das Gefühl el sentimiento (III 3)

gegen 00.00 Uhr sobre las 00.00 (II 6.A)

gegenüber enfrente de (I 6)

gegenwärtig, heutig actual (III 2.A-8-T)

geheim secreto/a (II 5.A-7)

das Geheimnis el secreto (III 3)

sich Geheimnisse anvertrauen contarse secretos (III 3)

gehen ir (I 5)

mit jdm. (aus-)gehen salir con algn. (III 3.A-3)

gehören zu pertenecer a (III 2.A-8-T)

Ich hoffe, es geht euch gut. Espero que estéis bien. (II 1.A)

Wie geht's? ¿Qué tal? (I 1.A T)

die Geige el violín (II 3.A-7)

das Gelände el recinto (II 6.A)

gelangweilt aburrido/a (I 4.B T)

gelb amarillo/a (I 8.B 4)

das Geld el dinero (I 5.A-8)

die Gelegenheit la oportunidad (II 3.A-T)

sich geliebt fühlen sentirse amado/a (III 3.A-6)

gemäßigt, mittelmäßig, moderat moderado/a (II 2.A-2)

Wie gemein! ¡Qué barbaridad! (II 1.A)

gemeinsam común (III 5.A-6)

gemeinsame Interessen/Hobbys haben compartir intereses (III 3.A-6)

im Netz gemobbt werden sufrir un ciberacoso (III 4)

das Gemüse la verdura (I 8.A T)

genau, exakt exacto/a (III 1.B-9)

genießen disfrutar de algo (II 1.B-3)

das Gepäck el equipaje (III 5.A-8)

gerade etw. getan haben acabar de hacer algo (II 5.A-T)

geradeaus todo recto (II 5.A-7)

das Gerät, der Apparat el aparato (III 4.A-3)

geräumig amplio/a (III 5.A-13)

gerecht justo/a (II 6.B)

das Gericht el plato (II 2)

gern geschehen! de nada (I 8.A 8)

der Geruch el olor (III 5.B-4)

geschlossen; verschlossen cerrado/a (III 3)

der Geschmack el gusto (II 2.B-10)

die Geschwister los hermanos (I 2.A T)

die Gesellschaft la sociedad (III 2.A-8)

die Gesellschaftsschicht la clase social (III 2.A-8)

gestern ayer (II 2.A-7)

das Getränk la bebida (I 6.B T)

getrennt separado/a (II 7.A-2)

das Gewicht el peso (III 5.A-13)

etwas gewinnen ganarse (II 3.A-T)

Es gibt ein Gewitter. Hay una tormenta. (II 1.A)

sich gewöhnen an acostumbrarse a (II 1.B-3)

die Gitarre la guitarra (I 5)

das Glas el vaso (II 6.A-6)

der Glasschrank la vitrina (I 6.A 2)

glattes Haar el pelo liso (I 4.A 6)

der Glaube la fe (III 5.A-6)

glauben an creer en (III 2.A-8)

glauben, dass creer que (I 6.B 9)

gleich ya (I 3.A T)

gleichzeitig al mismo tiempo (II 4.A-T)

das Glück la suerte (I 6.B T)

zum Glück por suerte (I 6.B T)

Was für ein Glück! ¡Qué suerte! (I 6.B T)

glücklich feliz (II 1.A)

herzlichen Glückwunsch! ¡Felicidades! (III 3.A-T)

die Glückwünsche las felicitaciones (II 7.A-T)

die Glühbirne, Glühlampe la bombilla (II 6.A)

Gott, Göttin el/la dios, diosa (II 1.B-3)

das Grab la tumba (III 1.A-T)

Es ist ... Grad (über/unter Null)./ Wir haben ... Grad. Hace/Tenemos ... grados (sobre/bajo cero). (II 1.A)

grau gris (I 8.B 4)

die Grippe la gripe (II 4.B-8)

groß grande (I 4.A T)

Großbritannien Gran Bretaña (II 1)

die Großeltern los abuelos (I 1.B T)

großzügig, großherzig generoso/a (III 6.A-T)

grün verde (I 8.B 4)

gründen fundar (III 5.B-5)

gründlich, genau detenido/a (II 6.B)

die Grundschule la primaria (II 7.A-2)

sich gruppieren, sich zusammenstellen a gruparse (III 6.B-5)

der Gruß el saludo (II 1.A)

Grüße an alle! ¡Recuerdos a todos! (II 1.A)

die Gurke el pepino (II 2.A-6)

gut bien (I 1.A T)

gutaussehend guapo/a (I 4.A T)

Gute Nacht! Buenas noches (I 2.A 2)

Guten Abend! Buenas tardes (I 2.A 2)

Guten Tag! Buenos días (I 1.A T)

H

haben tener (I 2.A T)

haben, verfügen über contar con (III 2)

der Hafen el puerto (II 5.B-6)

halb (Uhrzeit) y media (I 5.B T)

Halb so schlimm no es para tanto (II 4.B)

die Hälfte la mitad (III 2.B-2)

Hallo! Hola (I 1.A T)

halten sostener (III 3.A-2)

die Haltestelle la parada (I 8.A 8)

der Hamburger la hamburguesa (II 2)

die Hand la mano (II 3.B-T)

Handball el balonmano (I 5)

handeln von tratar de algo (II 3.A-7)

das Handtuch la toalla (II 5.A-4)

das Handy el móvil (I 3.B T)

hassen odiar algo (II 2.B-T)

hässlich feo/a (I 8.B 3)

häufig frecuentemente (III 1.B-5)

als Hauptgang de segundo (II 2.B-T)

das Hauptgericht el plato fuerte (II 2.B-2)

die Hauptperson, Hauptdarsteller/in el/la protagonista (III 3.A-6)

das Haus la casa (I 2.A T)

die Hausaufgaben los deberes (I 3.A T)

zu Hause en casa (I 2.A T)

das Haustier la mascota (I 2.B T)

die Haut la piel (I 1.B)

das Heft el cuaderno (I 3)

heiraten casarse (II 4.A-9)

heiß caliente (II 4.B-8)

Es ist (sehr) heiß. Hace (mucho) calor. (II 1.A)

heißen llamarse (I 2.B T)

helfen ayudar (I 7.B 11)

hell claro/a (I 8.B 4)

das Hemd la camisa (I 8.B 1)

herausgeben publicar (III 3.B-9)

herausnehmen sacar (I 6.B 9)

sich herausstellen resultar (II 3.B-T)

Herbst el otoño (II 1.A-2)

herrichten, herausputzen arreglar (II 6.A-T)

die Herrschaft el dominio (III 5.B-5)

unter der Herrschaft von al mando de (III 1.B-11-T)

herrschen reinar (III 1.B-11-T)

herrschen, regieren gobernar (III 1.B-11-T)

der/die Herrscher/in, der/die Machthaber/in el/la gobernante (III 1.B-11-T)

herstellen fabricar (III 5.B-4)

herunterfallen caerse (II 4.A-T)

hervorragend extraordinario/a (III 2)

hervorrufen, auslösen provocar (III 2.A-8-T)

das Herz el corazón (III 3)

herzlich cordial (II 1.A-1-T)

heute hoy (I 3.A T)

heutzutage hoy en día (III 1.B-11-T)

hier aquí (I 1.A T)

die Hilfe la ayuda (III 3.A-T)

Hilfe! ¡Socorro! (II 4.A-13)

die Himbeere la frambuesa (II 2.A-6)

der Himmel el cielo (III 2.A-8-T)

hinaufsteigen subir (II 1.B-3)

das Hindernis el obstáculo (II 4.A-3)

hingegen, im Gegensatz dazu en cambio (II 5.B-T)

sich hinlegen acostarse (I 7.A T)

sich hinsetzen sentarse (I 7.B T)

hinter detrás de (I 6)

im Hintergrund al fondo, en segundo plano (III 6.B-5)

historisch histórico/a (III 1.B-11-T)

das Hobby el interés (II 4.A-9)

hoch alto/a (II 2.A-2)

hochladen subir (III 3)

die Hochzeit la boda (II 6.A-9)

hoffen, dass esperar que (+ subjuntivo) (III 3)

hoffentlich, schön wär's ojalá (II 7.A-T)

die Höhe la altura (III 2.B-2)

das Holz la madera (II 6.A-T)

Hör mal! ¡Oye! (I 3.B T)

hören oír (II 4.A-T)

die Hose los pantalones (I 8.B 1)

die Hosen-/Jackentasche el bolsillo (I 6.B)

das Hostel el hostal (II 1)

das Hotel el hotel (II 1)

hübsch bonito/a (I 4.A T)

der Hügel el cerro (II 1.B-3)

der Hund el perro (I 2.B T)

die Hündin la perra (I 2.B T)

der Hunger el hambre (I 7.B T)

Hunger haben tener hambre (I 7.B T)

der (Sonnen-)Hut el sombrero (III 5.A-7)

I

die Iberische Halbinsel la península ibérica (III 1.B-11-T)
ich yo (I 1.A T)
die Idee la idea (I 4.B T)
ihr/e su (I 3.A 3)
immer siempre (I 5.A T)
in en (I 1.A T)
in Erwartung Ihrer Nachricht/Antwort en espera de sus noticias (III 6.A-10)
die Informatik la informática (I 3.B T)
informieren informarse (III 3.A-T)
der Innenhof el patio (I 3.B T)
das Instrument el instrumento (I 5)
sich integrieren integrarse (III 6.A-6)
die Intelligenz la inteligencia (II 3.A-6)
interessant interesante (I 4.B T)
interessiert; interessieren interesado/a; interesar (III 1.A-1-T)
über Internet por internet (I 4.A-T)
inzwischen, derweil mientras tanto (II 5.B-1)
Italien Italia (II 1)
italienisch italiano (I 2.A 6)

J

ja sí (I 1.A T)
Ja, bitte? Diga (I 5.B T)
die Jacke la chaqueta (I 8.B 1)
das Jahr el año (I 2.A T)
... Jahre alt werden cumplir (los) ... años (II 2.A-3)
die Jahreszeit la estación (III 2.A-3)
das Jahrhundert el siglo (II 1.B-3)
Januar el enero (I 6.B 2)
die Jeans los vaqueros (I 8.B 1)
jede/r cada (II 1.A)
jene dort aquel/aquella (I 8.B T)
jetzt ahora (I 2.A T)
der/die Jude/Jüdin, jüdisch (el/la) judío/a (III 1.B-11-T)
der/die Jugendliche/r el/la joven, los jóvenes (II 1), los adolescentes (III 4.A-2)
die Jugendorganisation la organización de jóvenes (II 1)
Juli el julio (I 6.B 2)
der/das Junge/Mädchen el/la chico/a (I 1.A T)
Juni el junio (I 6.B 2)

K

der Käfig la jaula (I 4.B T)
der Kakao el cacao (III 2.A-8)
der Kalender el calendario (III 2.A-8)
Es ist kalt. Hace frío. (II 1.A)
die Kälte el frío (II 1.A)
das Kamel el camello (II 5)
kämmen peinarse (I 7.A T)
der Kampf la batalla (III 2.B-2)
der Kanal el canal (II 3.A-10)

der/die Kandidat/in el/la candidato (II 3.A-2)
Kanu fahren el deporte de canoa (II 4.A)
karibisch caribeño/a (III 2)
die (Land-)Karte el mapa (I 3.A 3)
die Kartoffel la patata (I 7.B T)
der Karton la caja (I 6)
der Käse el queso (I 7.B T)
das Kastilische (~ Spanisch) el castellano (III 5.B-5)
Kater/Katze el/la gato/a (I 2.B T)
die Kathedrale la catedral (III 1.B-11-T)
kaufen comprar (I 7.B 7)
kaum apenas (III 1.A-T)
kein/e/r ningún, ninguno/a (II 3.A-T)
Keine Ahnung. Ni idea. (II 2.B-T)
der Keks la galleta (III 1.A-T)
der Kellner el camarero (II 2.B-T)
kennenlernen conocer (I 8.A T)
die Kenntnisse, das Wissen los conocimientos (III 2.A-8)
ein halbes Kilo ... medio kilo de ... (II 2.A-6)
der Kilometer el kilómetro (II 1.B-3)
einige (ca. XX) Kilometer entfernt sein von ... estar a unos (XX) kilómetros de ... (II 1.B-3)
das Kind el/la niño/a (II 2.B-10)
ein Kind bekommen tener un/a hijo/a (II 4.A-9)
der Kindergarten el kinder (II 4.A-9)
kindisch infantil (II 4.B-T)
das Kino el cine (I 5)
der Kiosk el quiosco (I 8)
die Kirche la iglesia (I 8)
die Kirsche la cereza (II 2.A-6)
die Klarinette el clarinete (III 3.A-7)
der Klassenraum el aula (I 3.A T)
klatschen, applaudieren aplaudir (II 3.B-8)
klauen robar (II 6.B)
das Klavier el piano (II 3.A-7)
das Kleid el vestido (I 8.B 1)
die Kleidergröße la talla (I 8.B T)
die Kleidung (leicht/warm) la ropa ligera/gruesa (II 5.A-4)
die Kleidungsstücke las prendas de ropa (II 5)
klein pequeño/a (I 4.A T)
klein (Körpergröße) bajo/a (I 4.A T)
klettern escalar (II 4.A-3)
das Klima el clima (III 2)
klingen, sich anhören sonar (o → ue) (III 5.B-5)
klug listo/a (I 4.A T)
das Knie la rodilla (II 4.B-3)
der Knoblauch el ajo (II 2.A-6)
der Knöchel el tobillo (II 4.B-3)
der Knochen el hueso (II 4.A-T) (II 5.B-6)
kochen cocinar (I 7.B T)
der Koffer la maleta (I 8.B 2)

komisch, außergewöhnlich extraño/a (III 5.A-13)
kommen venir (I 6.B 1)
kommentieren dejar un comentario (III 3)
das Kompliment el piropo (III 3.A)
kompliziert complicado/a (I 4.B T)
Kondition haben estar en forma (II 4.A)
der Kondor el cóndor (II 5)
der Konflikt el conflicto (III 4)
der/die König/in; königlich el/la rey/reina; real (III 1.B-11-T)
konkurrieren, zu Wettkämpfen antreten competir (II 4.A)
können (beherrschen) saber (II 2.A-T)
können (in der Lage sein) poder (I 5.B T)
in Kontakt stehen estar en contacto (III 2.A-8-T)
in Kontakt treten mit entrar en contacto con (III 4.A-T)
kontaktieren contactar (III 4.A-4)
der Kontinent el continente (III 2.A-1-T)
das Konto la cuenta (III 4.A-2)
der Kontrast el contraste (III 6.B-5)
sich konzentrieren concentrarse (III 4.A-5)
das Konzert el concierto (I 5.B 4)
der Kopf la cabeza (II 4.B-3)
Kopf hoch! ¡Ánimo! (III 3.A-T)
kosten costar (I 8.B T)
Wieviel kostet das? ¿Cuánto cuesta? (II 2.A-7)
köstlich delicioso/a (III 2.A-1-T)
krank enfermo/a (I 4.B-8)
das Krankenhaus el hospital (II 4.A-13)
die Krankenschwester la enfermera (II 4.B-4)
die Krankheit la enfermedad (I 4.B-8)
das Krankheitsanzeichen el síntoma (II 4.B-8)
kreativ creativo/a (III 3)
die Krede la tiza (I 3.A 3)
die Kugel la bola (II 2.B-10)
die Kuh la vaca (II 5.B-6)
der Kugelschreiber, Kuli el bolígrafo (boli) (I 3)
die Kultur la cultura (III 1.A-1-T)
die Kultur, das Volk el pueblo (III 2.A-1-T)
sich kümmern um ocuparse de (II 5.B-T), encargarse de (III 6.B-9)
der/die Kunde/in el/la cliente (I 8.B 8)
die Kunst el arte (III 2.A-8)
künstlerisch artístico/a (III 2.A-8-T)
der Kürbis la calabaza (II 2.A-6)
der Kurs el curso (II 2.A-T)
das Kursende, Schuljahresende el fin de curso (II 7.A-T)
kurz corto/a (I 4.A 6)
Kuss/Küsschen el beso/besito (II 1.A)
küssen besar (II 3.A-6)

die Küste la costa (II 1.A)
die Kutsche el coche (III 2.A-8)

L

das Labor el laboratorio (I 3.B T)
lächeln sonreír (III 1.A-T)
lachen reírse (III 3)
das Lachen la risa (III 3)
das Ladegerät el cargador (III 5.A-7)
der Laden la tienda (I 6.A T)
das Lama la llama (II 5)
die Lampe la lámpara (I 6.A T)
das Land el país (II 1.A-10), la tierra (III 2)
die Landschaft el paisaje (II 5)
die Landwirtschaft la agricultura (III 2.A-8)
lang largo/a (I 4.A 6)
langsam lento/a (II 2.A-2)
langsamer más despacio (I 3.A T)
Wie langweilig! ¡Qué rollo! (II 1.A)
der Lärm el ruido (III 4.A-5)
(hinter) lassen dejar (II 3.A-10)
Latein el latín (III 5.B-5)
lateinamerikanisch, aus Lateinamerika latinoamericano/-a (II 3.A)
laufen correr (II 4.A-T)
laut fuerte (II 1.B-3)
laut, lärmend ruidoso/a (III 1.A-T)
laut, nach, … zufolge según (II 5.B-6)
das Leben la vida (I 7.A)
lebendig, lebend vivo/a (III 5.A-6)
der Lebenslauf el currículum (vitae) (III 6.A-7)
das Lebensmittel el alimento (I 7.B 3)
die Legende la leyenda (III 5.A-T)
der/die Lehrer/in el/la profesor/a (profe) (I 3.A T)
leicht (Speise) ligero/a (II 2.B-T)
Leichtathletik machen practicar/ hacer atletismo (II 4.A)
die Leidenschaft la pasión (III 6.B-9)
leider desafortunadamente (II 1.A)
(aus) leihen prestar (II 2.A)
(er) lernen aprender (II 4.A-T)
lesen leer (I 3.A T)
letzte/r/s último/-a (II 2.A-11)
die Leute la gente (I 4.A T)
das Licht la luz (II 6.A)
die Liebe el amor (III 3.A-6)
die Liebe, die Zuneigung el cariño (III 3)
liebe/r querido/a (I 7.B T)
Liebe/r/s … (Anrede in einem Brief) Estimado(s)/a(s) … (III 1.A-1-T)
lieben querer (I 5.B T)
(sich) lieben amar(se) (III 3.B-T)
das Liebesleben la vida amorosa (III 3.B-2-T)
liebevoll cariñoso/a (I 4.A T)
der/die Liebhaber/in, Geliebte/r el/la amante (III 6.B-T)
Lieblings- favorito/a (I 4.A T)

das Lied la canción (I 5.A T)
liegen, sich befinden estar ubicado/a (III 5.A-12)
lila lila (I 8.B 4)
der Link el enlace (III 4.A-7)
die linke Seite la izquierda (I 3.B T))
links a la izquierda (I 3.B T)
die Liste la lista (I 3)
der Liter el litro (II 2.A-6)
die Literatur la literatura (III 1.B-11-T)
lockiges Haar el pelo rizado (I 4.A 6)
es lohnt sich vale la pena (III 1.B-11-T)
Los geht's! Vamos (I 1.B T)
(ein Problem) lösen resolver (un problema) (III 3)
losreißen soltarse (II 4.A-13)
die Lösung la solución (III 5.A-T)
der Löwe el león (II 5)
lügen mentir (III 3.B-9)
Lust haben, etwas zu tun tener ganas de hacer algo (I 5.A T)
lustig divertido/a, gracioso/a (I 4.A T)
sich über jdn. lustig machen burlarse de alg. (III 4)

M

die Macht el poder (III 5.B-5)
Macht doch nichts. No pasa nada. (I 5.A T)
Macht nichts!, Halb so schlimm! Ni modo. (II 2.A-10)
der Magen el estómago (II 4.B-3)
magisch, zauberhaft mágico/a (III 6.B-T)
Mai el mayo (I 6.B 2)
der Mais el maíz (II 2.A-6)
(erstes) Mal la vez/primera vez (II 2.A)
nächstes Mal la próxima vez (II 1.B-3)
mal sehen a ver (I 3)
der/die Maler/in el/la pintor/a (III 6.B-5)
die Malerei la pintura (III 2.A-8)
Mama la madre/ mamá (I 2.A T)
man muss hay que (I 7.B T)
manchmal a veces (II 1.A), de vez en cuando (III 6.A-T)
die Mango el mango (II 2.A-6)
der Mann el hombre (II 3.B-T)
die Mannschaft el equipo (I 7.A T)
das Mäppchen el estuche (I 3)
der Markt el mercado (I 8)
die Marmelade la mermelada (I 7.A T)
März el marzo (I 6.B 2)
das Match el partido (I 7.A T)
das Material el material (III 2.A-8-T)
Mathematik las Matemáticas (II 7.A-T)
maximal, Höchst- máximo/a (III 2.A-1-T)
Maya-, der/die Maya (el/la) maya (III 2)
die Medien los medios (III 4.A-2)
die Medizin la medicina (III 1.B-11-T)
das Meer el mar (I 1.A T)

das Mehl la harina (II 2.A-6)
die Mehrheit la mayoría (III 2.A-8-T)
mehrmals varias veces (III 1.A-T)
mein/e mi (I 2.A T)
die Meinung la opinión (II 2.A-1)
Meinung äußern, meinen opinar (II 5.A-1)
die Melodie la melodía (II 3.A-7)
die Melone el melón (II 2.A-6)
die Menge, Anzahl la cantidad (II 6.B-T)
messen medir (e → i) (III 5.A-12)
ein paar Meter entfernt von … a pocos metros de … (I 8.A 2)
mexikanisch, Mexikaner/in mexicano/a (II 1.B-3)
die Milch la leche (I 7.A T)
mild templado/a (III 2.A-1-T)
das Mineralwasser mit/ohne Kohlensäure el agua mineral con gas/sin gas (II 2.B-T)
der Missbrauch el abuso (III 4.A-T)
misslingen fallar (II 7.A-T)
mit con (I 1.B T)
mit dir contigo (I 5.B T)
mit mir conmigo (I 5.B T)
mitbringen, mitnehmen llevar (II 2.A-3)
das Mitleid la lástima (I 7.A-T)
der/die Mitschüler/in el/la compañero/a (I 3.B T)
Mittag el mediodía (I 7.A 1)
Mittag essen almorzar (I 7.A T)
mittags a/al mediodía (I 7.A 1)
in der Mitte en el centro/ medio (III 6.B-5)
das Mittelalter la Edad Media (III 1.B-11)
mittelalterlich medieval (III 5.B-2)
mittelmäßig regular (I 1.A 2)
Mitternacht media noche (II 6.A)
Mittwoch el miércoles (I 5.B T)
jdn. mobben acosar a alg. (III 3.A-2)
das Mobbing el acoso (III 3.A-2)
das Möbelstück el mueble (I 6.A T)
modern moderno/a (I 8.B 3)
möglich posible (II 2.A-3)
alles Mögliche (geben) (haber) de todo (I 8.A T)
die Möglichkeit la posibilidad (III 1)
mollig gordito/a (I 4.A T)
der Moment el momento (I 2.A T)
der Monat el mes (I 6.B 2)
monatlich mensual (III 2.A-3)
der Mönch el fraile (III 5.B-4)
der Mond la luna (III 2.A-8-T)
Montag el lunes (I 5.B T)
morgen mañana (I 2.A T)
der Morgen la mañana (I 5.B 4)
müde cansado/a (II 1.A-7)
der Mund la boca (II 4.B-3)
den Mund halten callarse (II 4.A-T)

die (Jakobs) Muschel la concha (de Santiago) (III 5)

das Museum el museo (III 5.A-12)

die Musik la música (I 1.A T)

die Musikgruppe el grupo (musical) (I 3.B T)

die Musikrichtung el estilo musical, el tipo de música (II 3.A-7)

muskulös musculoso/a (III 3.A-6)

muslimisch, der/die Moslem/ Muslimin (el/la) musulmán, musulmana (III 1)

müssen tener que (I 6.A T)

mutig valiente (II 2.A-2)

die Mütze, Kappe el/la gorro/a (I 8.B 1) (II 5.A-4)

N

Na klar! ¡Claro! (I 1.A T)

der/die Nachbar/in el/la vecino/a (I 8.A 7)

nachdem después (de) (I 3.A T)

der Nachmittag la tarde (I 5.B T)

nachmittags por la tarde (I 5.B T)

die Nachricht el mensaje (I 5.B 2)

nachsehen revisar (I 3.A T)

die Nacht la noche (I 5.B 4)

der Nachtisch el postre (II 2.B-T)

das Nachtleben la marcha (I 8.A T)

der Nachttisch la mesilla de noche (I 6.A 2)

nah cerca (I 6.A T)

sich nähern acercarse (III 3)

naja bueno (I 5.A T)

der Name el nombre (I 5.B T)

die Nase la nariz (I 4.B-3)

das Nashorn el rinoceronte (II 5)

die Natur la naturaleza (III 5.A-6)

die Naturwissenschaften las ciencias naturales (II 7.A-T)

der Nebel la niebla (II 1.A)

neben al lado de (I 3.B T)

der Neffe, die Nichte el/la sobrino/a (III 2.A-1-T)

nehmen tomar (I 7.B T)

zur Neige gehen acabarse (II 5.B-T)

nervig pesado/a (I 4.A 4)

nervös nervioso/a (III 6.A-6)

nett majo/a, bueno/a, simpático/a (II 2.A-T)

neu nuevo/a (I 4.A 4)

neugierig; ungewöhnlich curiosa/o (III 1.B-11-T; 6.A-6)

nicht mehr ya no (II 2.A)

Nichts da! Nada de eso (II 2.A-T)

nie nunca (I 5.A T)

nie (wieder) jamás (III 4.A-T)

niemand nadie (II 2.A-T)

(immer) noch aún, todavía (II 2.B-T)

noch einmal otra vez (I 3.A T)

Norden el norte (II 1.A)

Nordwesten el noroeste (II 5.A-4)

normal normal (I 7.A T)

normalerweise, üblicherweise por lo general (III 1.A-T)

die Note la nota (II 1.A)

eine Note bekommen sacar una nota (I 7.A-5)

notieren anotar (III 3.A-T)

notieren, aufschreiben apuntar (III 5.B-5)

notwendig necesario/a (III 3.A-T)

November el noviembre (I 6.B 2)

nun ja pues (I 2.A T)

nur sólo (I 4.A T)

nur, bloß simplemente (III 1.A-T)

etwas nutzen aprovechar algo (III 6.A-T)

O

das Obst la fruta (I 8.A T)

obwohl aunque (III 1.B-5)

oder o (u) (I 7.A 9)

der Ofen el horno (II 2.B-10)

offen; aufgeschlossen abierto/a (III 3)

offiziell, amtlich oficial (III 5.B-6)

öffnen abrir (I 3.A T)

oft a menudo (I 5.A T)

ohne; ~frei sin (II 2.B-T)

das Ohr la oreja (II 2.B-T)

Okay! ¡vale! (I 1.A T)

ökologisch ecológico/a (III 5.A-6)

Oktober el octubre (I 6.B 2)

die Olive la aceituna (II 6.A-6)

das Olivenöl el aceite de oliva (I 7.B T)

der Onkel, die Tante el/la tío/a (I 4)

online en línea (III 4.A-7)

Opa/Oma el/la abuelo/a (I 1.B T)

die Orange la naranja (I 7.A T)

ordnen ordenar (I 6.A T)

sich organisieren organizarse (III 2.A-8)

der Ort el sitio (II 5.B-T)

Österreich Austria (II 1)

P

das Paket el paquete (II 2.A-T)

der Palast el palacio (II 1.B)

die Pampa (argentinisches Grasland) la pampa (II 5)

Papa el padre/papá (I 2.A T)

der Papagei el papagayo (II 5)

der Papierkorb la papelera (I 3.A 3)

die Paprika el pimiento (II 2.A-6)

der Park el parque (I 1.B T)

gut passen zu ir bien con (I 8.B T)

das Passwort la contraseña (III 4.A-7)

die Pause el recreo (I 3.B T)

das Pech la mala suerte (II 4.B-6)

jdm. peinlich sein darle vergüenza a alg. (III 4)

perfekt perfecto/a (I 8.A 8)

die Person la persona (I 4.A T)

persönlich personal (II 3.A-7)

das Pferd el caballo (I 8.A 10)

die Pferdekutsche el coche de caballo (II 6.A-T)

der Pfirsich el melocotón (II 2.A-6)

die Pflanze la planta (II 5.A-T)

pflegen soler hacer algo (II 5.B-6)

Pflicht-, obligatorisch obligatorio/a (III 6)

das Picknick el pícnic (II 2.A-T)

der/die Pilger/in, pilgern; die Pilgerfahrt el/la peregrino/a; peregrinar; la peregrinación (III 5)

die Pilgerherberge el albergue de peregrinos (III 5)

der/die Pilot/in el/la piloto/a (I 2.A T)

die Piñata la piñata (II 1.B-3)

der Pinguin el pingüino (II 5)

das Plakat el cartel (III 3.A-2)

der Plan e plan (II 3.B-2), el plano (III 5)

planen planear algo (II 2.A-T)

der Planet la planeta (III 4.A-T)

da ist Platz hay lugar (I 6.A T)

der Platz la plaza (I 1.B T)

der Platz, Ort el lugar (I 6.A T)

plötzlich de repente (II 4.A-13)

plötzlich, auf einmal de pronto (III 2.A-5)

plus más (II 2.A)

der/die Politiker/in el/la político/a (II 5.A-9)

der/die Polizist/in el/la policía (II 6.B-6)

polnisch polaco (I 2.A 6)

das Popcorn las palomitas (III 3.A-T)

die Portion la ración (II 2.B-T)

das Porträt el retrato (III 6.B-5)

portugiesisch portugués (I 2.A 6)

das Poster el póster (I 6.A 4)

prächtig, wunderschön precioso/a (III 6.B-T)

das Praktikum las prácticas (Pl.!) (III 6)

der Praktikumsplatz el puesto de prácticas (II 6.A-9)

praktisch práctico/a (III 4)

Preis el premio (II 3.A-2)

der Preis, die Gebühr el coste (III 1.A-1-T), el precio (III 1.A-1-T)

die Prinzessin la princesa (II 5.B-T)

privat privado/a (III 5.A-12)

das Problem, die Schwierigkeit el problema (III 2)

das Programm el programa (II 3.A)

die Prüfung el examen (Pl: exámenes) (II 3.A-T)

vor Publikum en público (II 3.A-T)

der Puma el puma (II 5)

der Punkt el punto (II 3.A-T)

pünktlich a tiempo (II 2.A-10)

pünktlich puntual (III 3.A-5)

die Pyramide la pirámide (II 1.B-3)

R

das Rad la rueda (III 2.A-8)

der Radiergummi la goma de borrar (I 3)

der Radsport el ciclismo (I 5)

einen Rat befolgen seguir un consejo (III 3.B-7)

jdm. (zu) etwas raten aconsejar algo a alg. (III 3.A-T)

das Rathaus el ayuntamiento (III 5.A-9)

der Raum, das Zimmer el cuarto, la habitación (I 6.A T)

reagieren reaccionar (II 4.B)

die Reaktion la reacción (II 4.A-2)

realistisch realista (m. + f.) (III 3.B-10)

rebellisch rebelde (III 3)

rechnen calcular (II 7)

Recht haben tener razón (II 5.A-T)

die rechte Seite la derecha (I 3.B T)

rechts a la derecha (I 3.B T)

reden hablar (I 2.A T)

das Regal la estantería (I 6.A T)

der Regen la lluvia (II 1.A-2)

der Regenschirm el paraguas (III 5.A-7)

der (tropische) Regenwald el bosque tropical (II 2)

regnen llover (II 1.A)

regnerisch lluvioso/a (III 2.A-3)

reich rico/a (II 4.A-9)

das Reich, Imperium el imperio (III 1.B-11-T)

es reicht basta (II 2.B-T)

der Reis el arroz (II 2.B-T)

die Reise el viaje (II 1.B)

das Reisebüro la agencia de viaje (II 5.A-T)

der/die Reiseführer/in el/la guía (turístico/a) (III 1.B-11-T)

reisen viajar (II 1.B)

der Reisepass el pasaporte (III 5.A-7)

das Reiten la equitación (II 4.A)

reiten montar a caballo (I 5)

sich respektieren respetarse (III 3.A-6)

das Restaurant el restaurante (I 1.B T)

retten salvar (III 4.B-T)

der Rettungswagen la ambulancia (II 4.B)

der Rhythmus el ritmo (II 3.A-7)

riechen, duften oler (o → ue) (III 3.A-T)

riesig, sehr groß enorme (II 6.A-T)

der Ring el anillo (II 2.B-2)

das Risiko el riesgo (III 4.A-4)

der Rock la falda (I 8.B 1)

eine Rolle spielen jugar un papel (III 3.B-T)

Rom Roma (II 5.B-6)

romantisch romántico/a (III 3.A-2)

römisch romano/a (III 5.A-5)

rosa rosa (I 8.B 4)

die Rose la rosa (III 3.A)

rot rojo/a (I 8.B 1)

die Routine la rutina (III 4.A-2)

der Rücken la espalda (II 4.B-3)

die Rückeroberung la reconquista (III 1.B-11-T)

die Rückkehr el regreso (III 5.A-T)

rufen llamar (I 5.B T)

die Ruhe el silencio, la calma (I 3.A T)

ruhig tranquilo/a (I 4.A T)

ruhig, still tranquilo/a (III 3)

die Ruine la ruina (III 2)

russisch ruso (I 2.A 6)

S

die Sache la cosa (I 3)

der Saft el zumo (I 6.B T)

sagen decir (I 7.B 11)

Wie sagt man…? Was bedeutet…? ¿Cómo se dice …? (I 3.A T)

der Salatkopf la lechuga (II 2.A-6)

die Salatmischung la ensalada (II 2.A-6)

das Salz la sal (I 7.B T)

salzig salado/a (II 2.B-10)

(ein) sammeln recoger (III 1.B-T)

die Sammlung la colección (III 6.B-T)

Samstag el sábado (I 5.B T)

der/die Sänger/in el/la cantante (II 1.B-13) (II 3.A)

satt haben estar harto/a de (II 6.A-6)

sauber limpio/a (III 5.A-8)

saubermachen limpiar (III 2.A-1-T)

sauer ácido/a (II 2.B-10)

das Saxophon el saxofón (II 3.A-7)

Wie schade! ¡Qué lástima! (II 1.B-3) ¡Qué pena! (II 2.A-T)

scharf picante (II 1.B-3)

scharf sein, auf der Zunge brennen picar (II 1.B-3)

schenken regalar (II 2.A-9)

die Schicht el turno (III 6.B-9)

schick, formell formal (I 8.B 3)

schicken mandar (II 1.A), enviar (III 4.A-T)

das Schiff el barco (III 2.A-8)

die Schildkröte la tortuga (II 5)

der Schinken el jamón (I 7.B T)

(ein) schlafen dormir(se) (I 7.A T)

der Schlafsack el saco de dormir (III 5)

das Schlagzeug la batería (II 3.A-7)

die Schlange la serpiente (III 2.B-2)

schlank delgado/a (I 4.A T)

schlecht malo/a (II 1.A-7)

schlechte Laune el mal humor (II 6.B)

schließen cerrar (II 6.B)

schlimm, ernst grave (II 4.B)

Schlittschuh fahren patinar (II 4.A-3)

mit jdm. Schluss machen romper con alg. (III 3.B-2-T)

schlussfolgern concluir (III 6.B-3)

schmal estrecho/a (I 8.A T)

der Schmerz el dolor (II 4.B-3)

der Schmetterling la mariposa (III 3.A-T)

die Schminke el maquillaje (III 5.A-7)

schminken maquillarse (II 1.A)

schmutzig sucio/a (III 5.A-8)

schmutzig werden ensuciar (III 4.A-5)

der Schnee la nieve (II 1.A)

schneiden cortar (I 7.B 11)

schneien nevar (II 1.A)

schnell rápido/a (II 2.A-2)

schnell, bald pronto (I 3)

der Schnellhefter la carpeta (I 3.A 3)

die Schokolade, der Kakao el chocolate (I 7.A T)

schön lindo/a (III 1.B-3), hermoso/a (III 1.B-11-T)

Wie schön! ¡Qué emoción! (I 6.B T)

der Schrank el armario (I 6.A 2)

Was für ein Schreck! ¡Qué susto! (II 4.A)

schrecklich horrible (I 8.B 9)

Wie schrecklich! ¡Qué palo! (II 6.B)

schreiben escribir (I 3.A T)

der Schreibtisch el escritorio (I 6.A T)

schreien wie verrückt gritar como loco/a (III 3.B-T)

die Schrift la escritura (III 2.A-8)

schüchtern tímido/a (III 3)

die Schuhe los zapatos (I 5.B-T)

Schul-, schulisch escolar (III 1.A-1-T)

die Schulausbildung, der (schulische) Werdegang la educación y formación (III 6)

Schulcafeteria el comedor (I 3.B T)

die Schuld la culpa (II 4.B)

(weiterführende) Schule el insti(tuto), la secundaria (I 3.B T)

die Schule el cole(gio), la escuela, la academia (I 2.A T)

der/die Schüler/in el/la alumno/a (I 3.A T)

der Schüleraustausch el intercambio (III 1)

das Schulfach la asignatura (II 7)

der Schulranzen la mochila (I 3)

schützen vor proteger contra (III 1.B-11-T)

die Schwäche el punto débil (III 6)

der Schwamm la esponja (I 3.A 3)

schwarz negro/a (I 8.B 1)

Schweden Suecia (II 1)

das Schwein el cerdo (II 2.B-2)

Schweiz Suiza (II 1)

schwer pesado/a (III 5.A-7)

schwer fallen costarle a algn (II 1.B-3), resultar difícil (III 6.A-T)

die Schwester la hermana (I 2.A-T)

schwierig difícil (II 1.B-2)

das Schwimmbad, -becken la piscina (III 5.A-13)

schwimmen nadar (I 5)

das Schwimmen la natación (II 4.A)

schwindelig sein estar mareado (II 4.B-3)

schwitzen sudar (III 2.A-1-T)

schwören jurar (III 4.A-T)

der See el lago (II 5)

sehen ver (I 5)

(an) sehen mirar (I 3)

die Sehenswürdigkeit la atracción turística (III 1.B-11-T)

sehr muy (I 1.A T)

sehr mucho/a/os/as (I 4.A T)

sehr, total súper (I 8.B T)

sein ser (I 2.B T)

seit (+ Zeitangabe) desde hace (+ tiempo) (III 1.A-1-T)

die Seite la página (I 3.A T)

Auf der einen Seite … auf der anderen Seite … Por un lado … por otro lado … (II 3.A-4)

die Sekretärin la secretaria (III 4.B-T)

selbstbewusst seguro/a de sí mismo/a (III 3)

selbstständig autónomo/a (III 6.A-T)

selbstverständlich por supuesto (III 1.B-T)

das Selbstvertrauen la confianza en sí mismo/a (III 6.A-T)

seltsam, merkwürdig raro/a (III 1.A-T)

September el septiembre (I 6.B 2)

der Sessel el sillón (I 6.A 2)

setzen, stellen, legen poner (I 5.B T)

die Show el show (II 3.A)

sicher cierto/a, seguro/a (II 2.B-T)

aus meiner Sicht a mi modo de ver (II 3.A-4)

sichtbar visible (III 5.A-13)

Sie usted/es (I 2.A 5)

der Sieg la victoria (III 1.B-11-T)

Silvester (la) Nochevieja (III 6.B-T)

singen cantar (I 3.B T)

sinken bajar (III 2.A-3)

der Sitzplatz el asiento (II 3.B-T)

Skateboard fahren ir en monopatín/ montar skateboard (I 5)

Skialpin el esquí alpino (II 4.A)

der/die Sklave, Sklavin el/la esclavo/a (III 2.A-8)

die Skulptur la escultura (III 2.A-8)

so así (I 6.A T), tan (III 1.A-T)

so lala así así (I 1.A 2)

so viel tanto/a (II 1.B-3)

Es ist so, dass … Es que … (I 2.A T)

die Socke el calcetín (III 5.A-8)

das Sofa el sofá (I 6.A 2)

sofort en seguida (II 2.B-T), ahora mismo (II 4.B-T)

sogar hasta (II 1.B-3)

der Sohn el/la hijo/a (I 4)

sollen, müssen deber (III 5.A-8)

Sommer el verano (II 1.A-2)

sondern sino (III 1.A-3)

die Sonne el sol (I 1.A T)

Die Sonne scheint. Hace sol. (II 1.A)

sich sonnen tomar el sol (II 1.A)

die Sonnenbrille las gafas del sol (II 5.A-4)

die Sonnencreme la crema solar (II 5.A-4)

Sonntag el domingo (I 5.B T)

sich um etwas sorgen, kümmern preocuparse de algo (III 4)

Mach dir keine Sorgen. No te preocupes. (II 7.A-T)

die Sorte el sabor (II 2.B-T)

das soziale Netz la red social (III 3)

die Spagettis los espaguetis (II 2)

Spanien España (I 1.A T)

spanisch, Spanier/in el/la español/a (I 2.A T)

spannend excitante (II 2.A)

Spaß haben divertirse (II 4.A)

spät tarde (II 2.A-10)

Wie spät ist es? ¿Qué hora es? (I 5.B 4)

spazieren pasear (II 6.A-T)

der Spaziergang el paseo (III 1.B-3)

der Speicher la memoria (III 4.A-7)

die Speisekarte la carta (II 2.B-2)

spektakulär espectacular (III 1.B-11-T)

die Spezialität la especialidad (III 2.A-1-T)

der Spickzettel la chuleta (II 7.A-T)

der Spiegel el espejo (III 6.B-5)

spielen (Sport und Spiel) jugar (I 5)

der/die Spieler/in el/la jugador/a (III 2.B-2)

das Spielfeld, der Sportplatz la cancha (III 2.B-2)

die Spielkonsole la consola (I 5)

der Spinat las espinacas (II 2.A-6)

der Sport el deporte (I 5)

Sport treiben practicar deporte (II 4.A)

die Sportanlage el polideportivo (I 5.A T)

der/die Sportler/in el/la deportista (II 4.A)

sportlich deportivo/a (I 8.B 3)

die Sprache el idioma (I 2.A 6)

springen saltar (II 4.A-T)

die Stadt la ciudad (I 4.B T)

die Stadtmauer la muralla (de la ciudad) (III 1.B-11-T)

das Stadtviertel el barrio (I 8)

die Staffel la temporada (II 3.A-6)

der Stand el puesto (I 8.A T)

der Standpunkt el punto de vista (III 3.B-2)

die Stange la barra (II 2.A-6)

die Stärke el punto fuerte (III 6)

stärker poderoso/o (III 3.B-T)

stattfinden tener lugar (II 3.B)

die Statue la estatua (III 5.A-12)

jemandem gut stehen quedarle bien a alguien (I 8.B T)

stehen bleiben pararse (II 3.B-T)

steigen aumentar (III 2.A-3)

der Stein la piedra (III 2.A-1-T)

die Stellenanzeige el anuncio de trabajo (III 6)

sterben morir (II 4.A-9)

der Stern la estrella (III 6.B-T)

Stierhatz/Stierkampf la corrida de toros (II 6.A-9)

das hat unsere Stimmung heruntergezogen se nos cortó el rollo (II 4.A-13)

der Stoff la tela (II 6.A-T)

stolpern tropezar con (II 4.A-T)

stören molestar (III 2.A-1-T)

der Strand la playa (I 1.A T)

die Straße la calle (I 2.A T), la vía (III 5.A-9)

streiten pelearse (I 7.A T)

die Streitkräfte los ejércitos (III 1.B-11-T)

die Strophe la estrofa (II 3.A-7)

das Stück, das Teil la pieza (III 6.B-5)

studieren estudiar (I 4.B 11)

der Stuhl la silla (I 3.A 3)

die Stunde la hora (I 5.B T)

sich gegenseitig (unter) stützen apoyarse (III 3)

die Suche la búsqueda (III 5.A-6)

etwas/jemanden suchen buscar algo/a alguien (I 3.B T)

süchtig adicto/a (III 4)

super guay (I 2.A T)

Super! ¡Estupendo! (II 7.A-T)

Supermarkt el supermercado, el súper (I 7.B T)

die Suppe la sopa (II 1.B-6) (II 2.B-2)

im Internet surfen navegar por la red (II 4.A-T)

süß dulce (I 4.A T)

das Sweatshirt el jersey (I 8.B 1)

das Symbol el símbolo (III 5.A-6)

T

der Tablet-PC el tablet (II 2.A)

die Tablette la pastilla (II 4.B-4)

die Tafel la pizarra (I 3.A T)

die Tafel Schokolade la tableta de chocolate (III 5.A-7)

jeden Tag todos los días (I 5.A 7)

der Tag el día (I 3)

das Talent (Person und Fähigkeit) el talento (II 3.A-2)

die Tarte la tía (I 4)

der Tanz el baile (II 1.B-1)

tanzen bailar (I 5)

die Tapas las tapas (I 1.A T)

Tapas essen gehen ir de tapas (I 7.B T)

der Tapir el tapir (II 5)

die Tasche, Tüte la bolsa (II 2.A-6)

der Taschenrechner la calculadora (I 3.A 3)

tauchen bucear (II 1)

das Taxi el taxi (I 1.A T)

der Tee el té (II 5.B-6)

das Teil la parte (II 1.B-3)

teilen compartir (II 1.A)

teilnehmen participar (II 3.A)

an etwas teilnehmen, bei etwas anwesend sein asistir algo (III 1.A-1-T)

der/die Teilnehmer/in el/la participante (III 1)

das Telefon el teléfono (I 5)

telefonieren hablar por teléfono (I 5)

der Tempel el templo (III 2)

die Terrasse la terraza (I 6.A 9)

teuer caro/a (II 2.A)

der Text el texto (I 3.A T)

Texte verfassen redactar textos (II 7)

das Theater el teatro (I 8.A T)

das Thema el tema (III 5.A-6)

der Thunfisch el atún (II 6.A-6)

das Ticket el billete (II 3.B-T)

tief, umfassend profundo/a (III 5.B-6)

das Tier el animal (I 4.B T)

der Tintenfisch el pulpo (III 1.A-T)

der Tintenkiller el borratintas (I 3)

der Tisch la mesa (I 3.A 3)

den Tisch decken poner la mesa (I 6.B 9)

die Tochter la hija (I 4)

der Tod la muerte (III 3)

die Toilette el baño (cuarto de baño) (I 3.B T)

auf Toilette müssen tener que ir al baño (I 3.B T)

das Toilettenpapier el papel higiénico (III 5.A-7)

die Toleranz la tolerancia (III 5.B-5)

toll fenomenal, chulo/a, genial (II 1.A)

Wie toll! ¡Qué chulada! (II 1.B)

eine tolle Zeit haben pasárselo genial (II 1.B)

die Tomate el tomate (I 7.B 11)

die Tortilla la tortilla (I 3.B T)

total toll/super sein molar mucho (I 8.A T)

die Tour el recorrido (II 5.A-T)

das Tourismusbüro, die Marketing-/Event-Agentur la agencia de turismo/marketing/eventos (III 6)

der/die Tourist/in el/la turista (I 1.A T)

die Tracht el traje (II 6)

die Tradition la tradición (III 5.A-6)

traditionell tradicional (II 5.B-6)

professionell trainieren entrenar para una carrera (II 4.A)

transportieren transportar (III 2.A-8-T)

die Traube la uva (II 2.A-6)

sich trauen, etwas zu tun atreverse hacer algo (II 2.A-2)

der Traum el sueño (II 5.B-T)

der/die Traummann/Traumfrau la pareja ideal (III 3.A-6)

traurig triste (I 4.B T)

das Treffen, das Zusammenkommen la reunión (III 1.A-1-T)

der Treffpunkt el punto de encuentro (II 6.B)

treu fiel (III 3.A-6)

das Trimester el trimestre (II 7.A-2)

trinken beber (I 3.A T)

etwas trinken tomarse algo (III 2.A-1-T)

trocken seco/a (III 2.A-3)

die Trompete la trompeta (II 3.A-7)

die Tropen la zona tropical (III 2.A-3)

trösten consolar (II 4.B-12)

trotzdem, jedoch sin embargo (III 1.A-8)

tschechisch checo/a (I 2.A 6)

Tschüss! Adiós (I 1.A T)

das T-Shirt la camiseta (I 8.B 1)

der Tukan el tucán (I 5)

tun hacer (I 5)

etwas weiterhin tun quedarse (+ gerundio) (III 5.A-5)

etwas seit (Zeitraum) tun llevar (+ gerundio) (III 5.B)

die Tür la puerta (I 3.A 3)

Türkei Turquía (II 1)

türkisch turco (I 2.A 6)

der Turm la torre (I 1.B T)

Turnen la gimnasia (II 4.A)

die Turnschuhe las zapatillas (I 8.B 1)

Tut mir leid. Lo siento. (I 5.A T)

es tut mir weh / macht mich traurig, dass me da pena que (+ subjuntivo) (III 3.B-2-T)

typisch típico/a (II 1.A)

U

die U-Bahn el metro (I 8.A 10)

jemandem übel mitspielen hacerle un mal juego a algn (II 3.A-6)

überall por todas partes (II 5.B-6)

überhaupt nicht para nada (II 2.B-T)

überleben, (weiter)leben sobrevivir (III 4.A-T)

überqueren cruzar (II 4.A-13)

überraschen sorprender (III 3.A-8)

überrascht sein von quedarse sorprendido/a con (III 2.A-8-T)

die Überraschung la sorpresa (II 3.A-10)

die Übersetzerschule la escuela de (los) traductores (III 5.B-4)

übertreiben exagerar (II 2.B-T)

überwinden superar algo (II 4.A-3)

überzeugen convencer a algn. (II 5.B-T)

übrig bleiben, übrig sein quedar (con alguien) (II 2.A-T)

übrigens por cierto (III 1.B-11-T)

die Uhr el reloj (III 6.B-T)

um … herum alrededor de … (I 8.A 2)

Um wie viel Uhr? ¿A qué hora? (I 5.B T)

umarmen abrazar (III 3.A-3)

die Umfrage; Nachforschung la encuesta (II 4.A-10)

umgeben, umringen rodear (III 1.B-11-T)

die Umgebung el ambiente (III 2.A-4)

die Umkleidekabine el probador (I 8.B T)

der Umzug, die Parade el desfile (de caballos) (II 6)

unabhängig, selbstständig independiente (III 3)

sich unabhängig/selbstständig machen hacerse independiente (III 1)

unangenehm desagradable (III 6.B-5)

unbekannt desconocido/a (III 1.B-12)

und y (e) (I 1.A T)

und das, obwohl … y eso que (II 7.A-T)

unerträglich insoportable (III 2.A-1-T)

der Unfall el accidente (II 4.A)

ungeduldig impaciente (III 6.A-T)

ungerecht, unfair injusto/a (II 4.B-T)

unglaublich increíble (II 4.A-T)

die Unkosten los gastos (III 1.A-1-T)

unmöglich imposible (III 3.B-2-T)

unpünktlich impuntual (III 6.A-1)

unser/e nuestro/a (I 3.B T)

unter debajo de (I 6)

jdn. unterbrechen interrumpir a alg. (I 1.A-T)

der Untergang; Fall la caída (III 1.B-11-T)

sich unterhalten charlar (I 5.A T)

die Unterhose los calzoncillos (III 4.A-T)

unterkommen in hospedarse en (III 5.A-13)

der Unterricht la clase (I 3.A T)

unterschiedlich, verschieden diverso/a (III 5.B-6)

unumgänglich indispensable (III 3.A-8)

unvergesslich inolvidable (III 1)

unverzichtbar irrenunciable (III 6.B-T)

unwichtig irrelevante (III 3.B-8)

der Ursprung el origen (III 3.A-6)

der Urwald la selva (III 2.A-8-T)

V

Vegetarier/in sein ser vegetariano/a (II 2.B-T)

die Verabredung, das Date la cita (III 3.A-T)

die Veranstaltung el evento (II 3.B)

die Verantwortung la responsabilidad (III 6.B-9)

verantwortungsbewusst; verantwortlich responsable (III 4.A-T)

verärgert enfadado/a (II 4.A-2)

verbessern mejorar (III 6.A-9)

verbinden conectar (III 2.A-8-T)

sich mit jdm. in Verbindung setzen ponerse en contacto con alg. (III 6.A-10)

verbrannt, verkohlt, mit Sonnenbrand quemado/a (II 2.B-T)

sich rasend schnell verbreiten hacerse viral (III 4)

sich verbreiten difundirse (III 4)

verbringen pasar (I 4.B T)
vereinfachen, erleichtern facilitar (III 4)
über etwas verfügen disponer de
  algo (III 5.A-3)
vergangen, vorherig pasado/a (II 2.A-T)
vergessen olvidar (III 3.A)
im Vergleich zu/mit en comparación
  con (III 2.A-8)
das Verhalten, Benehmen el
  comportamiento (III 3)
der Verkauf la venta (II 6.B-9)
verkaufen vender (II 6.B-7)
der/die Verkäufer/in el/la
  vendedor/a (I 8.B T)
verlassen abandonar (III 2.A-8-T)
im weiteren Verlauf a
  continuación (II 1.A-11)
sich verlaufen perderse (II 6.B-5)
verlegen (Adj.) cortado/a (III 1.B-T)
sich verletzen lastimarse (II 4.A-T)
die Verletzung la herida (II 4.B-3)
sich verlieben in enamorarse
  de (II 4.A-9)
in jdn. verliebt sein estar
  enamorado/a de alg. (III 3.A-1)
verlieren perder (II 3.A-6)
verlogen, unehrlich mentiroso/a (III 3)
vermissen echar de menos a (II 1.A),
  extrañar (III 3.B-2-T)
vermuten, dass suponer que (+
  subjuntivo) (III 6.A-6)
verneinen negar (II 3.A)
alles verpassen perdérselo
  todo (II 3.B-T)
verrückt loco/a (I 4.B T)
sich versammeln reunirse (III 6.B-T)
verschieden diferente (I 4.B T)
verschwinden desaparecer (III 2.A-8-T)
das Verschwinden la
  desaparición (III 2.B-8)
versprechen prometer (II 2.A-12)
die Verständigung la
  comunicación (III 2.A-8)
verständnisvoll comprensivo/a (III 3)
sich verstecken esconderse (III 2.A-1-T)
verstehen entender (I 5.B T)
versuchen probar (I 7.B T), intentar
  (III 3.A-T), tratar de hacer
  algo (II 4.B-4)
verteidigen gegen defender
  contra (III 1.B-11-T)
(sich) jdm. (an-)vertrauen confiar
  algo a alg. / en alg. (III 4.B-5; 6.A-T)
jdm. vertrauen tener confianza en
  alg. (III 3.A-T)
vertrauenswürdig; zuverlässig
  fiable (III 4.A-10)
verträumt soñador/a (III 6.A-T)
sich verwandeln in, werden zu
  convertirse en (III 1.B-11-T)
das Video el vídeo (I 3.B T)
das Videospiel el videojuego (I 6.A T)

viele, eine Menge (von) un montón
  (de) (I 8.B 4)
Wie viele? ¿Cuántos/as? (I 2.A T)
die Vielfalt la variedad (III 2)
vielleicht quizás (II 5.B-T), tal vez (I 4.B T)
viertel nach y cuarto (I 5.B T)
viertel vor menos cuarto (I 5.B T)
violett violeta (I 8.B 4)
voll lleno/a (II 2.B-5)
Volleyball el voleibol (I 5)
völlig, ganz completamente (III 3.B-T)
von … aus desde (II 1.A)
von … an a partir de … (III 1.B-11-T)
von … bis desde … hasta (III 1.A-1-T)
von innen por dentro (I 8.A T)
vor delante de (I 6)
vor allem principalmente, sobre
  todo (II 6.A)
vor der Ankunft der ersten Spanier
  auf dem amerikanischen
  Kontinent prehispánico/a (III 2)
vorbeigehen an pasar por (I 8.A T)
vorbereiten preparar (I 6.B T)
im Vordergrund en primer
  plano (II 6.B-5)
die Vorfahren los
  antepasados (II 2.A-1-T)
vorgestern anteayer (II 6.A-9)
vormerken reservar (II 5.A-7)
vorschlagen proponer (III 1.B-T)
Vorsicht! ¡Cuidado! (I 5.A T)
als Vorspeise de primero (II 2.B-T)
die Vorspeise la entrada (II 2.B-2)
vorstellen presentar (I 6.B 1)
sich etwas vorstellen imaginarse
  algo (III 2.A-1-T)
der Vorteil, Nutzen el beneficio (III 4)
das Vorurteil el prejuicio (III 1.A-T)
das Vorurteil, der Stereotyp el
  estereotipo (III 1)
vorwärts adelante (II 7.A-6)
der Vulkan el volcán (II 1.B-3)

W

wachsen, ansteigen crecer (III 4.A-4)
der Wahnsinn la pasada (I 5.A T)
wahnsinnig alucinante (II 2.A-2)
wahr, wahrhaftig verdadero/a (III 3.B-T)
während durante, mientras
  que (I 7.A 6)
währenddessen mientras (I 8.A T)
die Wahrheit la verdad (I 8.A T)
wahrscheinlich probable (II 4.B-8)
der Wal la ballena (II 5)
der Wald el bosque (II 1.B-3)
die Wand la pared (I 3.A 3)
das Wandbild el mural (III 6.B-5)
wandern caminar (II 1)
Wann? ¿Cuándo? (I 5.B T)
warm cálido/a (III 2)
die Wärme el calor (II 1.A)
warten auf esperar a (I 3.B T)

Was für ein/e … ! ¡Qué …! (I 2.A T)
das Wasser el agua (I 7.B T)
die Wassermelone la sandía (II 2.A-6)
weder … noch … no … ni … (II 2.B-T)
der Weg el camino (II 5)
wegen por (II 2.A-T)
jdm. etwas wegnehmen quitarle algo
  a alg. (III 4.A-T)
Weihnachten la Navidad (III 5.A-T)
weil porque (I 4.B T)
die Weile el rato (I 5.A T)
weinen llorar (II 7.A-T)
auf … Weise de manera +
  Adjektiv (II 6.A)
weiß blanco/a (I 8.B 1)
weit ancho/a (I 8.B 9)
weit weg (von) lejos (de) (I 7.A T)
weitergehen, weitermachen
  seguir (II 5.A-T)
etwas weiterhin tun seguir (+
  gerundio) (III 5.A-5)
Welche/r/s? ¿Qué? (I 1.A T)
der Wellensittich el periquito (I 2.B T)
die Welt el mundo (I 7)
wenn (temporal) cuando (II 1.A-11)
Wer spricht? ¿De parte de
  quién? (I 5.B T)
Wer? ¿Quién(es)? (I 4.A T)
etwas werden hacerse (II 4.A-10)
… werden ponerse … (+
  adjetivo) (III 3.A-3)
werfen lanzar (I 4.A-3), tirar (II 4.A-3)
die Werkstatt el taller (III 6)
wertvoll, kostbar valioso/a (III 6.B-T)
Weshalb? ¿Por qué? (I 4.B T)
der Wettbewerb el concurso (III 3.A)
das Wetter el tiempo (I 4.B 11)
Es ist (kein) gutes Wetter. Hace/No
  hace buen tiempo. (II 1.A)
Es ist schlechtes Wetter. Hace mal
  tiempo. (II 1.A)
die Wettervorhersage el pronóstico
  (del tiempo) (II 1.A-2)
wichtig importante (I 7.A T)
jdm./für jdn. wichtig sein importar a
  alg. (III 3.A-6)
wichtig, relevant relevante (III 3.B-T)
wie como (I 4 A T)
Wie? ¿Cómo? (I 1.A T)
wieder tun volver a hacer algo (II 7.A-T)
wiedererkennen reconocer (II 5.B-6)
wiedererlangen recuperar (III 5.A-13)
die Wiederholung la
  repetición (III 2.A-4)
Auf Wiedersehen! Hasta la
  vista (I 1.A T)
wiegen pesar (II 2.A-10)
Willkommen! Bienvenidos/as (I 3)
der Wind el viento (II 1.A)
der Windbeutel el buñuelo (I 3.B T)
Es ist windig. Hace viento. (II 1.A)
der Winkel el rincón (III 4)

Winter el invierno (II 1.A-2)

wir nosotros/as (I 2.A 5)

Wir sehen uns! Nos vemos (I 5.B T)

wirklich en serio (II 1.B-3)

wissenschaftlich, Wissenschaftler/in científico/a (III 5.B-5)

witzig chistoso/a (II 1.B-3)

wo (Relativpronomen) donde (II 1.A-7)

Wo? ¿Dónde? (I 3.A T)

die Woche la semana (II 2.A-T)

das Wochenende el fin de semana (I 7.A T)

Woher? ¿De dónde? (I 1.A 3)

Wohin? ¿Adónde? (I 7.B 2)

wohlerzogen educado/a (III 6.A-T)

wohnen vivir (I 3.A T)

(be) wohnen habitar (III 2.A-4)

die Wolke la nube (II 1.A)

das Wort la palabra (I 3.A T)

das Wunder la maravilla (II 1.B-3)

wunderschön encantador/a (I 8.A T)

der Wunsch; (sich) wünschen, dass … el deseo; desear que (III 3.A-6)

die Wurst la salchicha (II 1.B)

die Wüste el desierto (II 5)

wütend furioso/a (III 3.B-3)

es macht mich wütend, dass me da rabia que (+ subjuntivo) (III 3.B-6)

Z

zahlreich numeroso/a (III 6.B-T)

der Zahn el diente (I 7.A T)

die Zahnbürste el cepillo de dientes (III 5.A-7)

Zähne putzen cepillarse los dientes (I 7.A T)

die Zahnpasta la pasta de dientes (III 5.A-7)

das Zebra la cebra (II 5)

das (An-) Zeichen el signo (III 1.A-3)

zeichnen dibujar (III 1.B-T)

zeigen enseñar (III 1.B-T)

eine tolle Zeit haben pasarlo bomba (II 5.B-T)

die Zeitschrift la revista (I 6.A 4)

das Zelt la tienda de campaña (III 5.A-11)

das Zentrum el centro (I 1.B T)

ganz im Zentrum en pleno centro (III 6.B-T)

die Zeremonie la ceremonia (III 2.B-5)

zerschlagen romper (II 1.B-3)

das Ziel el destino (II 5.A-T), el objetivo (III 6.A-10)

ziemlich bastante (I 5.A T)

die Zitrone el limón (II 2.B-2)

die Zivilisation la civilización (III 2.A-8-T)

zögern etwas zu tun dudar en hacer algo (III 6.A-10)

zu, zu viel, zu sehr demasiado (I 8.B T)

der Zucker el azúcar (II 2.A-6)

zuerst, als erstes primero (I 7.A T)

Was für ein Zufall! ¡Qué casualidad! (I 6.B T)

zufrieden contento/a (I 7.A-T)

der Zug el tren (I 8.A 10)

auf etwas Zugriff haben acceder a algo (III 4)

zuhören escuchar (I 3.A 4)

die Zuhörer, das Publikum el auditorio (II 3.B-8)

die Zukunft el futuro (II 3.A)

zurückkehren volver (II 1)

jdm. zusagen; zu jdm. passen convenir a alg. (III 6.A-7)

zusammen, gemeinsam juntos/as (I 7.A T)

zusammenstoßen mit chocar con (II 4.A-13)

sich jdm. zuwenden dirigirse a alg. (III 4.B-T)

der Zweifel la duda (II 3.A-4)

der Zwerg, der Kleine (nett gemeint) el enano (III 2.A)

die Zwiebel la cebolla (I 7.B T)

der Zwilling, Zwillings- el/la mellizo/a (I 2.A T)

(eineiige) Zwillinge las/los gemelas/os (II 1.B-3)

zwischen entre (I 6)

Comunicarse en clase

A ti	A la clase		
Saca	Sacad	el libro / la hoja de trabajo.	Hole / Holt das Buch / Arbeitsblatt heraus.
Escribe	Escribid	un texto.	Schreibe / Schreibt einen Text.
Lee	Leed	el texto de la página …	Lies / Lest den Text auf der Seite …
Trabaja	Trabajad	en pareja / en grupo.	Arbeite / Arbeitet zu zweit / in der Gruppe.
Repite	Repetid	la frase / el diálogo.	Wiederhole / Wiederholt den Satz / den Dialog.
Escucha	Escuchad	la canción.	Höre / Hört das Lied an.
Haz	Haced	el ejercicio / preguntas / frases.	Mache / Macht die Übung. Stelle / Stellt Fragen. Bilde / Bildet Sätze.
Busca	Buscad	en el texto / en internet.	Suche / Sucht im Text / im Internet.
Relaciona.	Relacionad.		Ordne / Ordnet zu.
Presenta	Presentad	el diálogo en clase.	Stelle / Stellt den Dialog der Klasse vor.
Rellena	Rellenad	los espacios vacíos.	Fülle / Füllt die Lücken aus.
Completa	Completad	las frases con los verbos / los adjetivos.	Vervollständige / Vervollständigt die Sätze mit den Verben / Adjektiven.
Ayuda	Ayudad	a tu / vuestro compañero.	Hilf / Helft deinem / eurem Mitschüler.
Dibuja.	Dibujad.		Zeichne / Zeichnet.

Esto dices o preguntas cuando … Das kannst du sagen oder fragen, wenn …

… necesitas información sobre la tarea. … du Informationen zu der Aufgabe brauchst.

¿En qué página estamos?	Auf welcher Seite sind wir?
¿Qué ejercicio / tarea tenemos que hacer?	Welche Aufgabe sollen wir machen?
¿Cuánto tiempo tenemos?	Wieviel Zeit haben wir?
¿Cuántas personas forman un grupo?	Wie viele sind in einer Gruppe?

… no entiendes bien. … du etwas nicht gut verstehst.

Tengo una pregunta.	Ich habe eine Frage.
¿Cómo se dice … en español / en alemán?	Was heißt … auf Spanisch / Deutsch?
¿Cómo se escribe?	Wie schreibt man das?
¿Puede / Puedes escribir … en la pizarra?	Können Sie / Kannst du das an die Tafel schreiben?
Repite por favor y más despacio.	Wiederhole es bitte und langsamer.
¿Puedo hablar en alemán?	Kann ich es auf Deutsch sagen?
No entiendo la pregunta / la tarea.	Ich verstehe die Frage / die Aufgabe nicht.

… necesitas algo. … du etwas brauchst.

Necesito una hoja / un lápiz.	Ich brauche ein Blatt / einen Stift.
Necesito ayuda con la tarea.	Ich brauche Hilfe bei der Aufgabe.

… quieres disculparte.	… du dich für etwas entschuldigen möchtest.
Perdón, no tengo mis deberes / mi libro.	Entschuldigung, ich habe meine Hausaufgabe / mein Buch nicht (dabei).
Perdón, llego tarde …	Entschuldigung, ich komme zu spät, …
… por un retraso del autobús.	… weil mein Bus Verspätung hatte.
… porque me he levantado tarde.	… weil ich zu spät aufgestanden bin.
… porque he salido tarde de casa.	… weil ich zu spät losgegangen bin.
… quieres pedir algo.	… du um etwas bitten möchtest.
¿Puedo ir al baño, por favor?	Kann ich auf Toilette gehen?
¿Puedo abrir / cerrar la ventana?	Kann ich das Fenster öffnen / schließen?
No me siento bien. ¿Puedo salir un momento?	Mir geht es nicht so gut. Kann ich kurz rausgehen?

Trabajar en pareja/en grupo

Comunicarse durante el trabajo

Aclarar la tarea	Die Aufgabe klären
¿Qué tenemos que hacer?	Was sollen wir machen?
Tenemos que hacer el ejercicio … por la página …	Wir sollen die Aufgabe … auf der Seite … bearbeiten.
¿Cuánto tiempo tenemos?	Wieviel Zeit haben wir?
Tenemos … minutos. Tenemos tiempo hasta las …	Wir haben … Minuten Zeit. Wir haben Zeit bis …
¿Hay preguntas?	Gibt es noch Fragen?
Opinar y sugerir	Eine Meinung äußern und Vorschläge machen
Pienso que …	Ich denke, dass …
En mi opinión …	Meiner Meinung nach …
(No) Es verdad.	Das stimmt (nicht).
La idea (no) me gusta (mucho).	Die Idee gefällt mir (nicht).
(No) Estoy de acuerdo.	Ich bin (nicht) einverstanden.
Podemos …	Wir können …
¿Por qué no … ?	Warum … nicht?
Pedir algo	Etwas erbitten
¿Tienes una hoja/una pluma para mi?	Hast du einen Zettel/einen Stift für mich?
Continuar y terminar	Weiterarbeiten und zum Ende kommen
¿A quién le toca?	Wer ist dran?
Te toca a ti.	Du bist dran.
Contiuna/Continuad con …	Mache /Macht mit … weiter.
¿Estás/estáis listo/-a/-os/-as?	Bist du/seid ihr fertig?
Hay que terminar.	Wir müssen fertig werden.
Ya tenemos prisa.	Wir müssen uns beeilen.
Solo nos quedan … minutos.	Wir haben nur noch … Minuten.

Comparar

Qué tienes en …

Yo tengo … ¿y tú?

Sí, es correcto.

No, no es correcto.

Vergleichen

Was hast du bei … ?

Ich habe da … und du?

Ja, das ist richtig.

Nein, das ist nicht richtig.

Evaluar el trabajo de los demás

Den anderen ein Feedback geben

En general … • Im Allgemeinen …

El diálogo/ la presentación me gusta porque …		… no me gusta (mucho/nada) porque …	
es creativo/-a	kreativ	es aburrido/-a	angweilig
es comprensible	verständlich	es exagerado/-a	übertrieben
es auténtico/-a	authentisch	no es muy creativo/-a	nicht sehr kreativ
es realista	realistisch	no es lógico que …	es ist nicht logisch, dass …

La lengua • die Sprache

usa/usan muchas palabras nuevas/las herramientas	er/sie verwendet/ verwenden viele neue Redemittel	usa/usan pocas palabras nuevas/las herramientas	er/sie verwendet/ verwenden kaum neue Redemittel
usa/usan un vocabulario muy variado	er/sei verwendet/verwen- den ein abwechslungs- reiches Vokabular	el vocabulario es poco variado	das Vokabular ist nicht sehr abwechslungsreich
casi no hay faltas	er/sie ist fast fehlerfrei	hay bastantes/muchas faltas	es firden sich ziemlich viele Fehler
la pronunciación es auténtica	die Aussprache ist authentisch	la pronunciación me parece muy alemana	die Aussprache klingt ziemlich deutsch

La actuación • die Darbietung

la actuación – die Darbietung		vivo/-a – lebendig
	(no) es/son	exagerado/-a – übertrieben
		interesante ≠ aburrido/-a – interessant ≠ langweilig
los gestos – die Gestik		auténtico/-a ≠ artificial – authentisch ≠ gekünstelt
	(no) me gusta/gustan	profesional – professionell
	porque es/son	creíble – glaubhaft
la expresión de la cara – der Gesichtsausdruck		divertido/-a – lustig
		realista ≠ poco realista – realistisch ≠ wenig realistisch

Bildnachweis

Böhm, Elisabeth, Bamberg: -Cover (M), 48 (ruM), 52 (u), 163, 164.

Bravo, Susanne, Gotha: S. 90 (M), 99 (or), 103 (1/3/4/5/6/7/8), 106 (ul).

Coca Pérez, Juan Pablo, Gines: S. 3 (alle Personen), 6 (o), 8, 9 (l, r), 10, 11, 12, 15, 16 (2.r), 19 (o), 25 (o), 28 (ol), 30 (o), 40 (Mr), 48, 49, 50, 52 (o), 54, 55 (u), 56, 57 (l), 58, 62, 63, 64, 70, 71 (M), 72, 73, 75, 79, 80, 82, 83, 85 (2xM), 87, 90 (M), 98 (ur), 99 (ul), 103 (or), 104, 109 (2.o), 112, 114 (5), 115 (2), 117, 118 (2), 120, 127, 128, 148, 153, 161, 179.

DPA picture alliance/ullstein bild/Archiv Gerstenberg – S. 126.

Fotolia: S. 3 (Salat) – Uolir – S. 21 (5.) – Peter Pyka – S. 76 (ol).

Hohmann, Melanie, Petersberg: S. 31 (alle), 33 (2), 34 (3), 36 (alle), S. 132 (2), 133 (1/4), 134 (ul), 135, 136, 137.

istockphoto: Ellen Kirkpatrick – S. 137 (u).

Puppel, Lisa, Strullendorf: S. 134 (2.).

Thinkstock: -Hemera/Olga Kostiouchina – S. 55 (o) – moodboard/Mike Watson Images – S. 61 (1.l) – Photodisc/Photodisc – S. 76 (6.), Stockbyte – S. 76 (8.), Purestock – S. 123 (2.) – DigitalVision/Siri Stafford – S. 123 (4.) – moodboard/moodboard – S. 123 (5.).

Thinkstock/iStock: -AndrijTer – Cover (l) – david franklin – Cover (r) – Top Photo Corporation – Rückseite (l) – Elet 1 – Rückseite (M) – ihsanGercelman – Rückseite (r) – Bkkweekender – Buchrücken – Xiandong Li (Apfel) – Anna Kucherova (Birne) – MariuszBlach (Erdbeere) – photomaru (Kirsche) – kovalevka (Knoblauch) – IrinaSafronova – S. 9 (M) – bsani – S. 13, 169 – paha_L – S. 16 (2.lo) – JackF – S. 16 (2.lu) – ViewApart – S. 16 (or) – LeshkaSmok – S. 21 (6.) – OcusFocus – S. 21 (7.) – Dorling Kindersley – S. 28 (ul) – diegograndi – S. 29 (ol) – Pedro Hélder da Costa Pinheiro – S. 29 (or) – Thinkstock_iStock_steffiiiii – S. 34 (ur) – RedKoalaDesign – S. 37 (or) – Vergani_Fotografia – S. 51 – Kozzzlova – S. 53 (l) – ericboo7 – S. 53 (M) – Lemonadeserenade – S. 53 (r) / -Ridofranz – S. 61 (2.l) – XiXinXing – S. 61 (3.l) – Peshkova – S. 76 (2.) – AndreyPopov – S. 76 (3.) – goir – S. 76 (4.) – Grassetto – S. 76 (5.) – windujedi – S. 76 (10.) – Dmitrii Kotin – S. 61 (4.l) – furtaev – S. 61 (1.r) – Wmiami – S. 61 (2.r) – panic_attack – S. 61 (3.r) – brozova – S. 61 (Herz) – Plateresca – S. 61 (Uhr) – sasimoto – S. 61 (Teddies) – boule13 – S. 61 (Schmetterling) – photodeti – S. 61 (Katze, Hund) – omgimages – S. 71 (or) – monkeybusinessimages – S. 85 (1.), 112 (M), 112/113, 113 (M) – shironosov – S. 85 (2.) – JackF – S. 85 (3.) – Highwaystarz-Photography – S. 85 (4.) – kapulya – S. 90/91 – Volodymyr Horbovyy – S. 103 (2.) – Nataly-Nete – S. 106 (M) – DGLimages – S. 112 (ol) – Antonio Diaz – S. 113 (or) – dolgachov – S. 123 (1.) – seb_ra – S. 123 (3.) – tkacchuk – S. 129 – Maksym Narodenko – S. 176.

Wikimedia: S. 5, 41 (3.), 96 (o).

Wikimedia: -Pacalll.svg: *Pacalll.jpg: Sergio derivative work: TastyCakes (talk) colors: Hullernuc (talk)-Pacalll.svg – S. 4 (Gott), 37 (ur), 173 – Javier Lastras/Spanien/CC BY 2.0 – S. 13 (o) – cyclonebill/Kopenhagen, Dänemark/CC BY-SA 2.0 – S. 13 (u) – Anual/CC BY-SA 3.0 – S. 16 (ol) – MKY661/CC BY-3.0 – S. 19 (u) – Ottfried Neubecker – S. 21 (1.) – Kungfuman/CC BY-SA 3.0 – S: 21 (2.) – Rainer Zens/CC BY-SA 3.0 – S. 21 (3.) – Nasir Khan Saikat/CC BY-SA 3.0 – S. 21 (4.) – Jebulo/CC0 – S. 22 (Ml), S. 172 – Adam Jones, Ph.D/CC BY-SA 3.0 – S. 22 (ul) – Alberto. Bravo/CC BY-SA 4.0 – S. 22 (2xr) – Friedr. Wolfrum, Düsseldorf No. 583 – S. 25 (u) – Manuel de Corselas/CC BY-SA 3.0 – S. 28 (or) – Allstrak/ File States of Mexico/CC BY-SA 3.0 – S. 30 (M) – Kåre Thor Olsen /CC BY-SA 3.0 – S. 38 (ol) – de: User: Sputnik/CC BY-SA 2.5 – S. 38 (M), 40 (Ml), 177, 178 – Madman2001/GFDL – S. 38 (Mr), -Soparamens/CC0 -. S. 41 (1.) – Wolfgang Sauber/CC BY-SA 3.0 – S. 41 (2.) – Ronyrocael/ GFDL – S. 41 (4.) – ATSZ56 - S. 41 (5.) – DavidMendoza/CC BY-SA 3.0 – S. 57 (r) – Diego Delso/CC BY-SA 3.0 - S. 60 – Jürgen Rosskamp, jr+wiki@datengrab.org/CC BY-SA 2.0 - S. 76 (Ml) – Susanne Kauz/CC BY-SA 4.0 – S. 76 (r) – Denis Barthel/CC BY-SA 3.0 – S. 81 – José Antonio Gil Martínez from Vigo, Spain/CC BY-SA 2.0 – S. 90 (ol) – Tomboy5000/GFDL – S. 90 (oM) – Liesel – S. 91 (ol) – Sam1 S. 93 (ur) – NACLE2 – S. 94 – Diliff/CC BY-SA 2.5 – S. 99 (u), 149 – Riccardo André Frantz/CC BY-SA 3.0 – S. 100 (Mr) – Totemkin/CC BY-SA 3.0 – S. 100 (u) – Elena F D – S. 101 – Vicente Urrabieta-Mariátegui – S. 105 – Karl-Heinz Paetzold – S. 106 (ol) – Jl FilpoC/CC BY-SA 3.0 – S. 106 (or) – Luis García/ CC BY-SA 2.0 – S. 108 (u) – ©Wikimedia José Maria Rodriguez de Losada – 109 (o), 189 – Sarbelito Avila_CC BY-SA 3.0 – S. 109 (u) – Emilio J. Rodriguez Pasada/Museo del Prado 2016/CC BY-SA 2.0 – S. 122 (1.) – Multisanti – S. 122 (2.) – Eric Salard-Madrid app eric 084/CC BY-SA 2.0 – S. 122 (3.) – Pablo Alberto Salguero Quiles/CC BY-SA 3.0 – S. 122 (4.) – Diego Delso/delso.photo/CC BY-SA 4.0 – S. 122 (5.) – BRENDA AYALAS/CC BY-SA 4.0 – S. 132 (ul) – ©Tomas Castelazo, www.tomascastelazo.com_CC BY-SA 3.0 – S. 133 (ol) – Von Der Photoapparat ist von meinem lieben Brüderchen geliehen, danke :-) Photo: birdy_CC BY-SA 3.0S. 133 (ul) – Eneas de Troya/CC BY-SA 2.0 – S. 134 (o), S. 138 (o) – Coatl15/CC BY-SA 3.0 – S. 138 (M) – Mdf/CC BY-SA 3.0 – S. 138 (u) – Wikipologus/CC BY-SA 4.0 - Banco de México Diego Rivera Frida Kahlo Museums Trust/© VG Bild-Kunst, Bonn 2017 – S. 139 – José Guadalupe Posada – S. 139 (ol) – (c) Wikimedia_Laliv Gal Pikiwiki Israel_CC BY 2.5 – S. 106 unten Mitte

Winkelbach, Judith, Künzell: S. 4 (Opossum), 44, 45.